Das glückliche Taschenbuch

Warum Wünschen kein Märchen ist

Das glückliche Taschenbuch
Warum Wünschen kein Märchen ist

© 2009 Goran Kikic
Mike Butzbach

ISBN:978-3-8370-3730-2
Herstellung und Verlag:
Books on Demand Gmbh, Norderstedt
Grafische Gestaltung: Petra Gutkin
Bildrechte: www.fotolia.de
sunny sky background © magann
happy smiley face button badge © Michael Brown
Luxury Home © Photoroller
Infinity tropical beach © Malbert
Europäische Banknoten © bilderbox

➢ Inhaltsverzeichnis

Impressum

Vorwort 6

Kapitel 1: Das Gesetz der Anziehung aus meiner Sicht 10

Kapitel 2: Meine ersten bewussten Erfahrungen 19

Kapitel 3: Alles schwingt 26

Kapitel 4: Quantenphysik & Co. 29

Kapitel 5: Es gibt keinen Zufall 36

Kapitel 6: Die Übereinstimmung von Wunsch und Glaube 39

Kapitel 7: Wirkungsvolle Änderung eines Glaubenssatzes 44

Kapitel 8: Glück und Freude sind unser aller Geburtsrecht 52

Kapitel 9: Liebe ich mich selbst? 55

Kapitel 10: Gönn Dir täglich Freude 62

Kapitel 11: Konzentriere Dich auf das Positive 65

Kapitel 12: Das Leben ist kein Kampf 74

Kapitel 13: Was ist ein Wunsch? 76

Kapitel 14: Triff eine Entscheidung 78

Kapitel 15: Die Gegenwart ist entscheidend 82

Kapitel 16: Schaffe Dir die richtigen Umstände	86
Kapitel 17: Definiere Dein Ziel	93
Kapitel 18: Wähle die richtige Formulierung	98
Kapitel 19: Erlebe Deinen Wunsch	102
Kapitel 20: Erkenne die Hinweise	107
Kapitel 21: Belohne Dich selbst	109
Kapitel 22: Wünschen als reiner Selbstzweck	112
Kapitel 23: Renn Deinem Wunsch nicht hinterher	114
Kapitel 24: Vertraue Deiner Intuition	117
Kapitel 25: Die Macht der Phantasie	120
Kapitel 26: Wir müssen nichts beweisen	123
Kapitel 27: Das Hilfsmittel Hypnose	129
Kapitel 28: Wobei kann Hypnose mir helfen?	132
Kapitel 29: Die Macht unseres Unterbewusstseins	135
Kapitel 30: Ein besonderer Klient	136
Kapitel 31: Meine Methoden zur Energie-Verstärkung	138
Kapitel 32: Mein Freund, das Geld	148
Kapitel 33: Was wir von Kindern lernen können	156
Kapitel 34: Rückschläge sind hilfreich	159

Kapitel 35: Wozu noch Angst haben?	163
Kapitel 36: Übung macht den Meister	165
Kapitel 37: Das überbewertete Karma	173
Kapitel 38: Verantwortung übernehmen	175
Kapitel 39: Die Suche nach dem Sinn des Lebens	178
Kapitel 40: Das wahre Glück liegt in uns	183
Kapitel 41: Setze Dir keine Grenzen	188
Kapitel 42: Affirmationen	190
Kapitel 43: Meine persönlichen Grundsätze	195
Nachwort	197
Literaturverzeichnis	204

Vorwort

(geschrieben von Goran Kikic)

Hallo, lieber Leser.

Wieso lautet der Titel dieses Buches „Das glückliche Taschenbuch“? Wie kann ein Taschenbuch glücklich sein? Worum geht es in diesem Buch eigentlich? Es geht um meine Lebenserfahrungen und dem damit einhergehenden, glücklichen Lebenswandel. Die Erfahrungen und der Lebenswandel eines heute 33jährigen Mannes, der sowohl die Schattenseiten, als auch die Sonnenseiten des Lebens, das Unglück, als auch das Glück auf extreme Weise erlebt hat. Der am Hungertuch nagte und wenige Wochen später Urlaub in Mauritius gemacht hat, der kein Geld für eine Busfahrkarte hatte und ein halbes Jahr danach gewerblich selbstständig war mit fünfstelligen Einnahmen innerhalb der ersten zwei Wochen. Unglaublich? Nein, eben nicht, denn wenn ich nicht an meinen Erfolg geglaubt hätte, dann wäre es nicht zu schaffen gewesen. Aber ich glaubte felsenfest und entschlossen an meinen Erfolg, und das Resultat meiner Entschlossenheit hältst Du gerade in Taschenbuchform in Deinen Händen. Mein Leben, welches aus Leid, Sorgen, Unzufriedenheit und Schulden bestand, wandelte sich durch bewusstes Wünschen der persönlichen Lebensfreude zu einem Leben des Glücks, der Unbeschwertheit, der Zufriedenheit und des finanziellen Wachstums. Wenn ich das kann, lieber Leser, wieso solltest Du das nicht auch können?

Genau so wichtig wie die Frage, welches Buch man sich gerade zu Gemüte führt und wer es geschrieben hat, ist auch die Frage, wer sich das Buch zu Gemüte führt und warum? Was sind Deine Beweggründe, ein Buch zu lesen, welches sich mit dem Wünschen von Glück befasst? Man sagt, dass DEINE Art zu denken Dich dahin gebracht hat, wo Du heute stehst. Und so frage ich Dich, lieber Leser: Bist Du wirklich glücklich? Ist dies das Leben, welches Du gerne hättest?

Wer das von sich behaupten kann, der braucht dieses Buch nicht weiter zu lesen. Wenn Dein Leben aber, so wie das Leben der meisten anderen Menschen auf dieser Welt, sowohl Licht, als auch Schatten, Erfolg, als auch Misserfolg, Glück, als auch Unglück beinhaltet, dann solltest Du unbedingt weiterlesen. Kaum ein Mensch führt das Leben, welches er gerne führen würde. Ein wenig mehr Licht, dafür aber weniger Schatten wäre uns allen lieber, ein wenig mehr Erfolg, dafür weniger Misserfolg würde uns allen gefallen, mehr Glück, dafür weniger Unglück würde unser aller Leben schöner machen, nicht wahr? Die meisten Menschen halten den Zufall oder das Schicksal dafür verantwortlich, was sich in ihrem Leben ereignet. Glaubst Du das auch? Ich behaupte: Das ist der größte Unsinn, den man sich überhaupt denken kann. Es gibt keine Lotterie des Lebens. Meine Erfahrungen der vergangenen Jahre veranlassen mich mit absoluter Bestimmtheit zu behaupten: Jede Glücks - beziehungsweise Pechsträhne in unserem Leben verdanken wir dem sogenannten Gesetz der Anziehung, einem universellen Naturgesetz, welches alles in unser Leben zieht, was wir gefühlsbetont denken. Unsere gesamte Welt ist unsere gedankliche Schöpfung, unsere gemeinsame Kreation, und beruht auf dem Gesetz der Anziehung: All die schönen Strände der Welt, Erfindungen, die uns unser Leben komfortabler machen, riesige Metropolen mit ihren atemberaubenden Bauwerken, die sieben Weltwunder - einfach alles. Leider auch die weniger schönen Dinge wie Kriege, Naturkatastrophen, Kriminalität oder Steuern. Jeder von uns hat das Potenzial, durch seine Gedanken und den daraus resultierenden Gefühlen seine Realität zu erschaffen. Angesichts der Macht unserer Gedanken sollten wir alle lernen mit dieser Macht bewusst umzugehen, sie zu steuern, zu lenken, dieses gewaltige Potenzial nicht zu verschwenden, so dass es uns möglich wird, glücklich zu sein und unsere innersten Wunschträume zu verwirklichen. Auch wenn unsere Wünsche und Träume zuerst in unserer Phantasie entstehen, sollten wir sie nicht als Phantasiegebilde abtun, die mit unserer Realität nichts zu tun haben. Wir sollten unsere Wünsche und Träume real machen, ihnen Leben einhauchen, sie aus der Phantasie in unsere Realität holen und dabei glücklich werden.

„Träume nicht Dein Leben, sondern lebe Deinen Traum!“

Ich habe das Gesetz der Anziehung mittlerweile derart verinnerlicht, dass ich es nicht mehr anwende, sondern es mit allen meinen Sinnen LEBE. Das Gesetz der Anziehung erfolgreich nutzen bedeutete für mich, den Zwang des Müssens aufzugeben und mich bewusst für mein Lebensziel zu entscheiden. Habe ich ein ZIEL im Leben (das hat jeder Mensch, ob er sich dessen bewusst ist oder nicht), so lebe ich logischer Weise ZIELbewusst. Seitdem ich das tue, sind im Laufe der Zeit immer mehr meiner Wünsche in Erfüllung gegangen. Natürlich musste ich eine gewisse Zeit in das Erlernen der bewussten Anwendung des Gesetzes der Anziehung investieren, und tue dies auch heute noch. Dasselbe empfehle ich auch Dir, lieber Leser, wenn Du Deine innersten Träume wahr machen willst. Nimm Dir Zeit, um Dich selbst, Deine Glaubenssätze und Dein Weltbild zu ändern. Was höre ich Dich da sagen? Das hört sich nach einer Menge Arbeit an? Hand aufs Herz: Was ist diese Investition an Zeit und Energie schon gegen ein bequemes Nichtstun, das dazu führt, dass sich im Leben keine positiven Veränderungen einstellen und alles beim Alten bleibt? Man sollte nicht am falschen Ende sparen. Außerdem klingt das Ganze schwerer als es ist. Ich habe es getan und mein Leben ist seitdem glücklicher und zufriedener geworden, ich habe wesentlich mehr Geld zur Verfügung, bin mit der Frau meiner Träume zusammen und lebe viel gesünder. Es ist tatsächlich so, dass das Glück überall „lauert“. Ich kann es gar nicht oft genug sagen: Was ich schaffen kann, lieber Leser, dass kannst auch Du schaffen. Und halte Dir stets vor Augen: Wenn DU Dich nicht änderst, wird sich auch in Deinem Leben NICHTS ändern. Aber kein Grund zur Sorge: Wenn Du etwas wirklich WILLST, dann sorgt das Gesetz der Anziehung dafür, dass Du es auch bekommst. Wenn Du also Dein Leben wirklich verbessern WILLST, dann wirst Du es auch schaffen.

In den vergangenen Jahren habe ich mich intensiv mit dem Gesetz der Anziehung beschäftigt. Dabei habe ich viel Literatur in die Hände bekommen, die oberflächliche Formulierungen wie „Lasse die Strahlen des allmächtigen Geistes des Universums Deine Seele durchfluten und Dir die Erleuchtung bringen“ enthalten. Mit solchen Aussagen kann ich bis heute nicht viel anfangen. Ebenso las ich viele Formulierungen wie „Sei stark“ oder „Sei selbstsicher“, ohne dass erklärt wurde, WIE. Deshalb möchte ich mit diesem Buch meine Erfahrungen, Überzeugungen sowie von mir erfolgreich angewandte Methoden an Dich weitergeben, damit Du Sie nutzen kannst für ein glücklicheres Leben. Damit Dir so manches Leid, welches mir widerfahren ist, erspart bleibt, und so mancher grandiose Wunscherfolg zuteil wird. Nutze das vorliegende Buch, um Dein

Leben in allen Lebensbereichen erfolgreicher und glücklicher zu gestalten. Ich empfehle Dir dieses Buch nicht nur einmal zu lesen und es dann beiseite zu legen. Lies es stattdessen immer wieder, wenn Du einen neuen Motivationsschub brauchst, um Deine innersten und geheimsten Wünsche wahr werden zu lassen. Beobachte Dich beim Lesen, achte auf Dein Bewusstsein, ob es sich wandelt und bisherige Grenzen überschreitet. Dieses Buch ist in verständlicher Ausdrucksweise verfasst, damit jeder das Geschriebene mühelos anwenden kann. Sein Inhalt fördert eine positive Denkweise und Lebenseinstellung. Wichtig ist es mir auch zu verdeutlichen, dass ich mit diesem Buch weder eine religiöse Glaubensrichtung, noch eine bestimmte Nation oder ein politisches System repräsentiere – nein, ich bin einfach nur ein Mensch dieser Welt und ich fordere mein Geburtsrecht ein, nämlich das Recht auf mein persönliches Glück. Ich wünsche Dir von ganzem Herzen die Tür zu Deinem persönlichen Glück zu öffnen. Du hast nichts zu verlieren, denn den Schlüssel dazu hast Du bereits seit Deiner Geburt in DIR (Stichwort Glaubenssätze). Dieses Buch hilft Dir auf dem Weg dahin. Ich wünsche mir dass Du durch die Hilfe meines Buches Dein Leben in allen Bereichen glücklicher gestaltest.

„Erfolg ist das beständige Streben danach „mehr“ zu werden. Erfolg zu haben heißt, emotional, sozial, geistig, psychologisch, intellektuell und finanziell zu wachsen, während man andere positiv beeinflusst.“ (Anthony Robbins)

An dieser Stelle bedanke ich mich aus tiefstem Herzen bei meiner über alles geliebten Mutter, die stets zu mir gehalten hat und die mir durch ihre herzliche, liebevolle und warme Art die richtigen Werte fürs Leben vorgelebt hat, bei meiner ebenso über alles geliebten Lebenspartnerin, die mich mit ihrem Tatendrang, ihrer Energie und Lebensfreude vom ersten Tag an inspiriert, unterstützt und motiviert hat, und bei meinem lieben Bruder, der mit seinem grenzenlosen Wissensdurst und seiner geduldigen Art dafür gesorgt hat, meinen persönlichen Horizont in zahlreichen Bereichen stetig zu erweitern.
Ein weiterer besonderer Dank geht an Lilo, Viola und Bea, mit denen ich sehr interessante und erkenntnisreiche Gespräche über das Gesetz der Anziehung geführt habe.

Stürzen wir uns nun gemeinsam und ohne Umschweife in das erste Kapitel.

Der Gedanke ist der Vater aller Dinge!

1. Das Gesetz der Anziehung aus meiner Sicht

(geschrieben von Goran Kikic)

Hallo lieber Leser,

was ist das Gesetz der Anziehung (englisch: Law of attraction)?

Nicht jeder kennt das in Rede stehende Gesetz als Gesetz der Anziehung, sondern hat vielleicht schon davon gehört unter den Bezeichnungen Kausalitätsgesetz, Resonanzgesetz, das Gesetz des Ausgleichs, Ursache und (Aus-) Wirkung, Aktion und Reaktion oder „was man sät, das wird man ernten“. In den vedischen Schriften wird es auch als das Gesetz des Karmas bezeichnet. Im Grunde sind das alles viele Namen für ein- und dasselbe Gesetz.

Es ist in meinen Augen das mächtigste und gerechteste Gesetz unseres Universums, das besagt: **Gleiches zieht Gleiches an und wird durch Gleiches verstärkt**.

Das (Natur-) Gesetz der Anziehung und seine Wirkungsweise sind, wie alle anderen Naturgesetze auch, leicht zu verstehen. Ein konkretes Beispiel: Wer an Probleme denkt und dabei Gefühle empfindet, zieht Probleme an. Wer an Reichtum denkt und dabei Gefühle empfindet, zieht Reichtum an. Man kann nicht emotional an Armut denken, aber Reichtum anziehen. Ich kann nicht emotional an Negatives denken, aber Positives anziehen. Das funktioniert nicht. Ebenso wenig kann ich emotional an Reichtum denken, aber Armut anziehen. Will ich von meinen Mit-

menschen freundlich und zuvorkommend behandelt werden, muss ich meine Mitmenschen von Herzen freundlich und zuvorkommend behandeln. Im Grunde ganz simpel. Ich erhalte durch das Gesetz der Anziehung lediglich das zurück, was ich zuvor ausgesandt habe.
Konkret bedeutet das, dass wir ein lebender, menschlicher Magnet sind, der alles in sein Leben zieht, womit er sich befasst und dabei Gefühle verspürt. Jeder Gedanke den wir denken und der mit Gefühlen verbunden ist, gestaltet unweigerlich unsere Zukunft, ob uns das passt. oder nicht. Man könnte auch sagen: Der Geist gebietet über die Materie.

Ist Dir klar, was Du da gerade gelesen hast???

Lies es Dir noch mal durch, verinnerliche Dir die Bedeutung dieser Aussage, denn sie ist einfach HERRLICH! Es bedeutet, dass Du die absolute Macht über Dein Leben hast – ja, sie schon immer in einem unvorstellbaren Ausmaß hattest, sich ihrer nur nicht BEWUSST warst. Ist das Magie? Zauberei? Hexerei? Ist das ein göttliches Wunder? Manch einer würde es so nennen. Es ist tatsächlich so, dass die meisten Menschen dazu neigen, Dinge, die sie nicht erklären können, als Wunder zu bezeichnen. Im Grunde kann man es nennen, wie man will. Wenn man es als Wunder bezeichnen will, dann kommen wir auch nicht um die Tatsache umhin, dass das eigentliche Wunder wir selbst sind.

Unsere Gedanken sind wie Pflanzen: Je intensiver wir uns mit einem bestimmten Gedanken beschäftigen, desto mehr wächst er und wird immer stärker, bis er sich durch verstärkende Gefühle in unserem Leben physisch manifestiert. Dies wussten übrigens auch zahlreiche Menschen bzw. Persönlichkeiten aus den verschiedensten Epochen und Ländern. Hier nur einige davon:

„Das Glück Deines Lebens hängt von der Beschaffenheit Deiner Gedanken ab.“ (Marcus Aurelius)

„Wir sind, was wir denken. Alles, was wir sind, entsteht aus unseren Gedanken. Mit unseren Gedanken erschaffen wir die Welt.“ (Buddha)

„Der Gedanke ist die eigentliche geistige Großmacht, die die Welt beherrscht. Er ist stärker als jede andere Kraft, mächtiger als alle Materie.“ (Emerson)

„Das, was jemand von sich selbst denkt, bestimmt sein Schicksal.“ (Mark Twain)

„Die Welt ist eine Widerspiegelung Deines eigenen Geistes.“ (Dan Millman)

„Die Schwingungen der Gedankenkräfte sind die feinsten und folglich die mächtigsten, die es gibt.“ (Charles Haanel)

„Menschen haben die Macht, bewusst und zielgerichtet zu denken und mit ihrem Denken ihr ganzes Leben zu erschaffen.“ (Rhonda Byrne)

„Unser Leben ist das Produkt unserer Gedanken.“ (Marcus Aurelius)

„Wenn die Materie mächtig ist, so ist der Gedanke allmächtig!“ (Swami Vivekananda)

"Es sieht immer mehr so aus, als ob das ganze Universum nichts anderes ist als ein einziger grandioser Gedanke!" (Albert Einstein)

Der Mensch ist, was er denkt. Was er denkt, strahlt er aus. Was er ausstrahlt, zieht er an. Haben wir ein bestimmtes Ziel vor Augen und befassen uns gedanklich und gefühlsmäßig immer und immer wieder damit, ziehen wir Menschen, Umstände, Informationen und Situationen in unser Leben, die in Harmonie stehen mit unserem klar definierten Wunschziel. Was wir in unserem Inneren denken und fühlen, manifestiert sich im Außen (wie im Innen, so im Außen). Unsere Außenwelt ist also nicht mehr und nicht weniger als ein Spiegelbild unseres Inneren.

**ALLES, WORAN WIR WIRKLICH GLAUBEN,
WIRD ZU UNSERER REALITÄT!!!!**

Das ist eine Tatsache, die mich vor Freude jubeln lässt. Du kannst Dich darauf verlassen, lieber Leser, dass das Gesetz der Anziehung genauso präzise arbeitet wie andere Naturgesetze, beispielsweise das Gesetz der Schwerkraft. Wenn Du einen Tennisball in die Luft wirfst, so wird er auf die Erde fallen. Wenn Du den Ball zehnmal hoch wirfst, so wird er genau zehnmal runter fallen. Stürzt ein Flugzeug ab, so bezweifeln wir nicht die Wirkung des Gesetzes der Schwerkraft, sondern wissen, dass die Ursache woanders zu suchen ist. Wasser wird IMMER bei 100 Grad anfangen zu kochen, und es wird IMMER bei 0 Grad gefrieren. Naturgesetze gelten IMMER. Genauso verhält es sich auch bei dem Gesetz der Anziehung. Was Du gefühlsbetont denkst, kommt in Dein Leben - IMMER. Wenn etwas in Dein Leben kommt, was Dir nicht gefällt, so sei versichert, dass es an Dir liegt und das Gesetz der Anziehung Dir exakt das geschickt hat, was Du gedacht und gefühlt hast. Das Gesetz der Anziehung gilt ebenso wie alle anderen Naturgesetze für jeden Mann, jede Frau, jedes Kind, für die ganze Welt, ja, sogar für das gesamte Universum. Jeder Erfolg, jeder Misserfolg, jeder Mensch, jede Arbeit, jedes Glück, jedes Unglück, einfach jedes Ereignis, welches uns widerfährt, ist auf unsere Gedanken, Gefühle und das Gesetz der Anziehung zurückzuführen. ALLES, was passiert, ist eine Wirkung auf eine vorher gesetzte Ursache. Das Gesetz der Anziehung gilt für ALLE Gedanken, Gefühle und Handlungen.

Ich sage es noch einmal in aller Deutlichkeit: Unsere emotionsgeladenen Gedanken erschaffen unser Leben, unabhängig davon, ob wir an spirituelle oder wissenschaftliche Prinzipien glauben. Wir sind was wir denken und fühlen. Wir erhalten was wir glauben. Wir sind sowohl Ursache, als auch Wirkung. Wenn ich selbst die Ursache bin und die Gedanken und Gefühle IN MIR bestimmte Wirkungen verursacht haben, dann bekomme ich in der Außenwelt lediglich das serviert, was ich in meinem Inneren habe. Alles, was sich in unserem Leben ereignet, ist sozusagen eine Art Projektion unserer inneren Einstellung, unseres Gemütszustandes, unserer Geisteshaltung. Somit ist jeder selbst verantwortlich für sein Leben und braucht die Verantwortung nicht in der Außenwelt zu suchen (bei korrupten Politikern, faulen Beamten, strengen Chefs, streitsüchtigen Nachbarn, neidischen Kollegen, untreuen Partnern, unfähigen Ärzten, dem Schicksal, den Moslems, den Juden, den Russen, den Amis, den Reichen, den Sozialhilfeempfängern, den Illuminaten oder dem bösen Teufel). Jede Krankheit, jeder Schmerz, jedes Unglück, jede gescheiterte Beziehung ist die logische Folge einer Ursache, die wir möglicher Weise nicht sofort erkennen. All das sind unsere Kreationen. Jeder Gedanke, jedes Gefühl und jede Tat ist in uns gespeichert und wirkt in unserer Zukunft auf uns. Wenn ich beispielsweise wütend auf meinen Nachbar bin, so sollte mir klar sein, dass meine Wut nicht meinen Nachbarn treffen wird, sondern mich. Vor diesem Hintergrund sollten wir stets an folgende Weisheit denken: Was Du nicht willst, dass man Dir tut, das füg auch keinem Anderen zu. Fast ein jeder Mensch hat diesen Satz schon einmal gehört, aber nur die Wenigsten haben verstanden, welch tiefere Wahrheit in ihm steckt.

„Was wir anderen zufügen, fügen wir uns selbst zu.“ (Emerson)

Ich muss also nicht erst jemanden mit Worten beleidigen oder ihm durch Handlungen Schaden zufügen, es reicht, wenn ich es in Gedanken getan habe. Damit wird bereits die Ursache gesetzt. Wir können das Gesetz der Anziehung nicht austricksen. Das Gesetz der Anziehung ist weder der deutschen, der englischen oder sonst einer Sprache mächtig, aber es versteht unsere Gedanken und Gefühle, und diese zählen mehr als das Wort oder die Tat (man kann jemanden nett grüßen, es gedanklich aber ganz anders meinen). Wir bekommen in derselben „Qualität“ immer das serviert, was wir gefühlsmäßig ausgesandt haben. Was wir auch machen, unser Spiegelbild (unsere Umwelt) macht es uns nach.

Wenn ich also sage, dass wir die Schöpfer unserer Realität sind, dann bedeutet das, dass wir uns nicht darüber Gedanken zu machen brauchen, was uns im Leben widerfährt, sondern dass uns das widerfährt, worüber wir uns ständig emotional Gedanken machen.

„Der Mensch ist nicht Produkt der Umstände; die Umstände sind Produkte des Menschen.“ (Benjamin Disraeli)

Die Wirkung der inneren auf die äußere Realität
Modell nach Butzbach

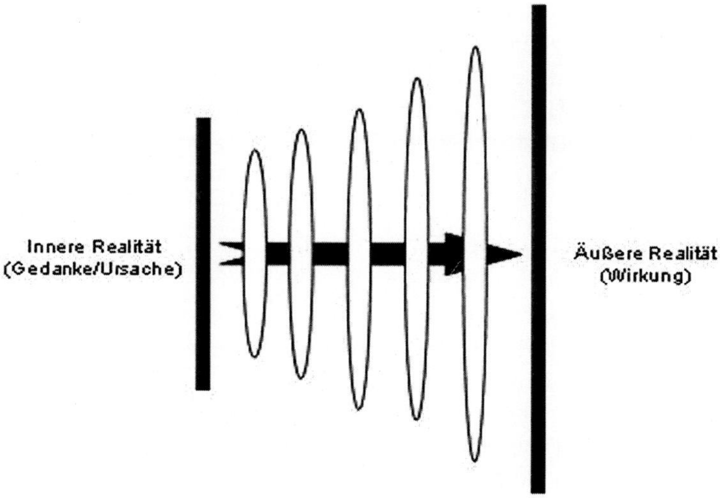

Man kann sich das Gesetz der Anziehung natürlich auch zunutze machen, indem man beginnt BEWUSSTER zu denken, zu fühlen, zu leben. Gedanken sind reine Energie und Aufmerksamkeit folgt der Energie (englisch: Attention goes where energy flows). Alle Menschen setzen das Gesetz der Anziehung ein, die meisten tun das jedoch unbewusst. Richte ich meine Aufmerksamkeit aber gezielt und ganz bewusst auf meine Wünsche, kann ich mein Leben nach meinen Wünschen gestalten (wenn meine Aufmerksamkeit nicht gefühlsneutral ist). Nur ICH selbst kann mein Leben gestalten, ICH und sonst niemand. Ich sende einen starken Wunsch los und das Gesetz der Anziehung sorgt dafür, dass er sich erfüllt. Ich denke, fühle, erschaffe, erlebe. Wir alle sind somit Schöpfer, unsere Gedanken und Gefühle sind unser Schöpferwerkzeug und wir erschaffen unsere Welt, unsere Realität in JEDEM einzelnen (wachen) Augenblick unseres Lebens. Somit hat JEDER Gedanke, so klein er auch sein mag, einen bedeutenden Einfluss auf unser Leben, kann Glück oder Unglück anziehen, Krankheit oder Gesundheit, Erfolg

oder Misserfolg. Man kann Gedanken mit Larven vergleichen, die sich zu Schmetterlingen entwickeln, vorausgesetzt wir wollen es.
Wir Menschen sind also weitaus mächtiger, als die Meisten auch nur ahnen. Sehen wir uns einen Baum an, so sehen wir seine Größe im Außen, aber was unterhalb der Erde für unsere Blicke verborgen bleibt, ist das Entscheidende. Seine Wurzeln sind das Fundament, die Basis, die für die nötige Standfestigkeit sorgen. Ohne sie wäre der Baum den Winden und Stürmen hoffnungslos ausgeliefert. Die wahre Macht des Baumes ist also nicht auf den ersten Blick zu sehen, ebenso ist es auch bei uns Menschen.

Das Gesetz der Anziehung verstehen heißt auch zu begreifen, dass es keinen strafenden Gott oder eine sonstige Willkür gibt, z.B. ein alles beherrschendes Schicksal und dass wir NIEMALS ein Opfer der Umstände gewesen sind. ICH bin MEIN Schicksal, ICH schreibe an MEINEM Lebensdrehbuch, ICH erschaffe zu 100% MEINE Zukunft!!! Die Gedanken, die ich unentwegt denke, und die Gefühle, die ich dabei empfinde, werden zu meinem Schicksal. Wenn wir den Verantwortlichen für unsere Lebensumstände kennen lernen wollen, so reicht ein kurzer Blick in einen Spiegel.

„Die Welt ist ein Spiegel, aus dem jedem sein eigenes Gesicht entgegenblickt.“ (Thackeray)

"Unsere Erfahrungen spiegeln unsere vorherrschende geistige Haltung wieder." (Charles F. Haanel)

Allein schon dieses Gefühl der Sicherheit und Selbstbestimmung ist einfach WUNDERBAR und macht das Leben gleich viel lebenswerter.

Nehmen wir unter die Lupe, wie die meisten Menschen denken, stellen wir folgendes fest: Die meisten Menschen richten ihre Aufmerksamkeit und die dabei entstehenden Gefühle nicht auf ihre Wünsche, sondern auf das, was ihnen Angst bereitet. Hören sie in den Nachrichten von Arbeitslosigkeit, denken sie voller Angst sofort: „Hoffentlich behalte ich meinen Job und werde nicht arbeitslos.“ Und schon haben sie diesen Angst machenden Gedanken mit Energie gefüttert und ziehen Angst und

den Angst verursachenden Zustand in ihr Leben. Und so wird derjenige, der felsenfest davon überzeugt ist, dass er arbeitslos wird, auch zu 100% arbeitslos werden. Er wird dann womöglich sagen: „Ich habe es ja gewusst." Richtig! Die Wahrheit ist, dass nur er es gewusst hat und sonst niemand. Sein Glaube an die baldige Arbeitslosigkeit wurde durch das Gesetz der Anziehung zu einer sich selbst erfüllenden Prophezeiung. Dem Gesetz der Anziehung ist es egal, was wir ausstrahlen, da es wie alle anderen Naturgesetze absolut wertfrei ist und somit nicht zwischen produktiven und destruktiven Gedanken und Gefühlen unterscheidet. Der Schwerkraft ist es auch egal, welcher Ball gerade in die Höhe geworfen wird – es hat für alle Bälle der Welt dieselbe Gültigkeit.
In meinem Leben gibt es genug unrühmliche Beispiele dafür, wie ich mit meiner Angst Ereignisse in mein Leben zog, die mir mein Leben erschwerten. Das ließ mich irgendwann zu der Grunderkenntnis gelangen, dass ich, um vorwiegend gute Ereignisse in mein Leben zu ziehen, eine intensive Gedankenpflege betreiben musste. Dazu später mehr im Kapitel „Schaffe Dir die richtigen Umstände".
Tatsache ist: Alles, was wir in der Außenwelt tun, wird zuvor in Gedanken getan. Nichts in der Außenwelt kann existieren, wenn es nicht vorher gedacht und dabei Emotionen verspürt worden sind. Der Gedanke, ob bewusst oder unbewusst, ist immer der Anfang. Auch dieses Buch war am Anfang nur ein Gedanke, bevor es in unsere Realität manifestiert bzw. materialisiert wurde.

Im Talmud steht:
Achte auf Deine Gedanken, denn sie werden zu Deinen Worten,
achte auf Deine Worte, denn sie werden zu Deinen Handlungen,
achte auf Deine Handlungen, denn sie werden zu Deinen Gewohnheiten,
achte auf Deine Gewohnheiten, denn sie werden zu Deinem Charakter,
achte auf Deinen Charakter, denn er wird zu Deinem Schicksal.

Einfach mal ausprobieren

Als ich das erste Mal vom Gesetz der Anziehung las, hatte ich meine Zweifel. Schließlich waren mir bis dahin unheimlich viele negative Dinge im Leben widerfahren, die ich mir doch unter gar keinen Umständen selbst zugemutet hätte, wenn ich die freie Wahl gehabt hätte. Eher hätte ich mir doch freiwillig alle meine Zähne ziehen lassen, als mir einen Meniskusriss, drei schwerwiegende Autounfälle, eine Firmenpleite, ein Bein- sowie einen Armbruch und Pech in der Liebe in mein Leben zu ziehen. Ich war also ausgesprochen skeptisch in Bezug auf das Gesetz der Anziehung.

„Am Anfang aller Weisheit steht die Verwunderung."(Aristoteles)

Nachdem ich mein erstes Buch zum Gesetz der Anziehung las, mischte sich natürlich sofort mein Verstand ein und versuchte das Ganze aus rationaler Sicht als esoterischen Schwachsinn abzutun. Wieso wusste die Öffentlichkeit noch nichts vom so genannten Gesetz der Anziehung, wieso gab es so viele unglückliche Menschen, warum erzählten die Medien nichts von diesem kosmischen Gesetz??? Die Wissenschaft hatte auch noch nie ein Wort über das Gesetz der Anziehung in Zusammenhang mit Gedanken und unseren Lebensumständen verloren. Nun bin ich aber ein Mensch, der sich aufgrund seiner Lebenserfahrungen vor neuen Themen nicht gleich dogmatisch verschließt, sondern sich erstmal darauf einlässt und darüber nachdenkt.

Die Frage, die ich mir in dieser Situation stellte, war: „Bin ich mir in all den Jahren meiner Gedanken und Gefühle eigentlich bewusst gewesen? Achtete ich darauf, was ich dachte, oder waren meine Gedanken vielmehr eine Reaktion auf Dinge, die mir widerfuhren bzw. die ich sah? Agierte ich im Leben oder reagierte ich? Hatte ich mehr heitere oder mehr düstere Gedanken? Habe ich mich mehr mit der Freude oder mit den Sorgen in meinem Leben befasst, was das Glas eher halb voll oder halb leer???" Schaue ich mir mein bisheriges Leben an, so lässt sich sagen, dass ich mir vieles hätte leichter machen können.
Was konnte es schon schaden, wenn ich durch BEWUSSTE Anwendung des Gesetzes der Anziehung versuchen würde, mein Leben glücklicher und zufriedener zu gestalten? Wenn es tatsächlich funktioniert, so mein Gedanke, dann würde ich auf allen Ebenen – Gesundheit, Finanzen, Partnerschaft, meiner persönlichen Entwicklung – erfolgreicher sein, als ich es gerade war. Und wenn es nicht funktioniert, dann bleibt halt alles beim Alten. Ich konnte also nichts verlieren, nur gewinnen.

Also beschloss ich, die Probe aufs Exempel zu machen – und ich sollte es nicht bereuen.

<u>Checkliste:</u>
Gleiches zieht Gleiches an und wird durch Gleiches verstärkt.
Unsere Gedanken und Gefühle erschaffen unser Leben.
Alles, worauf wir unsere Aufmerksamkeit richten, wächst.
Das Gesetz der Anziehung gilt immer und überall für ALLE.

Ich wusste unbewusst, dass ich es kann, also tat ich es.

2. Meine ersten bewussten Erfahrungen
(geschrieben von Goran Kikic)

Ich bin in Deutschland geboren, stamme aber aus dem ehemaligen Jugoslawien, bin mit zwei Kulturen aufgewachsen und von Natur aus recht offen mit neuen Sichtweisen. Dies wird sicherlich einer der Hauptgründe gewesen sein, dass ich mich vor dem Gesetz der Anziehung nicht kategorisch verschloss. Mir wird nachgesagt, dass ich einen stark ausgeprägten Drang nach Unabhängigkeit und Selbstbestimmung habe. Ich wuchs mit dem inneren Bedürfnis auf, mein eigener Chef zu sein, so dass ich bereits in jungen Jahren ein Gewerbe eröffnete. Ich konnte mir nie vorstellen, als Angestellter für jemanden zu arbeiten, obwohl das in gewissen Notlagen auch immer wieder mal als Überbrückung erforderlich war. Teilweise tat ich beides gleichzeitig: Zum Beispiel war ich u. a. eine Zeitlang als Video-Designer selbstständig (u. a. 3D-Werbeclips) und arbeitete gleichzeitig als Angestellter in einem Büro. Freizeit war da gar nicht vorhanden und für „Wunschmagie“ interessierte ich mich damals auch nicht.

Als meine Eltern sich trennten, war ich erstmal mental am Boden. Das war die Zeit, in der ich begann Ausschau nach Büchern zu halten, die mir wieder etwas mehr Hoffnung geben sollten, Bücher, die das positive Denken förderten. Wenn man sich bestimmte Bücher bestellt, erhält man irgendwann auch mal weitere Werbeprospekte und dabei entdeckte ich auch Bücher über erfolgreiches Wünschen, die Macht der Gedanken und das Gesetz der Anziehung.

Vor diesem Hintergrund ist es vielleicht noch erwähnenswert, dass mein Bruder sich mit dieser Thematik seit längerer Zeit beschäftigte. Er las zahlreiche Bücher über Spiritualität, Esoterik, wissenschaftliche Werke über das Gesetz der Anziehung und er studierte zu dieser Zeit Physik. Er sah Zusammenhänge zwischen der Quantenphysik und der Macht unserer Wünsche bzw. den dahinter stehenden Gedanken. Er war nach dem Lesen zahlloser Bücher zu diesem Thema fest davon überzeugt, dass jeder Gedanke feinstoffliche, kaum messbare Materie (also Energie) ist, die wie ein Ton beim Klavierspielen, wenn man ihn ständig spielt bzw. den Gedanken denkt, stärker wird. Durch das Gesetz der Anziehung zieht dieser Gedanke ähnliche und gleiche Gedanken an, so dass er immer größer und gewichtiger wird. Es kommt auf die Intensität und Regelmäßigkeit an, wie oft und wie stark man also denselben Gedanken denkt. Schließlich wird er so groß und mächtig, bis er sich physisch im Leben manifestiert.

Als während des Bürgerkriegs im ehemaligen Jugoslawien Angehörige von mir ums Leben kamen, kam ich mir derart hilflos vor, dass ich mich sehr intensiv mit den Wunschbüchern beschäftigte, in der Hoffnung etwas bewirken zu können. Ich verschlang alle möglichen Bücher, die mir erklären sollten, wie ich mein Potenzial voll ausschöpfen kann. Und irgendwann hatte ich so viele Bücher darüber gelesen, dass ich es selbst praktizieren wollte. Obwohl sich viele Bücher in manchen Dingen widersprachen, so fand ich, egal ob in einfachen Wunschbüchern, asiatischen Büchern über das Ki, Chi oder Prana, in Büchern über das Gesetz der Anziehung, in russischen Büchern über Bioplasma, in wissenschaftlichen Büchern über Quantenphysik, im Talmud oder in der Bibel, dass alle Bücher etwas gemeinsam hatten: die Macht der Gedanken!

Als ich mit dem Wünschen begann, war ich gerade seit etwa einem halben Jahr pleite gewesen, d. h. ich musste mein Gewerbe auflösen und einen Antrag auf Insolvenz stellen. Ich war zu stolz, um zum Arbeitsamt zu gehen und meine Mutter bot mir an, ich könne bei ihr leben. Meine private Krankenversicherung musste ich aufgeben, ich hatte nicht mal das Geld für eine Busfahrkarte, ich hatte kein eigenes Telefon mehr usw. Ich war von heute auf morgen mittellos. Ich konnte nicht mal zum Arzt gehen, da ich nicht mehr krankenversichert war. Ich brach zwangsläufig Kontakte ab, denn ich hatte keine Lust, dass ich der Einzige auf einer Geburtstagsparty war, der aus Geldmangel ohne Geschenk kommt oder dem die Anderen die Getränke im Bistro spendieren. Ich stand vor dem NICHTS und fühlte mich wie der größte Pechvogel des Universums, wie ein Müllsack im Container. Ich fragte mich damals ernsthaft, ob ich bei Gott womöglich auf einer „Ich-kann-Dich-nicht-leiden-Liste" ganz weit oben stand. In dieser Zeit war es schwer, das Selbstbewusstsein aufrecht zu erhalten.
Ich war auch mental am Boden, aber mit der Zeit merkte ich, dass es auch was Gutes hatte: Der Alltagsstress war weg, ich verspürte überhaupt keinen Druck mehr, ich war sorglos geworden, denn viel schlimmer konnte es gar nicht mehr werden.

„Das Gute an Sackgassen ist: Sie zwingen zur Umkehr." (Martin Held)

„Und das Sinken geschieht um des Steigens willen." (Buch Sohar)

Ich fühlte mich wie ein Aussteiger aus der Gesellschaft, hatte nur noch wenig Kontakt zu anderen Menschen und besaß weder Internet noch TV. Stattdessen meditierte ich viel, las zahlreiche Bücher und trainierte meinen Körper. Ich hatte kaum noch Wünsche, außer dass ich meine Ruhe haben wollte. Wenn man weniger Wünsche hat, verwendet man auch weniger Energie und Zeit für sie. Ich nutzte meine neu gewonnene Zeit dazu, mir selbst zu verzeihen für die Lage, in die ich mich manövriert hatte (was gar nicht so einfach war).

So eine Auszeit, auch wenn sie durch eine finanzielle Pleite zustande kam, hatte auch etwas Gutes. Die Phase der Armut und der sozialen Abgeschiedenheit in meinem Leben hatte nämlich dazu beigetragen,

meine Wünsche und Abneigungen klar zu definieren. Meine Wunschklarheit ergab sich erst aus meinem persönlichen Pech. Meine neue Lebenslage hatte auch etwas Negatives, denn ich war lange Zeit verbittert, hielt mich für einen Unglücksraben und hatte mich von meinen früheren Freunden und Bekannten sehr entfremdet (wie Tom Hanks in dem Film, als er auf einer einsamen Insel strandet, aus seinem normalen Leben herausgerissen wird und später nicht viel mit seinen Mitmenschen anfangen kann, weil man einfach verschiedene Erfahrungswerte gemacht hat). Ich war relativ krisenerprobt, kannte die Schattenseite des Lebens und konnte mich anfangs auch nicht viel amüsieren, als es mir später wieder besser ging. Ich sah mir all die Leute an und dachte: "Es ist wie auf einem Obstmarkt. Oben sind die schönen, frischen Äpfel und darunter die vergammelten Früchte. Ich war da unten und habe es selbst erlebt. Die meisten meiner Freunde aber nicht." Es hatte eine ganze Zeit gedauert, bis ich da wieder raus war. Aber das Positive war neben einer klaren Zieldefinition auch das Auflösen gewisser Hemmschwellen (kein übertriebenes Schamgefühl, weil man arm ist).
Erst die Abwesenheit der meisten materiellen Annehmlichkeiten, die die meisten Menschen in unserem Gesellschaftssystem als selbstverständlich erachten, zeigte mir deutlich, dass es irgendwie auch ohne sie geht und die Erde sich trotzdem weiter dreht. Die miserablen Zustände konnte ich nicht ändern, aber ich konnte MICH ändern. Ich erinnerte mich an einen Spruch, den irgendwann mal ein Prominenter sagte: "Betrachte ein Problem nie als Problem. Betrachte es als Tatsache und dann versuche das Beste daraus zu machen." Also was sollte ich rumjammern und klagen, schließlich hatte es viele meiner Verwandten im ehemaligen Jugoslawien viel schlimmer getroffen und sie lebten ihr Leben trotzdem weiter. Das gab mir Ansporn. Ich betrachtete die schlechten Zustände nicht mehr als unveränderliche Tatsachen, sondern als Momentaufnahmen, als eine derzeitige, vorübergehende Stufe meiner „Lebenstreppe". Vielleicht half mir auch die Disziplin weiter, die ich mir durch den Sport angeeignet hatte. Durch diese Lebensumstände lernte ich so viel so ungeheuer schnell. In einer Zeit des reinen Luxus hätte ich sicherlich nicht so schnell gelernt. Rückblickend empfinde ich diese Zeit, die mich zu einem Umdenken brachte, als sehr lehrreich, denn sie führte mir vor Augen, worauf ich im Leben großen Wert legte. Wer weiß? Vielleicht hätte ich ohne diese Phase niemals etwas vom Gesetz der Anziehung

erfahren, auch wenn das Gefühl des Unglücks und der Verbittertheit mir damals zu schaffen machten.

Es kam auch mal vor, dass meine Mutter und ich sehr wenig zu essen hatten - und so entschloss ich mich doch mal zum Arbeitsamt zu gehen. Ich machte während meiner gewerblichen Zeit alles selbst: Ich war verantwortlich für meine Buchhaltung und Steuererklärung, hatte persönlichen Kundenkontakt, gestaltete meine Werbung, beherrschte mehrere Computerprogramme, hatte eigene Angestellte – aber all das zählte in den Augen des zuständigen Beamten nichts. Der Beamte behandelte mich von oben herab und gab mir das Gefühl, ich sei nichts wert. Insgeheim erwartete ich es nicht anders und so geschah mir nach meiner Erwartung (nach meinem Glauben). Ich kam mir regelrecht schikaniert vor und beschloss, es aus eigener Kraft zu schaffen. Aus heutiger Sicht würde ich sagen, dass ich mir damals ein klares Ziel setzte. Es war keine Affirmation, die ich mir zu dieser Zeit innerlich immer wieder sagte, aber es war offenbar ebenso wirksam wie eine Affirmation: "Ich weiß, dass es Menschen auf dieser Welt gibt, die ähnliche Probleme haben wie ich und die sie trotzdem meistern, obwohl sie auch nicht wissen, wie sie sie meistern sollen."

Ich befolgte also alle Anweisungen aus den Wunschbüchern und wünschte mir Geld, um gut leben zu können und meinen Hobbys nachgehen zu können, eine Beziehung mit der Frau, die am besten zu mir passt, und dass wir uns beide glücklich machen, eine Reise, auf der ich mich entspannen kann von meiner Pleite, und ein Auto, um komfortabler Alltagsdinge wie das Einkaufen erledigen zu können. Ich konzentrierte mich auf alle meine Wünsche. Etwa 10-20 Minuten täglich sehr intensiv, aber auch während ich Alltagsdinge erledigte (während des Einkaufens, in Bus und Bahn, beim Zubereiten des Essens, ...). Ich schrieb meine Lebensdrehbücher, visualisierte und imaginierte viel, schnitt mich am PC mit Bildbearbeitungsprogrammen in schöne Strände mit Sand und Palmen und stellte mir vor, dass meine Wünsche bereits erfüllt waren.

Mein Kampfkunsttrainer wusste von meiner finanziellen Lage und bot mir an, ich könne auch weiterhin zum Training kommen, ohne zu zahlen. Ich nahm das großzügige Angebot dankend an und eines Tages fragte er mich, ob ich nicht Lust hätte, ihn zu einer anderen Kampfkunstschule zu begleiten, in der wir unsere Kampfkunst präsentieren. Ich ging mit und dort lernte ich meine Lebensgefährtin kennen. Es war Liebe auf den ersten Blick. Wir trafen uns in der Folgezeit und ich erzählte ihr von meinem "Pech". Sie war älter als ich, geschieden von einem recht wohlhabenden Mann, der Juwelier war und mittlerweile in Texas auf einer Ranch lebt. Das alles wusste ich nicht bei unseren ersten Treffen. Sie hatte einen Sohn, der eine kostspielige Privatschule besuchte. Ich wusste, dass man sehr viel Geld brauchte, um jemanden auf so eine Schule schicken zu können. Er war mit Kindern reicher Prominenter in einer Klasse. Ich war wenig beeindruckt, denn schließlich waren wir alle Seelen, die laut meinem Weltbild aus derselben Quelle stammten. Offen gesagt war es für mich zu Beginn sehr schwer in dieser Beziehung, da meine Freundin für mich zahlte, wenn wir mal ins Kino oder auswärts essen gingen. Zu dieser Zeit kontaktierte mich ein alter Schulfreund, der sich mittlerweile selbstständig gemacht hatte. Er war gut in seinem Geschäft (Versandhandel von Unterhaltungselektronik), hatte jedoch nicht die finanziellen Möglichkeiten zu expandieren. Nach langer Überlegung stieg ich bei ihm ein und bekam von meiner Lebensgefährtin das Startkapital. Sie gab es mir aber nicht einfach so, sondern hatte sehr gute Beziehungen zu ihrer Bank. Sie bürgte für mich und ich bekam einen recht ansehnlichen Kredit. Als nächstes überraschte sie mich mit einer Reise nach Mauritius in ein Nobelhotel.

Das Versandgeschäft entwickelte sich sehr gut, was den Glauben an mein Glück erheblich stärkte. Doch damit nicht genug: Zum Geburtstag schenkte meine Freundin mir Gutscheine für meine Hobbys (Kampfsport und Krafttraining). Als sie sich dann einen neuen Wagen kaufen wollte, bekam ich ihren Sportwagen.

Erst als ich mir noch einmal meinen Wunschzettel ansah, begriff ich allmählich was hier passiert war und mir ging ein Licht auf. Ich war total baff und traute meinen Augen nicht: Das Geld, die Reise, das Auto, meine Hobbys - alles war in Erfüllung gegangen. Meine Lebensgefährtin hätte mir auch andere Dinge schenken können, die nicht auf meinem Wunschzettel standen. Aber es war eine absolute Übereinstimmung. Wahnsinn!!! Spätestens da stand für mich fest: Unsere Gedanken und

Gefühle schaffen Tatsachen! Diese Erkenntnis wünsche ich allen Menschen, überall auf der Welt.

Das veränderte vollkommen meine bisherige Perspektive. Ich bekam ein völlig neues Weltbild, eine neue Stärke. Harte Arbeit und blinder Aktionismus konnten meine alte Firma nicht retten, aber ein einzelner Wunschzettel bescherte mir mühelos alles, was ich wollte. Ich war kein Pechvogel und die Welt hatte nichts gegen mich, es war vielmehr so, dass ich lange Zeit durch meine destruktiven Gedanken etwas gegen die Welt hatte. Und wie man in den Wald hineinruft, so schallt es halt heraus. Ich beschloss von da an mein gesamtes Leben in einem positiven Sinn zu ändern. Mein bisheriges Leben sah ich als das Leben eines unwissenden Menschen an, der nicht verstanden hatte, wie die Welt, in der er lebt, überhaupt funktioniert. Doch nun wusste ich um das Gesetz der Anziehung und wie ich vorzugehen hatte, um glücklicher zu werden. Und das war dann für mich der Startschuss für weitere Wunschexperimente.

„Die Ironie des Lebens besteht darin, dass man es vorwärts lebt, aber rückwärts begreift.“ (unbekannt)

Ich habe mittlerweile schon sehr oft erlebt, wie meine Wünsche in Erfüllung gingen. Aus diesem Grund bin ich sehr optimistisch, dass auch meine anderen Wünsche sich verwirklichen werden. Es ist keine Frage, OB sie sich erfüllen, höchstens WANN es soweit ist. Ich habe mir zu Beginn, als ich mich mit dem Gesetz der Anziehung befasst habe, immer folgendes Beispiel vor Augen gehalten: Ich bin ein Videorecorder oder DVD-Player; die Filme, die ich in mich einlege, sind meine Gedanken und Gefühle, während der Fernseher die Außenwelt ist, wo mir alles präsentiert wird, was IN mir ist. Ob ich mir nun eine herzliche Filmkomödie oder einen grausamen Horrorfilm, einen romantischen Liebesfilm oder einen Gewalt verherrlichenden Actionfilm einlege, liegt an mir. Seit ich immer mehr „Filme“ des persönlichen Glücks und der Lebensfreude einlege, kommen auch immer mehr Glück und Freude in mein Leben. Ich fragte mich, womit ich das verdient hatte? Die Antwort war und ist auch heute noch: Ich brauche nicht etwas zu verdienen, um es zu bekommen. Ich wünsche es mir einfach. Simpler geht es gar nicht mehr.

3. Alles schwingt

(geschrieben von Goran Kikic und Mike Butzbach)

Betrachten wir das Gesetz der Anziehung in den nächsten drei Kapiteln aus wissenschaftlicher Sicht: Nichts ist im Ruhezustand, alles schwingt, das ist eine seit langem bekannte Tatsache. Die Wissenschaft kann diese Schwingungen sogar messen, beispielsweise die Schwingung der Elektronen und Protonen. EKG und EEG sind ebenfalls gute Beispiele für die Messung von elektrischen Aktivitäten im Herzen und im Gehirn, wo ebenfalls Bewegung und somit Schwingung vorhanden ist. Diese Schwingungen sind Energie und man nennt sie Frequenzen (Ereignishäufigkeit während einer bestimmten Zeitspanne).
Und auch wir Menschen schwingen IMMER! Zum Beispiel schwingt unser gesamter Körper – er steht niemals komplett still. Er vibriert und schwingt. Alles was ist, alles was lebt, unterliegt einer spezifischen Schwingung. Kein Arm, kein Bein, kein Finger ist jemals absolut unbeweglich - sie alle schwingen (etwa 300.000 km/Sek.), sie alle bewegen sich immer. Ausnahmslos alles unterliegt der Schwingung, ob Planeten, Menschen, Tiere, Pflanzen, Mineralien, Blutkörperchen, Atome (wie im Kleinen, so im Großen; wie innen, so außen). Nicht immer ist die Schwingung bzw. die Schwingungsenergie für das menschliche Auge sichtbar, trotzdem ist sie da. Und nicht alles schwingt in derselben Schwingungsrate. Ein Mensch hat eine andere Schwingungsrate als ein Stein, und ein Stein wiederum hat eine andere Schwingungsrate als ein Fluss. Alles hat seine eigene „Wellenlänge“.

Auch Gedanken und Gefühle schwingen bzw. sind Schwingungen. Beide haben eine unglaublich hohe Schwingungsrate und sind überaus machtvoll. Und auch hier schwingen nicht alle Gedanken und Gefühle mit derselben Schwingungsrate. Disharmonische Gefühle wie Sorgen, Ängste, Kummer und Aggressionen schwingen mit einer weitaus niedrigeren Schwingungsrate als harmonische Gefühle wie Liebe, Zuneigung, Freude oder Glück. Durch eine bewusste Änderung unserer Gedanken können wir also die Schwingungen aussenden, die uns zusagen.

Wie eingangs erwähnt schwingen wir immer und senden somit auch IMMER unsere Wünsche aus, ob wir das nun auf bewusster oder auf unbewusster Ebene tun. Da Gefühle und Gedanken reine Schwingungen sind (und somit reine Energie), können wir mit jedem Gedanken bzw. jedem Gefühl Macht über unser Leben ausstrahlen. Die meisten Menschen machen dies allerdings unbewusst und senden, ohne es zu wollen, Ängste, Sorgen, Wut und Kummer aus, so dass sie genau diese unerfreulichen Dinge immer mehr und mehr in ihr Leben ziehen.

„Du kannst die Wellen nicht stoppen. Du kannst nur lernen, auf ihnen zu reiten." (Karin Krudup)

Jeder Mensch hat schon einmal jemanden kennen gelernt, mit dem er gleich auf einer „Wellenlänge" war. Ebenso hat sicherlich jeder schon mal jemanden getroffen, mit dem er ganz und gar nicht auskam. In beiden Fällen ist das Gesetz der Anziehung (oder auch Resonanzgesetz) dafür verantwortlich, ob die Chemie stimmt oder nicht. Ich war vor Jahren auf der Suche nach einem Privattrainer für eine bestimmte Kampfkunst und machte mehrere schlechte Erfahrungen. Erst nachdem ich meinen Wunsch bewusst aussandte, lernte ich einen mehrfachen Europameister kennen, mit dem ich sofort resonierte. Jede Schwingung, die wir jeden Augenblick unseres Lebens aussenden, kann man auch als die Übertragung von Energie beschreiben. Jede Schwingungsenergie, die wir aussenden, sucht sich einen Körper, der dieselbe Schwingung ausstrahlt, mit dem sie resoniert (lateinisch: resonare= zurückklingen). Dadurch, dass jeder Mensch seine eigene Schwingung hat, lebt jeder Mensch in seiner eigenen Realität, innerhalb seiner eigenen Resonanzfähigkeit. So kann es also sein, dass zwei Menschen mit unterschiedlicher Resonanzfähigkeit sich ein- und denselben Film ansehen und gegensätzlich darauf reagieren. Genauso wird es auch Menschen geben, die unterschiedlich auf das vorliegende Buch reagieren. Den Einen wird es ansprechen, den Anderen womöglich nicht. Unsere Resonanzfähigkeit entscheidet darüber, was wir wahrnehmen und was nicht. Jeder Mensch erschafft sich seine Realität und daraus folgt, dass es mehr als 6 Milliarden verschiedene Realitäten auf unserer Welt gibt. Ich persönlich habe vor Jahren verschiedene Bücher gelesen, die sich sowohl mit politischen, als auch esoterischen Themen befassten. Ich las alle Kapitel dieser Bücher, nahm damals aber hauptsächlich die politischen Inhalte auf. Erst Jahre später, als meine Schwingung sich mit der Zeit gewandelt, mein Bewusstseinshorizont sich erweitert hatte und ich die Bücher erneut las, nahm ich die esoterischen Inhalte bewusst auf. Meine Schwingung war eine andere geworden und ich resonierte nun mit den esoterischen Texten, was Jahre zuvor nicht der Fall war. Man kann also nur das anziehen, was unserer aktuellen Schwingung entspricht.

Jeder kennt das klassische Beispiel mit dem Radio, dessen Empfänger auf Mittelwelle eingestellt ist. Folglich kann dieses Radio auch nur Mittelwelle empfangen. Es ist diesem Radio absolut unmöglich, Langwelle oder UKW zu empfangen, da das Radio diese Wellen bzw. Schwingungen nicht wahrnehmen kann. Übertragen wir dieses Beispiel auf uns Menschen, lässt sich sagen, dass wir Menschen sowohl Sender, als auch Empfänger sind. Obgleich wir annehmen, wir würden die Realität voll und ganz wahrnehmen, ist das unzutreffend. Wir alle sind nur in der Lage das wahrzunehmen, was innerhalb unserer Resonanzfähigkeit liegt. Befindet sich etwas außerhalb unserer Resonanzfähigkeit, erscheint es uns unrealistisch, unglaubwürdig oder unmöglich. Dazu ein Beispiel aus meiner Vergangenheit: Ich litt an einem Meniskusriss. Mein Fußballtrainer ging damaligen mit mir zum hochkompetenten Vereinsarzt einer Bundesliga-Mannschaft, doch selbst der meinte, ich müsse die nächsten zwei Jahre jeglichem Sport fern bleiben. Im damaligen Jugoslawien ging ich mit meiner Oma und einer Tante zu einer alten Frau, die in der Umgebung als Heilerin bekannt war. Ein paar Mantren und Handauflegen, und noch am selben Tag war mein Knie wieder vollkommen in Ordnung. Ich ging, lief, sprang, hockte mich hin – und das alles schmerzfrei. Der reinste Wahnsinn!!! Die alte Frau wollte nicht einmal Geld für ihre liebevolle Tat. Sie hatte kaum Zähne im Mund, hatte keine klugen Diplome und Zertifikate an der Wand hängen, aber sie hatte das vollbracht, was selbst Fachärzten nicht gelang. Zurück in Deutschland staunte mein Trainer nicht schlecht über meine plötzliche Genesung und wollte wissen, bei welchem Arzt ich denn war. Ich sagte ihm: „Das war kein Arzt. Das war eine alte Heilerin in Jugoslawien. Sie sprach irgend so ein Zeug und legte ihre Hand auf mein Knie. Kurz danach war mein Knie gesund.“ Mein Trainer grinste und sagte: „Guter Scherz, aber jetzt mal ernsthaft – bei welchem Arzt warst Du?“ Ich sprach Mittelwelle, mein

Trainer empfing aber nur UKW. Wahr ist eben nur das, was man für wahr hält. Wenn Du auf Mittelwelle sendest, Dein Wunsch aber nur UKW empfängt, dann sprechen Du und Dein Wunsch zwei verschiedene Sprachen und ihr werdet nicht zusammen finden. Da Du etwas WILLST, solltest Du Deine Schwingung der des Wunsches anpassen. Doch dazu später mehr.

„Es hört doch ein jeder nur das, was er auch versteht." (Johann Wolfgang von Goethe)

Checkliste:
Alles schwingt und sendet eine spezifische Schwingung aus.
Die Schwingungen, die mit uns resonieren, werden von uns angezogen.
Nur Schwingungen, die mit unserer übereinstimmen, werden von uns wahrgenommen.

Es gibt keine Realität! Es gibt nur Deine und meine.

4. Quantenphysik & Co.

(geschrieben von Mike Butzbach)

Die folgenden Zeilen bieten lediglich eine grobe Übersicht über Erkenntnisse und Theorien der Quanten- und Psychophysik. Hier zu sehr in die Tiefe zu gehen wäre sicher nicht angebracht und würde Dir nichts bringen, außer Lesefrust. Dennoch wirst Du einen gewissen Einblick in eine neue Weltsicht erhalten, die Dich möglicherweise zum Nachdenken anregt.

Wie funktioniert die Welt?

Diese Frage hat sich der ein oder andere Leser sicher schon einmal gestellt. Sie ist auch nicht wirklich zu beantworten...oder doch? Im Grunde sehen wir Menschen nur das, was wir glauben. Unsere Wahrnehmung wird gesteuert durch die Erwartung. Denn der Begriff Wahrnehmung beschreibt einen aktiven Prozess – man NIMMT etwas FÜR WAHR.

Ein treffendes Beispiel, was diese These untermauert, ist unsere Vergangenheit. Früher war der wissenschaftlich aufgeklärte Mensch der festen Überzeugung, die Erde wäre eine Scheibe, und man würde an der einen Seite herunterfallen, wenn man das Ende erreicht. Sie nahmen die Erde als Scheibe FÜR WAHR. Erst die Empirie, sprich die Erfahrung, überzeugte die Menschen vom Gegenteil.

Als Folge einer solchen Wahrnehmung empfinden wir uns oft völlig hilflos gegenüber äußeren Umständen. Wir machen alle möglichen, äußeren Dinge für unser Schicksal verantwortlich. Glaubenssätze wie: „Meine Eltern sagten schon, ich kann das nicht“ nehmen dabei oft eine solch dominierenden Platz ein, dass wir ihnen völlig schutzlos ausgeliefert sind, und keine Möglichkeit WAHR NEHMEN, auf dieses Schicksal Einfluss zu nehmen. Wir sehen uns als völlig unabhängig – als getrennt von äußeren Einflüssen, von anderen Menschen, getrennt von der Welt. Wir sind völlig passiv und erdulden unsere „Bestimmung“.

Hast Du Dich nicht auch schon oft gefragt, warum der eine Mensch vom Glück quasi überfallen und verfolgt wird, während ein anderer Mensch, der vielleicht die gleiche Konstitution hat, ein absoluter Pechvogel ist? Warum dieser Mensch einen Misserfolg nach dem anderen erleidet, und dieser Kreislauf kein Ende zu nehmen scheint? Könnte dies nicht vielleicht an seiner Art zu denken liegen, an seiner Art, wie er die Welt WAHR NIMMT?

Es gibt noch andere Möglichkeiten, die Welt und uns selbst zu sehen. Das zeigen neue Erkenntnisse der Quantenphysik, Psychophysik und der Psychologie. Das Weltbild, das sich durch diese neuen Erkenntnisse ergibt, ermöglicht es, alte und wenig hilfreiche Glaubensmuster zu verwerfen und durch ein neues, positives Bewusstsein zu ersetzen. Die Erkenntnisse und das Weltbild, das dadurch geschaffen wird, prägen sich jedoch nur sehr langsam in die Köpfe der Menschheit ein, weil Altes und Gewohntes nur sehr schwer loszulassen ist. Der Mensch ist ein Gewohnheitstier – und wehrt sich für gewöhnlich gegen Innovationen, die seine Realität auf den Kopf stellen könnte, nicht wahr?

Obowhl in deisem Sazt die Bcuhsatben vretasucht wruden, kannts Du ihn leesn. Solche Leseexperimente stammen von dem Linguisten Graham Rawlinson und demonstrieren uns, dass Menschen die Realität nicht objektiv sehen, sondern sie deuten, ableiten und konstruieren. Folglich kann kein Mensch die Welt objektiv beschreiben, sondern nur, wie er persönlich sie sieht.

Diese kleine Abhandlung über eine neue Sichtweise der Welt soll Dir helfen, die Beschreibungen in einer anderen Weise zu sehen, in einer neuen Art WAHR ZU NEHMEN. Sie hilft Dir vielleicht, Dinge zu erfahren, die vorher nicht denkbar gewesen wären. Jedenfalls steht eines fest: Wenn Du es nicht versuchst, dann wirst Du es nicht erfahren.

Wirken Gedanken auf Materie?

Zwei Wissenschaftler der Princeton-University, B. Dunne und R. Jahn, untersuchten den Zusammenhang zwischen Bewusstsein und Materie in einer Studie.
Die Kernfrage dieser Studie war, welchen Einfluss das Bewusstsein einer Versuchsperson auf physikalische Zufallsprozesse ausübt. Die Versuchspersonen waren völlig normale, durchschnittlich begabte Personen, die allesamt keine außergewöhnlichen Fähigkeiten besaßen. Die Details der Forschung sind dokumentiert, publiziert und vielfach geprüft und bestätigt worden.

Bei dem Experiment wurde untersucht, inwieweit eine Testperson in der Lage ist, Ergebnisse eines Zufallsgenerators nur durch seine gedanklichen Aktivitäten zu beeinflussen. Der Zufallsgenerator produzierte je Durchgang Zahlen in zufälliger Reihenfolge. Dadurch ergab sich nach einigen Durchgängen ein bestimmtes Muster der Zahlenverteilung. Aufgabe der Testpersonen war es, die Zufallsprozesse in der Art mental zu beeinflussen, dass sich das Muster ändert. Dazu saß eine Testperson etwa zwei Meter von der Maschine entfernt in entspannter Atmosphäre, und wurde angehalten, den Versuch möglichst spielerisch und ohne Druck anzugehen.

Nach einer Vielzahl von Durchgängen konnte zweifelsfrei ermittelt werden, dass durch die Gedanken der Testpersonen das Muster merklich verändert wurde. Dabei zeigte jede Testperson ein anderes Muster, quasi eine individuelle Signatur. Dass diese Abweichungen rein zufällig erzielt wurden, bewegt sich, laut Dune/Jahn in einer Wahrscheinlichkeit von 1: 1.000.000.

Dieser Versuch zeigt eindrucksvoll, dass Gedanken sehr wohl Einfluss auf unsere äußere Welt nehmen können. Welche Wellen diese Einflussnahme jedoch schlagen, in welchem Ausmaße wir wie und wann etwas mitbestimmen und beeinflussen können, das liegt noch im wissenschaftlichen Dunkel. Die Erfahrung kann aber jeder selbst machen, indem er es einfach einmal spielerisch ausprobiert. Sicher ist, dass eine Reaktion im Außen stattfindet, die wir durch Gedankenkraft verursacht haben. Denke jedoch mal darüber nach, welche Möglichkeiten allein diese Tatsache in sich birgt…

Erklärungsversuche und Theorien

Genau wie die Psychologie oder die Physik, liefern uns die Quanten- und Psychophysik erst einmal nur Theorien, die es zu belegen gilt. Diese Beweisführung geht nur über Versuch und Irrtum, über die Empirie. Einige Dinge haben sich bereits, phänomenaler Weise, als richtig herausgestellt, andere Beweise stehen noch aus.

Wer die Wirkung des Denkens auf die Außenwelt erproben will, sollte sich zunächst fragen, worin die Natur der Außenwelt, der realen Dinge, eigentlich besteht. Es stellt sich die Frage: Was ist Materie eigentlich genau?

„Materie ist fest und besteht aus Atomen“, würden die meisten nun antworten. Doch halt! Gehen wir hier mal etwas in die Tiefe. Atome haben einen Atomkern, der wiederum von Elektronen umkreist wird. Der Atomkern besteht aus Neutronen und Protonen, welche wiederum aus Quarks bestehen. Man nimmt an, dass Quarks wiederum aus Pre-Quarks gebildet werden. So könnte man sicher weitermachen…und fühlt sich bestätigt, dass Materie etwas Festes ist.

Aber was befindet sich z.B. zwischen Atom und Atomkern? Dazwischen befindet sich eine relativ große Leere, die den überwiegenden Teil ausmacht. Materie ist also überwiegend leerer Raum. Je tiefer man in die Materie eindringt, desto mehr Vakuum findet man vor. Aber warum nehmen wir Dinge als feste Objekte wahr? Dies soll an den Kräften (Energie) zwischen Atomen und Molekülen liegen. Das Vakuum interagiert sozusagen mit der Materie, als ein riesiges Feld von Energie, und lässt Dinge so erscheinen, wie sie sind. Die Energie des Vakuums ist, laut dem Physiker Hal Puthoff, notwendig zur Aufrechterhaltung des Materieaufbaus.

Neuste Forschungsergebnisse belegen, dass Schwerkraft und Masse Produkte des Zusammenspiels mit dem Vakuum sind. Das Vakuum ist somit eine reale physische Substanz, die unser ganzes Universum, einschließlich aller Objekte, durchdringt.

Kommen wir zum Kern der Sache: Alles ist mit Allem durch das Vakuum verbunden. Da wir selbst mit dieser physischen Substanz durchzogen sind, kann auch alles durch Gedanken beeinflusst werden, denn auch Gedanken sind (sehr feinstoffliche) Materie.

Führende Quantenphysiker, wie z.B. der Nobelpreisträger Eugen Wigner, vermuten, dass das Bewusstsein des Beobachters darüber entscheidet, wie ein Objekt gesehen wird. Danach nimmt das Bewusstsein Einfluss auf die Materie. Quantenphysik und Buddhismus kommen sich in diesem Punkt erstaunlich nahe (die Welt besteht aufgrund unserer Gedanken). Im Grunde ist alles Energie, ob Materie oder Gedanken und Gefühle. Es gibt halt nur verschiedene Formen (oder Aggregatzustände) der Energie.

Morphogenetische Felder

Wie erhält die Welt ihre Form? Hast Du Dich schon mal gefragt, wie jeder Mensch seine individuelle Form erhält?

Wie kommt ein Organismus zu der Information, wie seine Morphologie gestaltet ist?

„Natürlich durch die Gene", denkt direkt jeder. Allerdings gebe ich hier zu bedenken, dass die Gene in unseren Armen und Beinen absolut identisch sind. Trotzdem sehen Arme und Beine unterschiedlich aus. Wo soll also die Information für die Form gespeichert sein? Tatsächlich konnte die Wissenschaft bisher nichts in Genen oder Zellen finden, was für die Form eines Körpers verantwortlich ist. Ein weiteres Beispiel sind Kristalle: Sie enthalten keine Gene, aber ihre Form ist weltweit die Gleiche.

Der Naturwissenschaftler R. Sheldrake hat sich intensiv mit der Frage der Formenbildung auseinandergesetzt. Sein Erklärungsmodell liefert schlüssige Antworten auf die Fragen, wie die Dinge ihre Form erhalten.

Nach diesem Modell werden alle Formen der Natur durch Form bildende Felder bestimmt. Diese Felder sind eine Art Gedächtnis der Natur, dass sie alle Erfahrungen der Individuen einer Gattung speichern. Danach übernehmen alle natürlichen Systeme von allen früheren Arten eine kollektive Erinnerung, unabhängig davon, wann und wo diese existiert haben. Diese Erinnerung soll durch Wiederholung immer weiter entwickelt werden. Diese Felder enthalten also Informationen, die alle Objekte in ihre Form bringen. Auch der Mensch ist mit diesen sogenannten morphogenetischen Feldern verbunden, schöpft aus diesem kollektiven Bewusstsein. Dabei werden nicht nur kollektive Merkmale durch diesen „Pool" geprägt, sondern auch individuelle Dinge wie Fertigkeiten, Kenntnisse, Abneigungen usw.

Das Modell von Sheldrake steht in krassem Widerspruch zu den Theorien der Naturwissenschaft, welche Vererbung und Formbildung auf materielle Faktoren zurückführt. Allerdings konnte, trotz großem Forschungsaufwand noch immer kein Zusammenhang zwischen einem vererbten Merkmal und der Ursache für dieses Merkmal geklärt werden. Es bleibt, genau wie Sheldrakes Modell, eine Theorie. Viele Naturwissenschaftler wollen sich dies allerdings nicht eingestehen, und verwerfen engstirnig jegliche neuen Denkansätze.

Viele Felder kennen wir bereits! Wir kennen diverse Formen von Feldern, die wir zwar auch nicht sehen können, deren Existenz aber gesichert ist. So zum Beispiel das Gravitationsfeld der Erde, oder elektromagnetische Felder. Licht ist z.B. ein elektromagnetisches Feld, und wir sehen Dinge nur deshalb, weil wir mit diesem elektromagnetischen Feld verbunden sind.

„Eine Rose ist nur deshalb eine Rose, weil der Mensch sie als solche sieht; ohne ihn wäre sie nur ein Muster aus Energiewirbeln." (E.H. Shattuk)

„Die Welt, die wir um uns wahrnehmen, erschließt sich uns als das Ergebnis der Verarbeitung eines kleinen Teils eines von vorneherein beschränkten Angebotes an äußeren Reizen. Es ist nicht die Welt selbst, die wir wahrnehmen. Es ist ihr Abbild." (Hoimar von Ditfurth)

Felder umgeben uns überall, ohne dass wir sie direkt wahrnehmen. Lediglich die Wirkung wird von uns bemerkt. Über Felder ist es also möglich, dass Dinge aufeinander einwirken, ohne das ein direkter Kontakt entsteht.

Ein Experiment von Sheldrake erhärtet die tatsächliche Existenz von morphogenetischen Feldern: Er besorgte sich drei Bilder, welche in der höchsten Schwierigkeitsstufe der Erkennung von versteckten Mustern anzuordnen war. Bilder, die auf den ersten Blick nur wirres Zeug darstellten, aber bei genauerem Hinsehen Gesichter beinhalteten. Diese Bilder zeigte er über einen regionalen Sender und machte daraus einen kleinen Wettbewerb. Das Ergebnis war ernüchternd. Nur sehr wenige Menschen konnten überhaupt etwas mit den Bildern anfangen, und eine verschwindend geringe Zahl hatte Gesichter in den Bildern erkannt. Anschließend zeigte man die Auflösung des Bilderrätsels im TV.

Ein Jahr später wiederholte Sheldrake das Experiment beim amerikanischen Sender ABC. Das Ergebnis: Ca. 40 Prozent fanden mindestens ein Gesicht, 8 Prozent alle versteckten Gesichter. Sheldrake geht davon aus, dass es so etwas wie ein universelles Gedächtnis gibt, mit dem alle Lebewesen verbunden sind.

Ein anders Beispiel: Es wurde von Affen berichtet, die auf eine Insel in Polynesien gemeinsam mit einigen Menschen lebten. Diese Menschen bauten Kartoffeln an. Ab und an klaute ein Affe eine Kartoffel und es wurde beobachtet, dass die Affen anfingen die Kartoffeln im Meerwasser zu waschen, bevor sie diese verspeisten. Sie hatten sich das Waschen der Kartoffeln vom Menschen abgeschaut. Einige Monate später begannen Affen auf einer anderen Insel auch damit, ihre von den Menschen geklauten Kartoffeln zu waschen, bevor sie diese zu sich nahmen. Und dass, obwohl keine Schiffsverbindung zwischen den Inseln bestand.

Alles Geschehen auf dieser Welt gehorcht dem Prinzip von Ursache und Wirkung.

5. Es gibt keinen Zufall!

(geschrieben von Goran Kikic)

Wenn wir das Gesetz der Anziehung verstanden haben, dann wissen wir auch, dass es keinen Zufall geben kann. Unser Leben mit allen Ereignissen darin ist das Resultat unserer Gedanken aus unserer Vergangenheit. Und in unserer Zukunft wird es ebenfalls keine Zufälle geben, denn sie werden das Resultat unserer JETZIGEN Gedanken sein.

Das Universum arbeitet logisch, es ist auf geordneten Gesetzmäßigkeiten aufgebaut – eines davon ist das Gesetz der Anziehung. In einem Universum der Gesetzmäßigkeiten gibt es keinen Platz für Zufälle. Nichts geschieht zufällig, alles unterliegt Gesetzen, auch Unfälle und

Krankheiten. Es mag sein, dass wir manche dieser Gesetze noch nicht kennen, trotzdem ändert das nichts an ihrer Gültigkeit. Es kann nichts Gegensätzliches oder Widersprüchliches zu diesen Gesetzen geschehen, es gibt keine Ausnahmen. Bezeichnen wir etwas als Zufall, so handelt es sich dabei lediglich um ein noch nicht erkanntes Gesetz. Kein so genannter Zufall geschieht also wirklich zufällig. Zufall ist nichts weiter als die Kombination von Denken, Fühlen und Erwarten (Zufall= es fällt mir etwas zu).

„Was wir Zufall nennen, ist der Zufluchtsort der Unwissenheit.“ (Baruch Benedictus de Spinoza)

„Zufall ist nur der Ausdruck unserer Unfähigkeit, den Dingen auf den Grund zu kommen." (Albert Einstein)

„Der Zufall ist nur das Maß unserer Unwissenheit.“ (Poincaré)

Anstelle des Wortes Universum benutzen Physiker lieber das Wort KOSMOS. Kosmos ist ein griechisches Wort und bedeutet „Ordnung“. Das verdeutlicht noch einmal, dass wir in einer perfekten, gesetzmäßigen Ordnung leben. Nach jedem Sonnenuntergang folgt ein Sonnenaufgang, es gibt vier Jahreszeiten, es gibt Ebbe und Flut usw. Würden wir nicht in einer solchen Ordnung mit eindeutigen Gesetzen leben, so würde ein Tag manchmal nicht 24 Stunden lang sein, sondern 25 Stunden, so würde die Sonne sich um die Erde drehen, anstatt dass sich die Erde um die Sonne dreht, so würden wir durch die Ohren atmen können, anstatt durch die Nase und den Mund. All dies würde aber den Naturgesetzen widersprechen und somit die Ordnung zerstören. Dann wäre es keine Ordnung mehr, sondern Unordnung (griechisch: CHAOS). Die von mir beschriebene Ordnung finden wir in der Elektrizität, im Magnetismus, in den Atomen, in der Gravitation, im menschlichen Körper – überall. Da auch wir Menschen aus Atomen bestehen, unterliegen wir selbstverständlich auch den Gesetzen dieser Ordnung. Den menschlichen Körper kann man als ein kleines in sich geschlossenes Universum betrachten, welches bestimmten Gesetzesmäßigkeiten unterliegt. Wird eines der Gesetze gebrochen (z. B. Unterbrechung der Sauerstoffzufuhr), so kann das gesamte Universum (in diesem Fall der menschliche Körper) nicht länger existieren. Würde es den Zufall also tatsächlich geben, so würde er in unserem Universum eine außergesetzmäßige Größe darstellen und die Ordnung außer Kraft setzen. Es kann entweder nur Ordnung oder nur Chaos geben, jedoch nicht ein wenig von beidem. Der Kosmos (die Ordnung) würde also beim allerersten Zufall in sich zusammenbrechen.

Nichts ist aus ZuFALL (etwas fällt uns zu = Ursache-Wirkung) entstanden, nichts geschieht grundlos. Meine Traumfrau kam nicht zufällig in mein Leben. Autos sind nicht zufällig entstanden, sondern sie wurden gedacht und fanden so ihren Weg in die physische Welt. Das Telefon, die Dampfmaschine, Flugzeuge, der Computer, das Internet – nichts entstand zufällig, sondern alles ist die Wirkung einer Ursache. Sterne, Planeten, Menschen, Tiere, Pflanzen, Mineralien – alles ist fester Bestandteil eines gesetzmäßigen Systems, frei von jeglichem Zufall. Alles hat seinen Sinn, alles hat seinen festen Platz in diesem System, alles hat seine Funktion. Ebenso ist es mit allen Ereignissen und Geschehnissen (Heirat, Beförderung, Umzug, Geburt, Todesfall) – alles folgt dem Gesetz der Anziehung, dem Prinzip von Ursache und Wirkung. Und nur weil uns heute etwas unerklärlich erscheint, sollten wir nicht leichtfertig Kommissar Zufall dafür verantwortlich machen.

<u>Checkliste:</u>
Das gesamte Universum unterliegt universellen Gesetzen.
Alles hat einen Sinn im Universum, alles hat seine Ordnung.
Wo Ordnung ist, kann kein Zufall sein.

Jedem geschieht nach seinem Glauben, ob Optimist oder Pessimist.

6. Die Übereinstimmung von Wunsch und Glaube

(geschrieben von Goran Kikic)

Hast Du Dich schon einmal gefragt, was Glaube eigentlich ist? Hat er etwas mit Religion zu tun? Davon gehen viele Menschen aus, jedoch ist diese Annahme nicht zutreffend. Religion kommt ohne Glauben nicht aus, aber der Glaube kommt ohne Religion aus. Jeder Mensch glaubt an etwas, sei es an eine Religion, an die Wissenschaft, an sein Land, an ein politisches oder wirtschaftliches System, an Geld, an sich selbst, an seine Träume und Ziele oder an etwas anderes, worauf er sein Leben ausrichtet.
Der Schlüssel zum Wunscherfolg ist der unerschütterliche GLAUBE an den Erfolg seiner Wunschbestellung. Der größte Wunsch aller Zeiten ist absolut wertlos, wenn man nicht unerschütterlich an ihn GLAUBT. Der Wunsch und der Glaube beim Wünschen müssen übereinstimmen. Glaube so fest daran, dass Du die Erfüllung Deines Wunsches ERWARTEST – und zwar ohne Zweifel, so, wie wenn man nach einem Tag die Nacht erwartet. Man stellt sich nicht die Frage, ob der Wunsch erfüllt wird, man geht davon aus, dass er erfüllt wird. Wenn ich das Universum, den lieben Gott, mein höheres Selbst, mein inneres Wesen, mein Unterbewusstsein oder wen auch immer davon überzeugen will, dass Geld, Glück und Gesundheit das Beste für mich sind, dann wird das Gesetz der Anziehung sofort spüren, ob ich selbst davon überzeugt bin oder ob ich ihm (und mir) nur etwas vormache. Ich muss also daran GLAUBEN. Man sagt nicht umsonst, dass der Glaube Berge versetzt. Und wie Reinhold Messner richtig bemerkte, gilt es zuerst einmal, die Berge zu versetzen, die in unserem Bewusstsein sind. Stehe ich nicht mit dem ganzen Herzen hinter meinen Wünschen und habe Zweifel, dann fehlt mir der Glaube.

Würde ich ohne selbst daran zu glauben meiner Freundin „Ich liebe Dich“ sagen, dann wäre die Wirkung nicht nur NULL, sie wäre sogar kontraproduktiv – es wären nur Worte ohne WAHREN Inhalt. Wünsche ich mir was, glaube aber im Grunde nicht daran, dass mein Wunsch wahr wird, so lasse Dir gesagt sein, dass dies zwei Schwingungen (somit also für das Gesetz der Anziehung quasi 2 Wünsche) sind, die sich gegenseitig aufheben und somit alles beim Alten bleibt. Wünsche ich mir z. B. eine Harley Davidson, bin aber überzeugter Umweltschützer und halte alle Benzin verbrauchenden Motorräder für umweltschädlich, so sind auch das zwei gegensätzliche Schwingungen, die sich gegenseitig stornieren.

„Wenn Du ein Ziel nicht erreichst, solltest Du überprüfen, ob Wille und Vorstellung nicht gegeneinander arbeiten." (Emil Coué)

Je optimistischer ich bin, dass mein Wunsch erfüllt wird, desto eher wird es auch dazu kommen. Je mehr ich es erwarte und daran glaube, desto eher passiert es. Es bringt rein gar nichts, wenn man anfängt zu zweifeln und sich fragt, WIE der Wunsch erfüllt wird und WANN er erfüllt wird (wozu auch? Hauptsache er erfüllt sich). Wenn ich Kartoffeln säe, kann ich 100%ig keine Zwiebeln ernten. Säe ich also Zweifel bezüglich meines Wunsches, dann kann ich keine Wunscherfolge erwarten, da diese meinen Wunsch neutralisieren. Die einzigen Beschränkungen für das, was ich mir für morgen vorgenommen habe, sind ausschließlich meine Zweifel von heute.

Sehen wir uns erfolgreiche Menschen genauer an, stellen wir fest, dass sie alle einen gemeinsamen Wesenszug haben: Optimismus.

Optimismus ist nichts anderes, als ein starker GLAUBE, dass immer alles gut ausgeht, dass man sein Ziel trotz Hindernisse erreichen wird und dass man am Ende genau das bekommt, was man von Anfang an wollte. Und genau das ist es, was sie von den Pessimisten unterscheidet: ihr GLAUBE an den Erfolg. Optimisten sind nicht unbedingt klüger, organisierter oder fleißiger als Pessimisten, aber sie sind zuversichtlicher, dass sie ihre Träume realisieren werden. Es ist für sie keine Frage ob sie es schaffen, lediglich wann es soweit ist. Was Pessimisten in die schiere Verzweiflung stürzen lässt, belächeln Optimisten nur als einen kleinen Ausrutscher auf der Straße des Erfolgs. Optimisten gehen zielstrebig und in Erwartung ihres eigenen Erfolges ihren Weg bis zum Ziel.

„Ein Pessimist ist ein Mensch, der sich über schlechte Erfahrungen freut, weil sie ihm recht geben." (unbekannt)

„Der Optimist sieht in jeder Schwierigkeit eine Gelegenheit. Der Pessimist sieht in jeder Gelegenheit eine Schwierigkeit." (Günter F. Gross)

„Der Optimist denkt oft ebenso einseitig wie der Pessimist. Nur er lebt froher." (Charlie Rivel)

Der Glaube ist unendlich mächtig. Während der Glaube Tatsachen erschafft, ist es die Aufgabe des Wissens, diese Tatsachen nur festzustellen. Wie stark der Glaube ist, verdeutlicht folgendes Beispiel: Du bist beim Arzt und der eröffnet Dir, dass Du an einer unheilbaren Krankheit leidest. Was geschieht in diesem Moment? Du nimmst die Schwingungsfrequenz der Angst ein, Du hast schlaflose Nächte, wirst unglücklich, depressiv und lustlos. Du weinst und bist am Boden zerstört. Nach einer Woche meldet sich der Arzt telefonisch bei Dir und teilt Dir mit, dass er Deinen Untersuchungsbericht mit dem eines anderen Patienten verwechselt hat – im Klartext: Du bist kerngesund, die Diagnose der unheilbaren Krankheit betrifft den anderen Patienten. Und was geschieht nun? Dir fällt eine Zentnerlast von den Schultern, Du bist happy, jubelst vor Freude, fühlst neue Energie durch Deinen Körper hindurch strömen und kannst wieder lachen. In diesem Moment erinnerst Du Dich aber daran, welche Angst Dir der Arzt vor einer Woche gemacht hatte und was Du in diesen sieben Tagen seelisch alles durchgemacht hast. Da wirst Du richtig sauer auf den Arzt, brüllst ihn an, beleidigst ihn, drohst mit einer Anzeige und dass Du das alles publik machen wirst.

Jetzt betrachten wir einmal, was hier eigentlich passiert ist. Tatsache ist, dass in der Außenwelt nichts passiert ist, denn es gab nie eine Krankheit. All die extremen Gefühle wurden nicht durch ein reales Ereignis (Krankheit) ausgelöst, sondern es spielte sich alles in Deiner Phantasie ab. Ausgelöst durch Aussagen des Arztes in der Außenwelt, denen Du GLAUBEN geschenkt hast. Durch Deinen GLAUBEN konntest Du also die unterschiedlichsten Emotionen in voller Intensität durchleben: Angst, Erleichterung, Wut. Es sind also keine Vorfälle in der Außenwelt nötig, um bestimmte Gefühle zu aktivieren, sondern der GLAUBE ist entscheidend. Und mit kontinuierlicher Übung wirst Du Deine Gefühlszustände selbst aktivieren können – auch ohne Hiobsbotschaften von Ärzten.

„Entscheidend für jeden Erfolg ist der Glaube an sich selbst." (George Foreman)

„Glaub an Dich selbst und der Tag wird kommen, an dem andere keine Wahl mehr haben, als mit Dir zu glauben." (unbekannt)

Kennst Du den Placebo-Effekt?

Kommen wir nun zu einem Beispiel der in uns liegenden Manifestationskräfte durch unseren Glauben. Jeder kennt den so genannten Placebo-Effekt. Man verschreibt dem Patienten eine angebliche (Wunder-) Medizin, obgleich es sich um bloßen Traubenzucker handelt. Der Arzt erklärt dem Patienten, dass die Wirkstoffe des angeblichen Medikamentes genau das Richtige für seine Leiden sind. Und nun kommt das Entscheidende, nämlich: Der Patient GLAUBT es. Und siehe da, die Placebos wirken. Die innere Einstellung und der Glaube an die Heilung, die Erwartung einer schnellen Genesung manifestieren sich bzw. materialisieren sich aus der Vorstellung in die materielle Welt. Die Gedanken, welche sich mit einer schnellen Genesung befasst haben, werden REALITÄT! Der Patient wird gesund. Der Wirkstoff des Placebos war somit der GLAUBE des Patienten. Selbst erfundene Nebenwirkungen traten bei Patienten nach Einnahme des Placebos auf. Gäbe es das Gesetz der Anziehung nicht, würden auch keine Placebos wirken. Aufgrund der Erfolge mit Placebos gibt es mittlerweile sogar Placebo-Operationen.

„Eine medikamentöse Behandlung ist nicht immer erfolgreich, wohl aber der Glaube an die Genesung." (Norman Cousins)

Viele Krankheiten wie z.B. Gürtelrose kann man durch richtiges Besprechen heilen. Ausschlaggebend hierbei ist auch einzig und allein der GLAUBE, durch den die menschlichen Selbstheilungskräfte aktiviert werden. Und diese beiden Beispiele sind nur die Spitze des Eisbergs, was das wahre Potenzial unserer Schöpferkraft betrifft, sofern man den richtigen Glauben in sich entwickelt hat. Ich GLAUBE an meine inneren Kräfte, und ich GLAUBE auch an Deine inneren Kräfte, lieber Leser, aber das bringt alles nichts, solange Du nicht selbst an Deine Kräfte glaubst. Doch lasse Dir gesagt sein: Sobald Du Dir Deiner Macht bewusst wirst, kannst Du Dein Leben ohne Mühe und Aufwand so gestalten, wie Du es willst.

„Blicke in dein Inneres! Da drinnen ist eine Quelle des Guten, die niemals aufhört zu sprudeln, solange du nicht aufhörst nachzugraben." (Marcus Aurelius)

"Wenn es einen Glauben gibt, der Berge versetzen kann, so ist es der Glaube an die eigene Kraft." (Marie von Ebner-Eschenbach)

Checkliste:
Jedem geschieht nach seinem Glauben, also glaube an das, was Du willst.
Lenke Deinen Glauben und Du lenkst Dein Leben.
Stimmen Glaube und Wünsche überein, werden Deine Wünsche sich erfüllen.

Entweder wir kontrollieren unsere Gedanken oder unsere Gedanken kontrollieren uns.

7. Wirkungsvolle Änderung eines Glaubenssatzes

(geschrieben von Goran Kikic)

„Bevor die Sonnenstrahlen durch ein Fenster scheinen können, müssen die Rollläden hochgezogen werden." (unbekannt)

Die allergrößte Blockade beim Wünschen ist Angst (dass der Wunsch unerfüllt bleibt) und unbewusstes Verhindern von Glück (weil ein Persönlichkeitsanteil in uns Glück als etwas Negatives sieht, weil man sich selbst für unwürdig hält oder weil man einen Wunsch für zu „groß" hält). Dies hängt mit alten Gewohnheiten und Glaubensmustern zusammen, die unser heutiges Denken beeinflussen.

Jeder Mensch wurde durch die verschiedensten Einflüsse geprägt und hat somit bestimmte Glaubenssätze (=Verhaltensmuster, die man als richtig empfindet). Die meisten dieser Glaubenssätze entstanden im Laufe des bisherigen Lebens durch Suggestionen seitens der Eltern, der Lehrer in den Schulen, den Medien, der Menschen im näheren Umfeld, dem Ehe- bzw. Lebenspartner und durch eigene Erfahrungen. Da jeder Mensch einzigartig ist und jeder seine eigenen, ganz spezifischen, individuellen Erfahrungen gemacht hat, hat auch jeder seine eigenen Glaubenssätze und eine individuelle Ausgangsposition. Alles bisher Erlebte, von der Geburt an bis zum heutigen Tag, wurde vom Unterbewusstsein gespeichert. Und diese gespeicherten Glaubenssätze, die fest im Unterbewusstsein verankert sind, wirken wie ein Magnet und ziehen ähnliche Ereignisse an. Dieser Vorgang findet auf unbewusster Ebene statt und man merkt es selbst gar nicht.

Die wichtige Frage in diesem Zusammenhang muss lauten: Welche Glaubenssätze habe ich, wie kamen sie zustande und was bewirken sie? Ich formuliere als Antwort auf die Frage nach den Arten der Glaubenssätze mal ein altes chinesisches Sprichwort um: Es gibt zwei Arten von Glaubenssätzen in mir, welche sich bekämpfen: die negativen, die mir schaden und die positiven, die mir helfen. Es wird die Gruppe gewinnen, die ich mehr füttere mit meiner (Aufmerksamkeits-) Energie. Das Zustandekommen von Glaubenssätzen erklärt sich dadurch, dass wir einen Halt im Leben brauchen, ein Gefühl der Sicherheit und Stabilität. In manchen Lebenssituationen kann uns ein Glaubenssatz über ein Trauma hinweghelfen (z. B. könnte man im Falle eines Autounfalls während eines Regentages den Glaubenssatz entwickeln, dass es sehr wahrscheinlich ist, während eines regnerischen Tages in einen Unfall verwickelt zu werden), aber da wir in diesem alten Glauben „gefangen bleiben", werden wir aufgrund unserer Erwartungshaltung immer wieder das anziehen, was unseren Glaubenssatz bestätigt. Und so wächst durch das Gesetz der Anziehung tatsächlich die Gefahr, dass wir an regnerischen Tagen tatsächlich in einen Unfall verwickelt werden, womit wir wieder bei der sich selbst erfüllenden Prophezeiung wären.

In einer Studie fand man heraus, dass fast jeder Mensch bis zu seiner Volljährigkeit jährlich etwa 100.000 negative Suggestionen zu hören bekommt. Einige davon, die sicherlich fast jeder schon einmal gehört hat, sind:

„Geld verdirbt den Charakter."
„Das Leben ist nicht fair."
„Erstens kommt es anders und zweitens als man denkt."
„Wer hoch hinaus will, kann tief fallen."
„Schuster, bleib bei deinen Leisten."
„Männer wollen immer nur das Eine."
„Frauen können nicht einparken."
„Träume sind Schäume."
„Ohne Fleiß, kein Preis."
„Das Leben ist ein Kampf."
„Man muss schwer arbeiten für sein Geld."
„Mit uns kleinen Leuten kann man es ja machen."
„Du kannst das nicht." usw.

Wir alle sind der Durchschnitt aller in uns enthaltenen Gedanken, Gefühle und Glaubenssätze. Dass die von mir aufgereihten Suggestionen, die im Laufe der Zeit zu festen Glaubenssätzen wurden, uns das Leben schwer machen, dürfte wohl klar sein. Es wäre absurd, auf dieser Basis sein Leben fort zu führen. Solche Glaubenssätze sind ungefähr so nutzbringend wie ein ausgetrockneter Brunnen in der Sahara und helfen uns in etwa so, wie das Ziehen an den Beinen eines Erhängten. Durch solche Glaubenssätze und der dazugehörenden negativen Schwingung verhalten wir uns dementsprechend negativ und ziehen negative Ergebnisse an, die uns in unserem negativen Glauben bestätigen. Durch diese negativen Bestätigungen halten wir noch mehr an unseren negativen Glaubenssätzen fest und erachten sie als richtig. Ein wahrer Teufelskreis, keine Frage. Solche Glaubenssätze sind wie ein Käfig, wie eine Gefängniszelle, die uns klein hält und uns von unserem wahren Potenzial isoliert (daraus gilt es auszubrechen). Sie können unser Selbstbewusstsein vernichten, die Gesundheit ruinieren, Beziehungen und Karrieren zerstören– kurzum: sie hindern uns am Glücklichsein. Und natürlich blockieren sie auch unsere Wunscherfüllungen. Selbst die allerbeste „Wunschtechnik" ist völlig wirkungslos, solange diese tief in unserem Unterbewusstsein sitzenden Blockaden nicht aufgelöst sind. Das weiß ich aus eigener, leidvoller Erfahrung. Was wir uns auch vornehmen, unsere Glaubenssätze müssen mit unseren Wünschen und Zielen kooperieren, nicht gegen sie arbeiten.

Wir werden bei allen Entscheidungsprozessen durch unsere Glaubenssätze beeinflusst. Laut Johann Gottlieb Fichte ist Freiheit nicht „dass man tun kann, was man will", sondern „dass man wollen kann, was man will.". Glaubenssätze, ob für uns förderliche oder für uns schädliche, sind ebenso wie ein Wunsch reine Schwingung, jedoch handelt es sich dabei um unbewusste Schwingungen. Und gerade das macht die Sache so gefährlich. Im Internet ist zu lesen, dass ein Mensch täglich etwa 60.000 Gedanken denkt. Davon sind nur 3% bewusste, konstruktive Gedanken, 25% bewusste, destruktive, Gedanken sowie 72% unbewusste Gedanken. Du hast richtig gelesen, lieber Leser, sage und schreibe **72%**! Die meisten Menschen ziehen durch unbewusste Glaubenssätze unglaublich viel Leid in ihr Leben, ohne sich darüber eigentlich bewusst zu sein.

Aber das muss so nicht sein.

Solche über Jahre oder Jahrzehnte eingeprägte Glaubenssätze haben sich im Unterbewusstsein fest verankert. Man braucht jedoch nur etwas Ausdauer und das Streben nach einem glücklichen Leben, um diese loszuwerden bzw. sie mit positiven Glaubenssätzen zu ersetzen. Unser Leben ist das Spiegelbild unseres Inneren, also auch unserer Glaubenssätze, aus denen sich unsere Gedanken und Gefühle zu bestimmten Themen erst bilden. Ändern wir unsere Glaubenssätze, ändern wir auch unser Leben. Wer sein Leben ändern will, muss also zuerst sich selbst ändern. Wer glücklich sein will, sollte also alles dafür tun, um diese schädlichen Glaubenssätze im Unterbewusstsein aufzulösen und gleichzeitig sein Unterbewusstsein mit neuen, positiven, förderlichen Glaubenssätzen zu stärken. Um sein Verhalten zu ändern, sollten wir uns oft selbst beobachten. Ich stelle mir vor, wie ich aus meinem Körper gleite und mich von der Seite aus beobachte.

Glaubenssätze bauen auf Gefühlen auf, nicht auf Logik und sachliche Argumente. Ausschlaggebend ist folglich die emotionale Stärke und nicht etwa der rationale Sachverstand mit einer Liste von Vor- und Nachteilen. Es gilt also, eine positive Emotion mit dem neuen, förderlichen Glaubenssatz zu verbinden. Es geht bei Glaubenssatzänderungen immer um eine emotionale Überzeugung. Hypnose und Autosuggestion sind sehr gut geeignet, um schädliche Glaubenssätze zu entfernen und förderliche zu installieren. Dazu später mehr. Es geht aber auch einfacher. Betrachten wir mal die Suggestion „Geld verdirbt den Charakter" und versuchen gemeinsam, diesen Glaubenssatz aufzulösen. Dies war ein Glaubenssatz, der jahrelang wie ein automatisches Programm in meinem Kopf ablief und mir lange Zeit ernsthafte Probleme bereitete, zu Geld zu kommen. Nicht ich lebte diesen Glaubenssatz, sondern er lebte mich.

Nur weil man an die Aussage, dass Geld den Charakter verdirbt, glaubt, muss sie deswegen noch lange nicht richtig sein. Schließlich ist es nur eine mögliche Sicht der Dinge, neben unzähligen anderen. Zudem sind solche Glaubenssätze meist sehr verallgemeinernd und legen uns Scheuklappen auf, die dafür sorgen, dass wir unseren Blick vor besseren Glaubenssätzen verschließen. Ich meine- HEY- es heißt Glaubenssatz und nicht Wahrheitssatz, schon gemerkt!?!

Außerdem sagen das sehr oft Menschen, die noch nie viel Geld besaßen (so wie ich damals). Dennoch maßte ich mir ein solches Urteil an. Da sprach also der Blinde von der Farbe. Folgende Fragen stellte ich mir damals, die mir persönlich geholfen haben:

- *Schränkt diese Sichtweise mich ein?*
- *Nützt oder schadet mir dieser Glaubenssatz in Bezug auf meine Ziele?*
- *Ist dieser Glaubenssatz in meiner Vergangenheit in einer bestimmten Lebenssituation vielleicht gut für mich gewesen, heute aber nicht mehr?*
- *Gibt es Erfahrungen in meinem Leben, die dieser Aussage widersprechen?*
- *Gibt es Beispiele aus meinem Freundeskreis oder aus den Medien, die diese Aussage als falsch entlarven?*
- *Gibt es Glaubenssätze, die besser sind, die mich glücklicher und zufriedener machen?*
- *Kann es vielleicht sein, dass es sowohl Beispiele gibt, die diese Aussage untermauern, als auch Beispiele, die diese Aussage Lügen straft?!*
- *Gibt es reiche Menschen mit einem „guten" Charakter, die ihr Geld einsetzen, um Hilfsbedürftigen zu helfen?*

Bevor ich an meinem alten Glaubenssatz festhalte, sollte ich zuerst ALLE Fragen klären, da ich mich sonst selbst einschränke. Offenbar haben Menschen, die Geld für etwas Schlechtes halten, eine Art unbewusstes Schuldgefühl oder schlechtes Gewissen, wenn sie daran denken, Geld zu bekommen. Mein Mitautor Mike brachte mich deshalb mit reichen Leuten zusammen, die alles andere als „charakterlich verdorben" waren. Da kannte ich in meinem finanziell eher bescheidenen Bekanntenkreis wesentlich „verdorbenere" Menschen. Dies zeigte mir, dass die Richtigkeit der Aussage, dass Geld den Charakter verderbe, nicht IMMER stimmen kann. Ein guter Anfang. Mein alter Glaubenssatz fing bereits zu bröckeln an. Die Veränderung des alten Glaubenssatzes war ein schleichender Prozess. Besonders emotional gesehen erfreute mich das Beisammensein mit diesen reichen Menschen, weil sie sehr gut gelaunt und freundlich waren. Ich erlebte also, dass man reich UND gutmütig sein

kann. Durch die ständige Konfrontation mit einer neuen Ansicht, die im Gegensatz zu meinem alten Glaubenssatz stand, und den zur neuen Ansicht dazugehörigen positiven Gefühlen verlor der alte Glaubenssatz immer mehr an Bedeutung. Aus „Geld verdirbt den Charakter“ wurde zunächst „Geld verdirbt den Charakter, aber nur bei manchen Menschen.“ Immer Schritt für Schritt, Stufe für Stufe. Mike und auch ich selbst konfrontierten mich mit ständig neuen Berichten über Menschen, die ihr Vermögen für eine „gute Sache“ nutzten. Dadurch erlangte ich schon bald die Erkenntnis, dass es doch weitaus angemessener wäre zu sagen: GELD ZEIGT DEN CHARAKTER. Diese Aussage fand meine uneingeschränkte Zustimmung, ich hatte ihr nichts entgegen zu setzen, sie ersetzte mein bisheriges Meinungsbild, da die Beweise dafür zu groß waren, um sie noch ignorieren zu können.
Mit wurde immer klarer: Es liegt nicht am Geld, sondern einzig und allein am jeweiligen MENSCHEN (an seinem Persönlichkeitstyp), was er mit dem Geld macht. Geld ist weder positiv, noch negativ. Ich kann mit mehr Geld mehr GUTES oder mehr SCHLECHTES tun. Das liegt einzig und allein an mir, nicht am Geld. Das Geld selbst ist in dieser Sache nicht aktiv (das sind wir Menschen), sondern passiv, ebenso wie unser Auto, unser Fernsehapparat oder unser Mobiltelefon. Wenn jemand denkt, dass Geld tatsächlich den Charakter verdirbt, dann muss er wohl von sich ausgehen und offensichtlich annehmen, er habe dementsprechend solch einen Charakter und schwachen Willen. Dies mag bei mir auch so gewesen sein. Das sollte man dann aber nicht verallgemeinern und auf alle anderen Menschen übertragen, da man nicht einmal 1% aller Menschen auf dieser Welt kennt. Stattdessen sollte ein solch denkender Mensch an dem Glaubenssatz arbeiten, der ihn dazu bringt, anzunehmen, dass das Geld ihn beherrschen würde, und nicht er das Geld. Anfangs war es für mich recht kompliziert, das neue Denken auch nur ansatzweise anzunehmen, weil es in meinem Inneren kompliziert war.
Aber nach regelmäßigem Aufräumen in meinem Unterbewusstsein wurde es immer unkomplizierter und aufgeräumter. Ich hatte immer weniger Widerwillen, bestimmte Glaubenssätze zu hinterfragen. Durch die ständige Konfrontation mit Menschen und Dingen, die das Gegenteil meines bisherigen Glaubenssatzes waren, war es letztendlich nur eine Frage der Zeit, bis dieser sich auflöst.

(Der Glaube, Geld mache aus uns schlechte Leute und verderbe den Charakter, stammt wohl noch aus einer Zeit, als man an den Teufel glaubte und seine Eigenverantwortung gerne abgab.)

Es ist angebracht heraus zu bekommen, woher unsere Glaubenssätze stammen. Denn will ich wissen, wohin ich gehen will, muss ich erst einmal wissen, woher ich komme. Glaubenssätze sind eigentlich nichts anderes, als sich eine bestimmte Sache aus einem bestimmten Blickwinkel zu betrachten. Blickwinkel kann man ändern. Wem es erst einmal gelingt, seine alten Glaubenssätze zu hinterfragen, dem fällt es leicht, in kurzer Zeit neue Glaubenssätze anzunehmen, die förderlich fürs weitere Leben sind – denn genau so war es bei mir. Diese neuen Glaubenssätze sollten stark verinnerlicht werden, indem man sie ständig wiederholt (z. B. vor dem Spiegel), sie sich regelmäßig ins Gedächtnis ruft und sie sich jeden Tag mehrere Male aufschreibt. Schon in kürzester Zeit werden die neuen Glaubenssätze derart mit Energie aufgeladen und gewachsen sein, dass sie die alten Glaubenssätze vollkommen ersetzt haben.

„Betrachte einmal die Dinge von einer anderen Seite, als du sie bisher sahst, denn das heißt ein neues Leben beginnen.“ (Marcus Aurelius)

Wie oft erlebt man, dass Leute an ihren politischen oder religiösen Vorstellungen festhalten, obwohl sie sich in manchen Situationen als unwahr oder schädlich herausgestellt haben!? Über altes Denken hinauszuwachsen, nennt man Entwicklung.

Ein Küken wird dem Ei dankbar sein, weil es ihm in einer bestimmten Zeit einen lebensnotwendigen Schutz bietet. Aber irgendwann kommt die Zeit, in der das Ei überflüssig geworden ist und stört, die Entwicklung, den Fortschritt im Leben blockiert. Dann ist es an der Zeit auszuschlüpfen, die Eierschale zu durchbrechen und sie hinter sich zu lassen. Wenn uns die alten Hosen nicht mehr passen, dann ziehen wir sie aus und legen uns neue Hosen zu. Ebenso verfahre ich auch mit alten Glaubensmustern. Es mag sein, dass sie mir in einer ganz bestimmten Situation in meiner Vergangenheit nützlich waren, meiner heutigen Entwicklung aber hinderlich im Wege stehen. Dann muss man über sie hinauswachsen und es müssen neue Glaubensmuster her. Die Geschichte lehrt uns andauernd, dass man das Alte hinter sich lässt und darüber hinaus wächst, um neue Horizonte zu erreichen. Lass Dir dabei Zeit, denn schließlich muss man das Unterbewusstsein entrümpeln, womit man es jahrzehntelang vollgestopft hat. Wer immer derselbe bleibt, hat sich nie weiter entwickelt und somit nie richtig gelebt.

"Geld verdirbt den Charakter." Das stimmt schlicht und ergreifend nicht. Befreien wir uns von solchem Irrglauben.

„Wer nicht an sich arbeitet, an dem wird gearbeitet." (Günther Ilse)
„Die größte Entscheidung Deines Lebens liegt darin, dass Du Dein Leben ändern kannst, indem Du Deine Geisteshaltung änderst." (Albert Schweitzer)

„Denke daran, dass das, was Dich wie an unsichtbaren Fäden hin- und herzieht, in Deinem Inneren verborgen ist." (Marcus Aurelius)

<u>Checkliste:</u>
Deine Glaubenssätze bestimmen Deine Gedanken.
Ändere Deine negativen Glaubenssätze in positive.
Wer immer gleich denkt, erhält auch immer die gleichen Resultate.

Frage: GLÜCK und FREUDE...was ist das?
Antwort: Eine bewusste Entscheidung.

8. Glück und Freude sind unser aller Geburtsrecht!!!

(geschrieben von Goran Kikic)

Glück und Freude sind für uns alle so notwendig wie für ein Kleinkind die Muttermilch. Meiner Ansicht nach sind wir alle auf diese Welt gekommen, um zu schöpfen, geistig zu wachsen (zu lernen) und glücklich zu sein. Wir sind alle auf dieser Welt, um einen lehrreichen Urlaub zu verbringen, der uns vor allem glücklich und zufrieden machen soll. Wir sind NICHT auf diese Welt gekommen, um Märtyrer zu werden und zu leiden, um dadurch etwas zu lernen. Viele Menschen vertreten die Ansicht, man kann nur durch leidvolle Erfahrungen lernen, z. B. wenn man arm ist und enthaltsam lebt. Also, ich weiß nicht, wie es bei Dir war, lieber Leser, aber ich habe in der Schule immer am besten gelernt, wenn ich glücklich und gut versorgt war - und nicht wenn ich ängstlich oder unglücklich war, oder gelitten habe. Wenn ich unglücklich war, ließen meine Konzentrationsfähigkeit und Aufmerksamkeit nach und meine Leistungen sanken in den Keller. Hören wir also auf, uns selbst zu bestrafen und genießen das Leben, denn dafür ist es schließlich da. Natürlich lernen wir auch auf dieser Welt, machen einzigartige Erfahrungen und entwickeln uns weiter. Ent-wickeln kann ich mich aber eher, wenn ich glücklich und freudvoll bin. Habe ich hingegen Angst, wickelt mich diese ein – also das Gegenteil von entwickeln. Durch unbewusste Gedanken und Gefühle erlebte ich die Armut und machte das Beste daraus. Dadurch gewann ich neue Erkenntnisse und Einsichten. Dies sollte jedoch nicht dazu führen, sich freiwillig ein Leben in Leid und Armut aufzuerlegen, denn das widerspricht der Selbstliebe.

Wir alle (ob jung oder alt, ob männlich oder weiblich, ob arm oder reich) wollen Glück ER-LEBEN, glückliche Erfahrungen machen, vor lauter Glück lachen und die ganze Welt umarmen, denn nur wenn wir glücklich sind, sind wir WIR selbst und können uns ganz entfalten und entwickeln. Glück und Freude sind für mich der Sinn des Lebens, und wir müssen uns nur dafür entscheiden – und zwar ganz BEWUSST. Es ist unser Geburtsrecht, glücklich zu sein. Lass Dir nichts Anderes erzählen, lieber Leser. Weder von Deinen Eltern, noch von Wissenschaftlern, Ärzten, Freunden, Politikern oder sonst wem. Du weißt doch: Lachen ist die beste Medizin.

"Glaube an das Glück, so wirst du es erlangen." (Ali ibn Ali Talib)

„Glück hängt nicht davon ab, wer Du bist oder was Du hast; es hängt nur davon ab, was Du denkst." (Dale Carnegie)

„Glück ist das Einzige, was sich verdoppelt, wenn man es teilt." (chinesisches Sprichwort)

„Das Glück beruht oft nur auf dem Entschluss, glücklich zu sein." (Lawrence Durretl)

Wenn ein Fremder zu uns käme und sagen würde, dass er uns unser Glück wegnehmen will, würden wir das nicht zulassen. Aber wenn wir uns selbst kein Glück erlauben, dann nehmen wir das stillschweigend hin. Das empfinde ich als grundlegend falsch. Auch das dürfen wir auf keinen Fall zulassen.

Lebe bewusst, intensiv und gefühlvoll

Erlebe jeden Augenblick Deines Lebens mit Gefühl, intensiv und bewusst. Je intensiver ich lebe, desto intensiver werden auch meine Gefühle. Je intensiver meine Gefühle werden, desto mehr weiß ich, welche Gefühle ich erleben will und welche nicht. Halte Dir stets vor Augen: Jede Minute, die Du lebst, ist absolut einzigartig im Leben. Jede Minute ist es wert, bewusst, intensiv und gefühlvoll GELEBT zu werden.

„Alles was ich heute tue, ist wichtig, gebe ich doch einen ganzen Tag meines Lebens dafür." (George Bernard Shaw)

Jede Minute, die Du unbewusst lebst, wird Dir in Deinem Leben fehlen. Versuch jeden Eindruck aufzunehmen, den Dir Dein Leben bietet. Nimm

Deine Gesundheit bewusst wahr und speichere dieses Gefühl in Dir. Ebenso das Gefühl, wenn Du etwas Schmackhaftes isst und trinkst, wenn Du im Sommer die Sonnenstrahlen auf Deiner Haut genießt und wenn Du einen geliebten Menschen in die Arme nimmst. Schließe danach Deine Augen und verinnerliche Dir dieses Gefühl des Wohlergehens. Diese Gefühle werden Dir einen unschätzbaren Dienst erweisen, wenn es soweit ist. Du merkst sicher worauf ich abziele. Je mehr Du diese Gefühle in Dir verinnerlichst, desto mehr werden sie zu Deinen Grundgefühlen, desto einfacher bleibst Du gesund und in der Schwingung des Glücks.

„Wer das Glück nicht genießt, solange er es hat, sollte sich nicht beklagen, wenn es vorbei ist." (Cervantes)

„Dein Gesicht wird Dir geschenkt, lächeln musst Du selber." (Inga Herrmann)

Ich will Dir etwas anvertrauen: Das größte Geschenk, das Du mir und der Welt machen kann, ist das Beispiel Deines eigenen glücklichen und zufriedenen Lebens. Also nicht verzagen. Denk an Dein Geburtsrecht.

<u>Checkliste:</u>
Es ist unser Geburtsrecht, glücklich zu sein.
Wir sind auf der Welt, um glücklich geistig zu wachsen.
Jede Sekunde Deines Lebens ist einzigartig, also lebe sie bewusst.
Je bewusster Du einen Augenblick lebst, desto „ewiger" dauert er.

Jeder Mensch ist verpflichtet, sich selbst glücklich zu machen.

9. Liebe ich mich selbst?

(geschrieben von Goran Kikic)

Eine der Grundvoraussetzungen für die erfolgreiche, bewusste Anwendung des Gesetzes der Anziehung ist meiner Ansicht nach die Selbstliebe.

Warum ist das so?

Das Gesetz der Anziehung sorgt dafür, dass wir genau das anziehen, was wir gerade denken, wie wir gerade schwingen. Das Ziel sollte also sein, eine möglichst positive Grundschwingung, eine innere Grundzufriedenheit zu erreichen. Diese erreichen wir dann, wenn wir gut gelaunt, glücklich und zufrieden sind. Um diesen Zustand langfristig zu halten, ist Selbstliebe absolut erforderlich. Die Liebe zu sich selbst ist der zentrale Ausgangspunkt eines erfolgreichen Lebens. Die Liebe zu mir selbst kann ich in die Welt aussenden.

Wenn ich mich selbst liebe, werden es auch andere tun. Wenn ich mich selbst für anziehend halte, werden das auch andere tun. Und wenn ich mich selbst für erfolgreich halte, werden das auch andere tun. Im allgemeinen Sprachgebrauch würde man in diesem Falle von einer positiven Ausstrahlung sprechen, wobei natürlich auch die Formulierung „positive Schwingung“ zutreffend wäre. Und wenn ich mich selbst liebe, bin ich auch nicht länger von der Anerkennung anderer Menschen abhängig. Es ist völlig irrelevant, ob Du anderen Menschen gefällst. Wichtig ist allein, dass Du Dir selbst gefällst. Man kann NIEMALS jedermanns Liebling sein. Mach Dich nicht abhängig von den Reaktionen Deines Umfeldes. Mach Deine Gemütsverfassung nicht davon abhängig, was Deine Mitmenschen von Dir halten. Je mehr Du Dich selbst liebst, auch mit Deinen Schattenseiten, desto mehr siehst Du die Sonnenseite des Lebens, und die Schatten lösen sich allmählich auf.

„Die Mängel erkennt nur der Lieblose.“ (Johann Wolfgang von Goethe)

Fühlt sich ein Mensch ungeliebt, so wird er sich selbst auch immer mehr vernachlässigen. Er wird sich nicht mehr regelmäßig waschen, seine Gesundheit vernachlässigen, sich nicht regelmäßig rasieren und in den Tag hinein leben. Ist aber Liebe im Spiel, so wird sich die Schwingung auch in einem gepflegten, äußeren Erscheinungsbild, einem gesunden Körper und ungeheurer Lebensfreude äußern. Wenn Du Dir selbst gefällst und mit Dir rundum zufrieden bist, dann stört es Dich auch nicht, wenn andere Menschen etwas an Dir auszusetzen haben. Nur DU allein kannst wissen, was für Dich am Besten ist. Niemand sonst kann das wissen, denn andere Menschen wollen ganz eigene, spezifische Erfahrungen machen. Lass sie ihre Erfahrungen machen und sie werden Dich Deine eigenen, spezifischen Erfahrungen machen lassen.

Das Gesetz der Anziehung besagt: Liebe ich mich und meine Mitmenschen selbst, so muss mir zwangsläufig auch Liebe von außen entgegenkommen. Je mehr ich in Liebe denke, fühle, spreche und handle, desto mehr Liebe strömt in mein Leben. Anders geht es gar nicht.

Liebe ist die mächtigste Energieform im Universum und zugleich ist sie eine ENTSCHEIDUNG. Ich kann mich bewusst entscheiden für die Liebe. Egal ob es die Liebe zu meinem Partner, einer bestimmten Tätigkeit, einer bestimmten Musik, einem bestimmten Essen, meinen Haustieren, meinen Hobbys oder zu mir selbst ist – bei allem, was ich in Liebe tue, entsteht Freude in mir, welche wiederum zu einer erhöhten Schwingungsrate führt. Es ist ein regelrechter „Erfolgskreis", der durch Liebe entsteht: Durch die Liebe mache ich alles in Freude. Die Freude, die dabei entsteht, macht mich glücklich. Durch das empfundene Glücksgefühl bin ich immer mehr fähig, noch mehr Liebe zu empfinden. Dadurch strömt automatisch immer mehr Liebe in mein Leben.

In einem solchen Glücks- und Liebeszustand senden wir unsere Wünsche in einer derart positiven Schwingung aus, dass die Manifestationen unserer Wünsche nicht lange auf sich warten lassen.
„Wer liebt und geliebt wird, ist reich. Arm ist, wer trotz materieller Reichtümer ohne Liebe bleibt." (Christian von Kamp)

„Die Liebe ist die stärkste Waffe der Menschheit, um persönliche und gesellschaftliche Wandlungen zu erreichen." (Martin Luther King)

Ich bin der wichtigste Mensch in meinem Leben

Eine gewagte Äußerung, lieber Leser? Bin ich selbstsüchtig? Mitnichten, aber ich sage Dir gerne, was ich bin: Ich bin selbstfürsorglich. Ich weiß, was ich mir wert bin. Ich wertschätze mich und mein Leben, denn ich bin der einzige Mensch, der aus meinem eigenen Leben etwas machen kann – niemand sonst kann das für mich tun. Ob das meinem Umfeld passt oder nicht spielt überhaupt keine Rolle. Es ist das Beste für alle, wenn jeder beginnt, sich selbst glücklich zu machen. Davon profitiert die ganze Welt. Wenn wir bedenken, dass wir der Mensch sind, mit dem wir den Rest unseres Lebens verbringen werden, macht es mehr als nur Sinn, sich selbst zu lieben und glücklich zu machen. Wenn man also ein wirklich GLÜCKLICHES Leben führen will, so sollte man sich auf seine ureigensten Bedürfnisse und Wünsche einstellen und diese verwirklichen. Denn erst, wenn ich mit mir selbst glücklich und zufrieden bin, kann ich eine positive Schwingung des Glücks aussenden, die durch das Gesetz der Anziehung weitere Gründe fürs Glücklichsein in mein Leben holt. Erst wenn ich glücklich bin, kann ich auch andere Menschen glücklich machen. Solange ich selbst unglücklich bin, wird es mir nicht möglich sein, andere Menschen glücklich zu machen.

„Deine erste Pflicht ist, Dich selbst glücklich zu machen. Bist du glücklich, so machst Du auch andere glücklich." (Ludwig A. Feuerbach)

„Bedeutende Leistungen werden nur von bedeutenden Menschen erreicht - und bedeutend ist jemand dann, wenn er fest entschlossen ist, es zu sein." (Charles de Gaulle)

Uns allen wurde beigebracht, dass es egoistisch ist, in erster Linie an sein eigenes Glück und Wohlergehen zu denken. Dabei ist es gerade die Selbstliebe, die uns in einen höheren Seins-Zustand erhebt. Sich selbst lieben bedeutet sich selbst achten, sich selbst respektieren, sich selbst akzeptieren, sich selbst vertrauen, sich selbst als wertvoll empfinden und an sich selbst glauben. Man sollte mit sich (seinem Körper UND seinem Geist) freundlich und zuvorkommend umgehen. Wir sollten uns auch mit allen eingestandenen Fehlern akzeptieren. Wir sind Menschen mit vielen Eigenschaften, darum sollten wir uns nicht auf eine bestimmte Eigenschaft festlegen, denn das wäre die pure Oberflächlichkeit. Weg mit den Scheuklappen. Wenn man sich selbst liebt, dann ist man mit sich zufrieden, auch wenn man noch an sich arbeitet (vermutlich sein ganzes Leben lang). Denn man arbeitet mit Freude und Spaß an sich selbst und richtet seine Aufmerksamkeit auf die Fortschritte, die man erreicht hat. Vergessen wir nie: Nur wenn wir uns selbst lieben, können wir auch andere Menschen lieben. Darum sollten wir uns selbst den größten Stellenwert in unserem Leben geben, denn dann strahlen wir unsere Liebe, Lebensfreude und Glück auch auf unsere Umwelt aus, übertragen sie auf unsere Mitmenschen. Nur wer sich selbst liebt, ist fähig sich selbst Erfolg in allen Lebensbereichen zuzugestehen. Werde Dein bester Freund! Selbstliebe ist das Gegenteil des Egos. Jeder Mensch, der über seinen Mitmenschen stehen will, elitär und machtgierig denkt, gibt dem Ego nach – dem Gegenteil der (Selbst-) Liebe.

„Pflicht ohne Liebe macht verdrießlich. Verantwortung ohne Liebe macht rücksichtslos. Gerechtigkeit ohne Liebe macht hart. Erziehung ohne Liebe macht widerspruchsvoll. Klugheit ohne Liebe macht gerissen. Freundlichkeit ohne Liebe macht heuchlerisch. Ordnung ohne Liebe macht kleinlich. Sachkenntnis ohne Liebe macht rechthaberisch. Macht ohne Liebe macht gewalttätig. Ehre ohne Liebe macht hochmütig. Besitz ohne Liebe macht geizig. Glaube ohne Liebe macht fanatisch. Leistung ohne Liebe macht brutal. Urteilsfähigkeit ohne Liebe macht unweise. Wahrheit ohne Liebe macht eitel. Können ohne Liebe macht egoistisch. Eifer ohne Liebe macht eifersüchtig. Vergebung ohne Liebe macht nachtragend. Erfolg ohne Liebe macht einsam. Leiden ohne Liebe macht bitter. Überlegenheit ohne Liebe macht ironisch. Spontaneität ohne Liebe macht unduldsam. Gehorsam ohne Liebe macht sklavisch. Leben ohne Liebe ist sinnlos.“
(Günther Lazik)

Sei Du selbst

Bleib DU selbst und passe Dich nicht an. Man kann nichts und niemanden in einen Anzug zwingen, der einem nicht passt, ohne dass man dabei unglücklich wird. Wenn Dir diese Gesellschaft nicht gefällt, warum solltest Du Dich ihr dann anpassen? Ich kenne in diesem Fall tausend Gründe, die dagegen sprechen, aber keinen einzigen Grund, der dafür spricht. Versuche nicht Deine wahre Persönlichkeit der Gesellschaft zuliebe zu verleugnen, nur um ihr zu gefallen. Hauptsache Du gefällst Dir selbst. Frage nicht, was die Gesellschaft oder die Normen von Dir verlangen, frag Dich stattdessen, was Du selbst von Dir verlangst. Ahme niemanden nach, sondern stehe zu Dir. Ich bin lieber ein ganzer Goran, als ein halber George Clooney. Und George Clooney ist lieber ein ganzer George Clooney, als ein halber Keanu Reeves. Sage ja zu Dir selbst.

„Der ist ein Unglücklicher, dem die öffentliche Meinung sein Gott ist.“ (Jeremias Gotthelf)

Eins steht fest: DU, lieber Leser, bist einzigartig und allein deshalb schon bist Du ungeheuer wertvoll. In einem Samenerguss des Mannes befinden sich bis zu dreihundert Millionen Spermien. Daraus entsteht in den meisten Fällen EIN Mensch. Vor diesem Hintergrund ist JEDER Mensch ein auserwähltes Individuum, mit einem auserwählten Leben, einer fantastischen Gelegenheit, die man nach allen Möglichkeiten nutzen sollte. Liebe Dich so, wie Du bist und mache Dich nicht von Erfolgen abhängig. Du musst nicht durch Leistungen beweisen, dass Du wertvoll bist. Nur Sklaven denken, sie seien nur dann etwas wert, wenn sie etwas geleistet haben (wie z. B. im alten Rom oder früher in Europa oder den USA). Willst Du etwa ein Sklave sein? Nein? Dann denke nicht wie einer. Wahre (Selbst-) Liebe ist eine Energie, welche nicht von äußeren Faktoren abhängig ist. Sie speist sich aus sich selbst heraus. Bedenke: Du bereicherst die Welt mit Deiner Einzigartigkeit, mit einer Kombination aus Gefühlen, Eigenschaften und Fähigkeiten, die es kein zweites Mal auf diesem Planeten, ja in diesem Universum gibt. Du bist ein echtes Original! Du brauchst Dich nicht einzureihen und der Masse zu folgen. Behandle einen jeden Menschen in dem Bewusstsein, dass auch er einzigartig ist. Ich freue mich, dass ich Goran bin. Freu Du Dich, dass Du DU bist, lieber Leser.

„Die meisten Menschen verbringen ihr Leben damit, so zu werden, wie sie sein sollen, wie es das allgemein anerkannte Vorbild oder Idealbild vorschreibt, anstatt sich selbst zu verwirklichen.“ (Peter Lauster)

„Die Aufgabe des Lebens besteht nicht darin, auf der Seite einer Mehrzahl zu stehen, sondern dem inneren Gesetz gemäß zu leben.“ (Marcus Aurelius)

„Alle Menschen werden als Original geboren, die Meisten sterben als Kopie.“ (unbekannt)

„Nur wer seinen eigenen Weg geht, kann von niemandem eingeholt werden.“ (Brando)

Entweder man ist ein Original oder eine Fälschung. Und wer will schon eine Fälschung sein? Einer von einer Sorte ist genug. Jeder Mensch hat seinen eigenen, individuellen Weg, niemand wurde geboren, um andere Menschen nachzuahmen. Wer dies tut, handelt gegen die ureigensten Wünsche und erzeugt dadurch eine disharmonische Schwingung. Merke Dir stets: Wir sind IMMER was wert, wir müssen uns vor niemandem niemals rechtfertigen, wieso wir auf dieser Welt sind. Wir müssen unser Leben nicht rechtfertigen, indem wir gut arbeiten oder dem jeweiligen Zeitgeist entsprechen. An dieser Stelle möchte ich Dich, lieber Leser, ermuntern, über Deine positiven Seiten zu schreiben. Was liebst Du so an Dir? Lass es aus Dir heraussprudeln und schreibe über Deine Talente und Fähigkeiten, Deine positiven charakterlichen Attribute, Dein Aussehen, Deine Hobbys, Deine Art zu leben, Deinen Humor usw.

Kannst Du vergeben?

Wenn Du das Gesetz der Anziehung inzwischen einigermaßen verinnerlicht hast, dann weißt Du, dass kein Leid Dir widerfährt, welches Du nicht durch eine selbst gesetzte Ursache zu Dir eingeladen hast. Somit bist Du selbst verantwortlich für alles, was Dir zustößt. Es wäre also unangebracht, jemanden wegen irgendetwas zu verurteilen, da Du der Verantwortliche bist für alles, was sich in Deinem Leben ereignet. Vergebe Dir und verurteile niemanden, auch Dich nicht. Das ganze Leben ist ein einziger Lernprozess. Wenn Du eine Ursache gesetzt hast, die Dir heute oder morgen Kummer und Leid beschert, so hast Du es nicht in böswilliger Absicht getan, um Dir selbst zu schaden. Du hast es aus Unwissenheit oder Unbeherrschtheit getan. Vergeude keine Zeit damit, Dich selbst zu verurteilen, sondern nutze solche Gelegenheiten, um Dich und Deine Gedanken besser zu verstehen. Jedes mal, wenn Du Dir selbst vergibst, befreist Du Dich ein wenig mehr von einer falschen Geisteshaltung, die für Leid und Unglück in Deinem Leben sorgt. Da alles ein einziger Lernprozess ist, sollte man auch „Fehler" schätzen, da man durch sie lernt und reift. Es ist einfach andere Menschen oder sich selbst streng und kritisch zu verurteilen, das ist keine große Kunst. Aber von Herzen vergeben bedarf einer gewissen, spirituellen Reife und eines liebevollen, hohen Charakters.

Checkliste:

Liebe Dich selbst. Gefalle Dir selbst.
Sei die wichtigste Person in Deinem Leben. Umarme Dich selbst in Liebe.
Erst, wenn Du selbst Dich liebst, kannst Du andere Menschen lieben.
Nur ein glücklicher Mensch kann andere Menschen glücklich machen.
Lebe DEIN Leben, lass die Anderen ihr Leben leben.

Was sollte jeder Mensch schon einmal getan haben? Das, was ihm Freude bereitet.

10. Gönn Dir täglich Freude

(geschrieben von Goran Kikic)

Fang den Tag von heute nicht mit den Scherben von gestern an! Stattdessen fang den Tag mit Freude an. Ich zum Beispiel atme jeden Morgen nach dem Aufstehen ein paar Mal tief ein und aus, und stelle mir dabei vor, dass das Einatmen mir neue Energie für den bevorstehenden Tag zuführt und das Ausatmen diese Energie in mir verteilt. Danach stelle ich mir dann vor, wie dieser Tag verlaufen soll.

Eine weitere Methode, die ich anwende: Jeden Abend schreibe ich meiner Freundin einen Brief, in der ich auf alle ihre positiven Eigenschaften eingehe – und sie fertigt auch einen solchen Brief für mich an. Morgens, wenn der Tag gerade begonnen hat, lese ich mir als allererstes den Brief meiner Freundin an mich durch und fühle mich sogleich voller Energie, respektiert und geliebt, geachtet und wertgeschätzt. Besser kann ein Tag gar nicht anfangen.

„Ich wünsche Dir Begeisterung, denn sie trägt Deine Hoffnung empor zu den Sternen. Sie ist das Funkeln in Deinen Augen, die Beschwingtheit Deines Ganges, der Druck Deiner Hand und der Wille und die Entschlossenheit, Deine Wünsche in die Tat umzusetzen.“ (Jakob Mohr)

Um eine positive Schwingung in sich zu erzeugen, sollte man sich täglich den Dingen zuwenden, die einen glücklich machen, fröhlich stimmen, zum Lachen bringen. Wenn man morgens aber sofort das Radio einschaltet und von Erdbebenopfern oder von Toten in einem Kriegsgebiet hört, koffeinhaltigen Tee oder Kaffee trinkt, eine Zigarette raucht und sich mit dem Handy bestrahlt, hat man Umstände gewählt, die keine Freude enthalten, sondern stattdessen den Körper und die Seele belasten und dadurch eine negative Schwingung erzeugen. Wer BEWUSST lebt, der wird erkennen, dass er seinen morgendlichen Ablauf so nicht gestalten sollte. Niemand mit nur einem halben gesunden Menschenverstand kann bei solchen Umständen allen Ernstes eine positive Grundschwingung erwarten. Und wenn ich einmal niedrig schwinge, dann denke, fühle, rede und handle ich in dieser niedrigen Schwingung. Ich werde durch diese negative Stimmung alles als schlecht ansehen und nur noch mehr Negatives anziehen. Darum ist es sehr wichtig, den Tag mit Freude zu beginnen, da dann die Wahrscheinlichkeit größer ist, dass der ganze Tag uns Freude machen wird. Oberste Priorität haben bei mir IMMER die Dinge, die mir Freude machen. Alltagspflichten kommen immer erst danach an die Reihe. Ich beginne den Tag mit Freude, gönne mir während des Tages immer wieder Freude, und ich beende den Tag mit Freude. Nur so bleibt man in der Schwingung der Freude.

Freude ist etwas lebenswichtiges. Nimmt man Menschen über einen längeren Zeitraum die Freude, entmenschlicht man sie. Wenn ein Mensch jahrelang einer Arbeit nachgeht, die ihn zwar reich macht, ihn aber anödet, verschwindet die Freude Jahr für Jahr immer ein wenig mehr aus seinem Leben, bis sie irgendwann vollends weg ist. Solch ein Mensch ist dann nur noch eine leere Hülle, nichts erfreut ihn, es herrschen Depression und Lustlosigkeit in seinem Leben.
Ich bin immer dann am meisten motiviert, einen meiner Wunschträume zu verwirklichen, wenn ich guter Laune bin. Und um das so oft und so lange wie möglich zu bleiben, gönne ich mir TÄGLICH (!!!) etwas, was mir unbeschreiblich große Freude bereitet. Das empfinde ich als ungeheuer wichtig. Auch wenn man es vielleicht nicht als echte Arbeit oder Aufgabe empfindet - man kann es gar nicht hoch genug einschätzen, sich jeden Tag mindestens eine Sache zu gönnen, die einem richtig Freude bereitet. Wir werden zu dem, was wir den ganzen Tag lang denken. Also sollten wir uns mit mindestens einer Sache befassen, die in uns Gedanken und Gefühle der Freude weckt. Man muss nicht erst der Dalai Lama sein, um diese Erkenntnis zu erlangen. Also tue vornehmlich das, was Dir Freude bereitet. Es gibt unbegrenzt viele Möglichkeiten sich selbst Freude zu schenken. Ein Tag ohne Freude ist ein verlorener Tag. Darum nutze jeden einzelnen Tag. Es gibt nichts Gutes (für uns selbst), außer man tut es selbst. Auch Alltagsdinge kann man bewusst mit Freude erledigen. Du bereitest Dir gerade einen leckeren Salat zu? Dann stelle Dir vor, wie der Salat Dir schmecken wird, wenn Du ihn isst. Freu Dich darauf und Du schwingst sofort höher. Alles was wert ist, ge-

tan zu werden, ist auch wert, mit Freude getan zu werden. Den größten Erfolg hat immer der, der seinen Tätigkeiten mit Freude nachgeht.

„An das Gute glauben nur die wenigen, die es üben." (Ebner-Eschenbach)

Mache ich z. B. eine Diät, die mir überhaupt keine Freude macht, die mich nervt und die ich hasse, werde ich niedrig schwingen. Mit dieser niedrigen Schwingung werde ich keinen Erfolg bezüglich meiner Diät anziehen, nein, ich werde Misserfolg und Unzufriedenheit anziehen. Richte ich aber voller Freude meine Aufmerksamkeit auf den gewünschten Zustand, nämlich auf mein Idealgewicht, und sehe mich in dem neuen T-Shirt und der neuen Hose, werde ich eine hohe Schwingung haben und ziehe den gewünschten Erfolg wie magisch an.

Gönn Dir täglich Entspannung, für Körper und Geist. Um richtig zu entspannen, musst Du eigentlich nur eines tun, nämlich NICHTS TUN. Also keinen Fernseher einschalten, nichts lesen, keine Musik hören – einfach nur entspannen und Körper und Seele baumeln lassen – das bringt Deine Seele (also Dich) in einen angenehmen Zustand der Ruhe und Entspannung.

„Ruhe - Gönne dir einen Augenblick der Ruhe und du begreifst, wie närrisch du herumgehastet bist." (Lao-Tse)

Überlege Dir jeden Tag spontan etwas, was Dir Freude bereiten würde. Das kann ein leckerer Kuchen in der nächsten Konditorei sein, vielleicht im Park Enten füttern gehen, ein schönes Buch lesen oder schwimmen gehen. Hättest Du noch drei Minuten zu leben, gönne Dir schnell noch etwas, was Dir Freude bereitet. Richte Dir jeden Tag ein Meeting mit Dir selbst ein. Oberste Priorität haben die Dinge, die Du aus Freude machen WILLST, nicht die Dinge, die Du aus Pflichtgefühl machen musst. In diesem Sinne: Carpe diem (lateinisch: Nutze den Tag).

„Ein Tag ohne Lachen ist ein verlorener Tag." (Charlie Chaplin)

„Gib jedem Tag die Chance, der schönste Deines Lebens zu werden.“ (Mark Twain)

„Ich kann dem Leben nicht mehr Stunden geben, aber ich kann den Stunden mehr Leben geben.“ (Alexis Carrel)

„Wie bei einem Theaterstück kommt es beim Leben nicht darauf an, wie lange es dauert, sondern wie gut es gespielt wird.“ (Seneca)

Checkliste:
Stelle Dir täglich vor, wie Dein heutiger Tag verlaufen soll.
Fang den Tag mit etwas an, was Dich glücklich macht.
Gönn Dir TÄGLICH mindestens eine Sache, die Dir Freude bereitet.
Entspanne TÄGLICH Körper und Geist.
Tue vorwiegend das, was Dir Freude bereitet.
Was Du auch tust, tu es in Freude.

Es gibt nur zwei Arten von Gefühle: die, die sich gut anfühlen, und die, die sich schlecht anfühlen.

11. Konzentriere Dich auf das Positive

(geschrieben von Goran Kikic)

Wann bist Du das letzte Mal mit der Bahn gefahren? Oder einkaufen gewesen? Hast Du dabei mal in die Gesichter Deiner Mitmenschen geschaut? Die meisten von ihnen eilen mit verkrampften und Stress beladenen Gesichtern geschäftig umher, wie Ameisen in einem Ameisenhaufen. Oft ist kein Funke Freude darin zu entdecken. Sie strahlen den Mangel an Liebe, Glück und Freude aus. Wenn Du das auch bemerkt hast, dann rate ich Dir, lieber Leser, zieh Deine Aufmerksamkeit schnellstens wieder ab von solchen Menschen, da es gewiss fröhlichere Menschen und schönere Dinge auf der Welt gibt, denen man seine Aufmerksamkeit schenken kann. Würdest Du gedanklich bei solchen Menschen längere Zeit verweilen, so würdest Du anfangen, negative Gefühle in Dir zu entwickeln, was wiederum eine niedrige Schwingung auslösen würde.

Es gibt nur zwei Gefühlslagen

Situationen und Umstände sind aus der Sicht des Gesetzes der Anziehung absolut wertfrei, sie SIND einfach nur. Erst unsere Sicht der Dinge und die daraus resultierenden Gefühle etikettieren eine Situation bzw. einen Umstand. Auch wenn wir unzählige Gefühle kennen (Glück, Liebe, Freude, Zuversicht, Hoffnung, Neid, Hass, Wut, Eifersucht usw.), gibt es im Grunde nur zwei Arten von Gefühlen: die, die sich gut anfühlen, und die, die sich schlecht anfühlen. Negative Gefühle jeglicher Art (Stress, Wut, Trauer, Langeweile, Depressionen, Neid usw.) signalisieren Dir, dass Du niedrig schwingst und Dich von Deinen Zielen fort bewegst, wohingegen positive Gefühle jeglicher Art (Freude, Glück, Zuversicht, Liebe usw.) Dir mitteilen, dass Du eine hohe Schwingung ausstrahlst und Dich Deinen Zielen näherst.

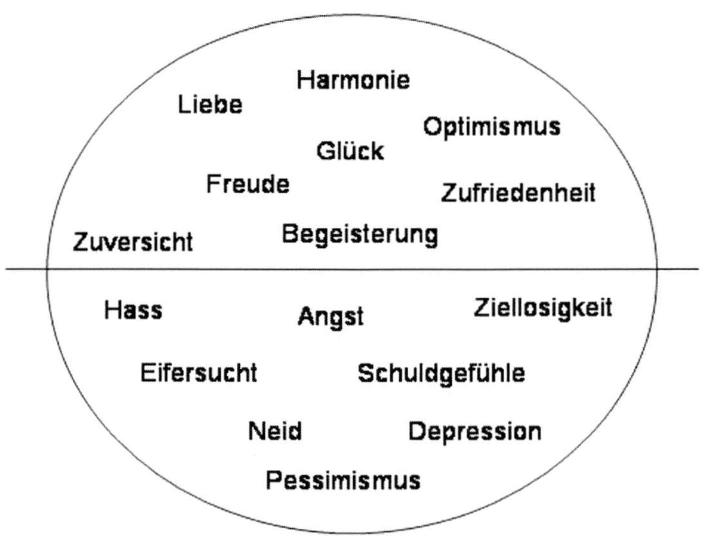

Wie stelle ich die Gedanken, die sich schlecht anfühlen (die negative Gefühle auslösen), ab? Gar nicht, denn man kann Gedanken nicht ausschalten wie das Küchenlicht. So funktioniert das nicht. Was man aber machen kann, sobald man negative Gedanken denkt, ist, sich positiven Gedanken zuzuwenden. Erinnere Dich an etwas, was Dir Freude macht und richte Deine Aufmerksamkeit auf diese Gedanken oder fang an Dich mit einer Sache zu beschäftigen, welche Dich glücklich macht. Ich streichle oft meine Katze, höre meine Lieblingsmusik oder unternehme was mit meiner Freundin - alle Hilfsmittel sind erlaubt, um sich wohlzufühlen. Je wohler ich mich fühle, desto mehr lasse ich meine Sorgen los. Wenn ich meine Sorgen gedanklich nicht loslasse, bleiben sie bei mir.

Ich betone noch einmal, dass Aufmerksamkeit auch eine emotionsneutrale Angelegenheit sein kann. Die Gefühle sind das Entscheidende. Richte ich meine Aufmerksamkeit auf etwas und empfinde nichts dabei (was sehr selten vorkommt), so wirkt auch das Gesetz der Anziehung nicht. Kommen Gefühle ins Spiel, beginnt die Wirkung des Gesetzes der Anziehung.
Wenn die Leute morgens aufwachen, denken sie oftmals an all die lästigen Pflichten, die an diesem Tag zu erledigen sind: „Ich muss zur Bank und einige Überweisungen tätigen. Die Wäsche muss noch gewaschen werden. Dann muss ich bei der Post ein Einschreiben versenden, dann noch etwas Obst und Milch einkaufen, meine Steuererklärung fertig machen und ich darf den Termin beim Optiker nicht vergessen." So ähnlich war es zumindest bei mir. Mit solchen Denkmustern erzeugt man eine sehr niedrige Schwingung in sich, bar jeglicher Freude und Glücksgefühls. In den meisten Fällen ist es so, dass wir angesichts lästiger Pflichten oder eines „Problems" (eigentlich gibt es keine Probleme, sondern nur Herausforderungen) gleich schwarz sehen. Das liegt daran, dass wir einen negativen Umstand überbewerten, aus einer Mücke einen Elefanten machen, alles aufbauschen. Dann reden wir womöglich noch den ganzen Tag mit allen möglichen Leuten darüber, was unsere niedrige Schwingung noch mal beträchtlich erhöht. Betrachten wir das Ganze aber mal aus nächster Nähe, stellen wir schnell fest, dass es nicht der negative Umstand ist, der uns solch ein Kopfzerbrechen bereitet, sondern lediglich unsere Sicht bezüglich dieses Umstandes. Würden wir in solchen Situationen unsere Aufmerksamkeit auf die positiven Dinge im

Leben richten, würden wir dem negativen Umstand die Energie entziehen, die es benötigt, um uns weiter in Sorge zu halten.

Wenn ein Handballer einen starken, rechten Arm und einen schwachen, linken Arm hat, so wird er sich auf seinen starken, rechten Arm konzentrieren, um zu punkten.
Konzentriere auch Du Dich nicht auf Deine Schwächen, denn sie machen Dich nur schwächer. Konzentriere Dich stattdessen auf Deine Stärken, denn sie machen Dich noch stärker, als Du es jetzt bist.

Wir bekommen im Grunde weniger was wir wünschen, sondern vielmehr das, was wir GLAUBEN. Um an unsere Wünsche zu glauben sollte man in sich eine gewisse innere Zufriedenheit schaffen, denn dann schwingen wir am besten. Das macht man, indem man seine Aufmerksamkeit auf die positiven Aspekte seines Lebens richtet und diese nicht länger als eine Selbstverständlichkeit ansieht (Auto, warmes Bad, geliebte Menschen, einen schönen Film, seinen Partner, Alltagsdinge wie Lebensmittel usw.). Viele dieser Vorzüge hatte vor einigen hundert Jahren nicht einmal Napoleon oder andere Herrscher ihrer Zeit. Ich hatte während meiner „Armutsphase“ eine Krankenversicherung erst geschätzt, als ich keine mehr hatte.

„Die wahre Lebenskunst besteht darin, im Alltäglichen das Wunderbare zu sehen.“ (Pearl S. Buck)

„Es gibt zwei Arten, sein Leben zu leben: Entweder so, als wäre nichts ein Wunder, oder so, als wäre alles eines. Ich glaube an Letzteres.“ (Albert Einstein)

„Die wahre Entdeckungsreise besteht nicht darin, dass man neue Landschaften sucht, sondern dass man mit neuen Augen sieht.“ (Marcel Proust)

Wenn ich etwas erlebt habe, was mir Freude gemacht hat, fühle ich mich glücklich. Wenn dieses Erlebnis vorüber ist, so freue ich mich darüber, dass ich so etwas Schönes erlebt habe, und fühle mich nicht traurig, weil es vorbei ist. Ich verweile so lange wie möglich in den positiven Gefühlen.

Stelle Dir mal eine weiße Tischdecke vor, die in der Mitte einen Kaffeefleck hat. Obwohl 99% der Tischdecke absolut sauber und strahlend weiß sind, richten die meisten Leute ihre Aufmerksamkeit auf den Fleck, auf diesen lächerlichen 1%. Und hier muss das Umdenken beginnen. Warum soll man sich seine Freude von dem 1% vermiesen lassen??? Das macht keinen Sinn. Fokussieren wir uns doch lieber auf die guten 99% und erfreuen uns daran. Merkst Du also, dass etwas in Dir ein schlechtes Gefühl auslöst (die Nachrichten im Fernsehen, ein unangenehmer Mensch, ein ungenießbares Essen), dann würde ich mich davon abwenden (umschalten auf einen anderen Sender, mit einem unangenehmen Menschen nicht länger kommunizieren, das ungenießbare Essen nicht weiter essen) und mich einer Sache zuwenden, die in mir Gefühle der Freude auslöst. Denn wie im Innen, so im Außen. Und wie im Außen, so im Innen.

„Wende dich stets der Sonne zu, dann fallen die Schatten hinter dich." (Chinesisches Sprichwort)
„Es ist eine komische Sache mit dem Leben; wenn wir nur das Beste akzeptieren, dann bekommen wir es sehr oft!" (Somerset Maugham)

"Die meisten Menschen sind so glücklich, wie sie es sich selbst vorgenommen haben." (Abraham Lincoln)

„Sonnenschein ist köstlich, Regen erfrischt, Wind kräftigt, Schnee erheitert. Es gibt kein schlechtes Wetter, nur verschiedene Arten von gutem." (John Ruskin)

Als der Bürgerkrieg im ehemaligen Jugoslawien zu Ende war, telefonierte ich mit einem Cousin, dessen Mutter während des Krieges starb, dessen Haus und Auto im Krieg zerstört wurden. Er hatte keine Arbeit und kein Geld. Er lebte mit seinem Vater auf engstem Raum in einem umfunktionierten Altenheim, in dem es kein warmes Wasser gab und in dessen Wänden etliche Einschusslöcher waren. Während unseres Gesprächs jammerte ich ihm tatsächlich vor, wie dreckig es mir ging und dass ich die nächsten Jahre wohl damit zubringen würde, meine Schulden abzuarbeiten. Er hingegen war voller Optimismus und Zuversicht, dass er sein Leben wieder in den Griff bekäme. Als er mich jammern hörte, entgegnete er mir: „Sag mal, Goran, schämst Du Dich eigentlich nicht? Ich habe fast alles verloren, was ich im Leben hatte, und trotzdem kann ich das Schöne im Leben sehen. Du aber bist in einem Land, in dem Frieden herrscht und nichts zerstört ist. Du hast ein Dach über dem Kopf, durch das es bei Regen nicht hineintropft, hast jeden Tag etwas Warmes zu essen, kannst Dich warm duschen, kannst in Geschäfte gehen, die eine reiche Vielfalt an Produkten bieten und hast eine Mutter, die wohlauf ist. Und trotzdem jammerst Du herum. Was ist bloß los mit Dir??? Mach nur weiter so und Du vergisst, dass Du überhaupt noch am Leben bist!" Diese Worte trafen mich wie ein Blitz. Das war ein überaus wichtiger Erfahrungsmoment für mich. In diesem Gespräch lernte ich eine Menge über mich selbst, vermutlich mehr als in all den Jahren davor. Es machte mir klar, wie gut es mir ging, also warum sollte ich mich sorgen, jammern und schlecht gelaunt sein? Ich sah plötzlich das Positive in meinem Leben, denn schließlich stimmte all das, was mein Cousin sagte: Der Großteil meines Lebens war positiv und anstatt mir dessen bewusst zu sein, konzentrierte ich mich auf den kleinen Teil meines Lebens, der negativ war. Wenn selbst Leute wie mein Cousin, der einen Krieg durchmachte, oder wie mein Schwager zweiten Grades, der eine menschenunwürdige Kriegsgefangenschaft überlebte, dem Leben noch etwas Positives abgewinnen konnten, dann sollte ich es auch können!!!

„Ich jammerte, weil ich keine Schuhe hatte, bis ich jemanden sah, der keine Füße hatte." (chinesisches Sprichwort)

Erfolg ist, wenn man erhält, was man will. Glück ist, wenn man etwas Gutes an dem sehen kann, was man erhält. Wenn wir schon die Wahl haben, uns für eine positive oder negative Sicht der Dinge zu entscheiden, dann sollten wir IMMER die positive Sicht der Dinge wählen. Aus einer Krankheit wird eine Herausforderung, aus einer Firmenpleite ein Neuanfang und aus einem Problem ein Projekt. Passe Deinen Wortschatz Deiner positiven Schwingung an. Es wäre ja auch unangebracht jemandem, der gerade mit dem Auto wegfahren will, zu sagen „Bau bloß keinen Unfall, bei dem Du Dir alle Knochen brichst und durch den Du

Dein restliches Leben im Rollstuhl verbringst". Was bleibt beim Gesprächspartner hängen? „Unfall", „Knochen brechen" und „Rollstuhl". Viel angebrachter wäre ein zuversichtliches und positives „Komm gut an". Sind Menschen in meiner Umgebung erkältet, so denke ich mittlerweile nicht mehr „Oje, ich stecke mich bestimmt an und liege bald krank im Bett ", sondern ich denke fest überzeugt: „Ich bin kerngesund. Ich liebe es gesund zu sein, denn das ist mein natürlicher Zustand. Also bleibe ich gesund.". Und nehme ich mir ein neues Projekt vor, so denke ich nicht ängstlich „Das Ganze könnte schief gehen und mich viel Geld kosten.", sondern ebenso fest überzeugt: „Das wird ein voller Erfolg. Ich glaube an mich und meine Fähigkeiten, einen Erfolg daraus zu machen.".

„Denke nicht so oft an das, was Dir fehlt, sondern an das, was Du hast."
(Marcus Aurelius)

Die Wissenschaft sagt uns, wir seien ein reines genetisches Zufallsprodukt und dass wir alle vom Affen abstammen. Die Kirchen sagen uns, wir sollen demutsvoll sein und dass wir alle mit der Erbsünde geboren sind. Die Medien bezeichnen uns gefühllos als Konsumenten und Verbraucher, die lediglich nach ihrer Einkaufskraft bewertet werden. Der Staat sieht uns vornehmlich als Steuerzahler, die Politiker sehen uns als Wähler. Objektiv gesehen ist das der reinste Psychoterror, bei dem es sehr schwer fällt, überhaupt noch etwas positiv zu sehen. Diese Weltbilder nehmen uns mehr, als sie uns geben. All diese Erklärungsmodelle erinnern unweigerlich an einen Bienenstock mit Arbeitsbienen und Drohnen, in dem jeder nach seiner „Leistung" bemessen wird. Und sie sorgen dafür, dass wir uns klein, schuldig, machtlos und unwichtig vorkommen. Meinen es Menschen und Institutionen wirklich gut mit uns, wenn sie uns solche Denkmuster einzuhämmern versuchen? Und noch wichtiger ist die Frage: Fühlen wir uns durch solche Aussagen besser oder schlechter? Frag Dich das, lieber Leser, denn das ist die einzig relevante Frage. Wenn diese Aussagen uns schlechter fühlen lassen, dann sollten wir ihnen keinerlei Beachtung schenken. Sie sind destruktiv, beleidigend und völlig ohne Liebe. Was ohne Liebe ist, ist schädlich, belanglos und unwichtig. Ich persönlich sehe mich und meine Mitmenschen als göttliche Wesen, welche Glück, Gesundheit, Wohlstand und unendliche Lebensfreude verdient haben. Zudem sind wir alle ausgestattet mit einer gewaltigen Schöpfermacht, die dann am besten funktioniert, wenn wir uns gut fühlen.

Auch in einer Partnerschaft sollte man stets den Blick auf die positiven Seiten des Partners lenken und sich diese verinnerlichen. Früher oder später stellt sich bei einer solchen Betrachtungsweise die Erkenntnis ein, was für ein Glück man doch mit seinem Partner hat. Man denke nur an das erste gemeinsame Beisammensein zurück und was man an seinem Partner anziehend fand.

Im Grunde ist es wirklich nicht schwer, seine Aufmerksamkeit auf positive Dinge zu richten. Manchmal fahre ich mit dem Zug und habe viel Zeit, aus dem Fenster zu sehen. Dann achte ich nur auf die Dinge, die mir gefallen, positive Gefühle auslösen und meine Schwingung erhöhen (blauer Himmel, Tiere, schöne Landschaften, interessante Gebäude usw). Und sehe ich etwas, was ich nicht schön finde, wende ich meinen Blick einfach ab. Keine wirkliche Arbeit, oder!? Womit Du Dich auch beschäftigst, lieber Leser, konzentriere Dich dabei ausschließlich auf die positiven Aspekte, welche Freude in Dir wecken. Bist Du dazu nicht in der Lage, dann wende Dich einer Sache zu, bei der Du in der Lage bist, Freude zu entwickeln. Erfolg jeglicher Art hängt stets davon ab, auf was wir unsere emotionale Aufmerksamkeit lenken. Würdest Du langsam in Treibsand versinken, so würdest Du doch auch alles tun, um wieder hoch zu kommen? Wenn Du also spürst, dass Du niedrig schwingende Gefühle entwickelst, richte Deine Aufmerksamkeit auf Dinge, die Dich emotional wieder hoch ziehen. Wir können nie mehr als einen Gedanken gleichzeitig denken. Wir müssen also nur negative Gedanken durch positive Gedanken ersetzen. Und das tun wir am Besten, indem wir unsere Aufmerksamkeit immer wieder auf etwas richten, was in uns ein Wohlbefinden auslöst.

Wenn ich mich schlecht fühle, frage ich mich in Gedanken, wie mein derzeitiger Gefühlszustand ist. Ist die Antwort „Ich fühle mich schlecht.“, dann frage ich mich, ob ich mich weiterhin schlecht fühlen will. Die Antwort ist NEIN. Die nächste Frage lautet „Wie will ich mich stattdessen fühlen?“. Die Antwort ist „Ich will mich GUT fühlen.“. Diese Antwort wiederhole ich aus tiefster Überzeugung zehnmal laut hintereinander. Nach dieser Übung erhöht sich meine Grundschwingung.

Natürlich kann es auch vorkommen, dass man gerade ein Stimmungstief hat und sich nicht mal eben so freuen kann, selbst wenn man einer seiner Lieblingsbeschäftigungen nachgeht. Ich persönlich nehme in solchen Situationen ein Kreuzworträtselheft in die Hand und lenke mich mit Denksportaufgaben ab. Alle Dinge, die den Verstand beschäftigen und uns von negativen Dingen ablenken, eignen sich in solchen Fällen. Manch einer würde jetzt einwerfen, dass das Ganze eine Art Verdrängung ist, wenn man sich von „unschönen Dingen und Erlebnissen" abwendet und sich etwas „Schönem" zuwendet. Das Ziel ist es im Laufe der Zeit zu lernen, in allen Dingen positive Aspekte zu entdecken, selbst in Krankheitsfällen. Ich lag wegen einer Beinverletzung mehrere Tage im Bett und meine Gedanken kreisten nur um mein Unwohlsein, ich konnte mich auf nichts Anderes konzentrieren. „Na schön", dachte ich mir. „Wenn ich mich sowieso auf nichts Anderes konzentrieren kann, dann suche ich mal einen positiven Aspekt in meinem jetzigen Zustand." Ich stellte fest, dass ich es mit dem Sport übertrieben hatte und dabei nicht auf die Signale meines Körpers achtete. Meine damalige Beinverletzung war die Wirkung einer von mir zuvor gesetzten Ursache. Nun hatte ich damit zu leben und entschied mich diese Zeit zu nutzen, um mich zu besinnen, statt über die Beinverletzung zu klagen. Ich sah plötzlich etwas Positives in meiner Beinverletzung und meine Grundschwingung erhöhte sich. Wenn man einen Schritt zurück tritt, das Gesamtbild betrachtet und von Herzen versucht, immer das Positive einer Sache oder in seinen Mitmenschen zu sehen (auch in Fällen wie einer Pleite, Trennung vom Partner, Scheidung der Eltern…), trägt das zu einer Erhöhung unserer Schwingung bei. Es grenzt unsere Schöpferkraft stark ein, wenn ich mich selbst positiv sehe, aber in meinen Mitmenschen nur Negatives sehe. Dasselbe gilt auch für den Fall, dass ich in allen anderen Menschen nur Gutes sehe, mich selbst aber als etwas Schlechtes sehe. Mit beiden Sichtweisen werde ich nicht glücklich sein.

„In jeder Minute, die man mit Ärger verbringt, versäumt man sechzig glückliche Sekunden." (William Maugham)

Checkliste:
Jeder Erfolg und Misserfolg ist so groß, wie viel Aufmerksamkeit Du ihm schenkst.
Richte Deine Aufmerksamkeit auf die positiven Dinge im Leben.
Wende Dich ab von Dingen, die Dir schlechte Gefühle bereiten.
Konzentriere Dich auf Deine Stärken, nicht auf Deine Schwächen.

Wer ständig nur kämpft, hat keine Zeit glücklich zu leben.

12. Das Leben ist kein Kampf

(geschrieben von Goran Kikic)

Wir Menschen kämpfen gegen alles Mögliche: Gegen Krankheiten, gegen den Terror, gegen Umweltverschmutzung, gegen Diskriminierungen, gegen Korruption und organisierte Kriminalität, gegen Übergewicht usw. Und wir kämpfen für den Frieden, für die Rente, für die Erhaltung von Naturschutzgebieten, für gerechte Löhne, für ein angenehmes Leben und Vieles mehr. Wer ständig kämpft, der hat keine Zeit glücklich zu sein. Denn wenn man kämpft, ist man nicht locker und unverkrampft, sondern angespannt. Wenn man angespannt ist, schwingt man auch angespannt. Eine angespannte Schwingung zieht noch mehr Gründe an, um angespannt zu bleiben. Gegen was Du auch sein magst, lieber Leser, Du stärkst es mit Deinen Gedanken.

Probleme bekämpfen bringt also nichts, da alles, womit wir uns gedanklich befassen, auf uns zurückkommt. Bekämpfe also nicht die Probleme, die Dir das Leben völlig unnötig schwer machen, sondern LEBE die Lösung. Empfinden wir also für den Krieg Wut und Abneigung, so ziehen wir Wut und Abneigung in unser Leben. Stattdessen sollten wir einfach ein Leben in Glück, Freude und Harmonie führen. Diese Schwingung zieht noch mehr Glück, Freude und Harmonie an und durch dieses Vorbild lassen sich andere Menschen inspirieren, ebenfalls Glück, Freude und Harmonie als das wahre Leben anzunehmen. Bekämpft man aber was, so kann man unmöglich harmonisch sein. Denn wenn man kämpft, dann ist man verkrampft und disharmonisch eingestellt. Man kämpft, weil man etwas besiegen will, und wenn man etwas besiegen will, so hat dies nichts mit Liebe zu tun, sondern mit Gewalt (egal ob physische oder psychische Gewalt). Bekämpfe ich etwas, habe ich mich auf die Ebene der Disharmonie gestellt und kann folglich nur Disharmonie anziehen, was mir mein Leben ruiniert. Der einzige Sieger wäre die Disharmonie.

„Probleme kann man niemals mit der gleichen Denkweise lösen, durch die sie entstanden sind.“ (Albert Einstein)
Entziehe den disharmonischen Dingen Deine Aufmerksamkeit, indem Du sie nicht länger beachtest. Damit entziehst Du ihnen ihre lebensnotwendige Energie und verbannst sie somit aus Deinem Leben.

Ich selbst habe bereits vor geraumer Zeit begonnen, bewusst Gedanken der Liebe und Harmonie zu denken. Ich sehe das Leben als ein spannendes Abenteuer, an dessen Ende die absolute Glückseligkeit auf mich wartet.

Löse Dich von diesem Jahrhunderte alten Quatsch, das Leben sei ein Kampf. DU entscheidest, ob Dein Leben ein Kampf oder das reine Vergnügen sein soll. Richte Deine Aufmerksamkeit auf die Dinge, für die es sich zu leben lohnt. Würde mich jemand fragen: „Ist das Leben lebenswert?“, so würde ich antworten: „Das hängt ganz davon ab, wie man lebt. Wenn jemand nur kämpft, dann ist die Antwort NEIN. Genießt hingegen jemand sein Leben in vollen Zügen, dann ist die Antwort JA!“

<u>Checkliste:</u>
Sei nicht GEGEN etwas Negatives, sondern FÜR etwas Positives.
Wer kämpft, kann nicht glücklich sein.
Das Leben ist kein Kampf, es ist ein Genuss.

Wahre Wünsche werden aus Freude geboren, nie aus Not.

13. Was ist ein Wunsch?

(geschrieben von Goran Kikic)

Mache Dir eins bitte klar: Ein Wunsch ist etwas, was man aus tiefstem Herzen begehrt, was eine solch große Vorfreude auslöst, dass man auf der Stelle loslachen will. Ein Wunsch ist etwas, was uns Freude und Glück ins Leben bringen soll, was unser Leben verschönern und zufriedener machen soll. Ein Wunsch ist frei von jeglichen Zweifeln, denn wie soll etwas zu mir kommen, wenn meine Zweifel es von mir fern halten?!

Es ist doch immer wieder faszinierend, was viele Menschen irrtümlicher Weise für einen Wunsch halten. Hier ein Beispiel dazu: Dein Auto gibt den Geist auf und es steht eine teure Reparatur oder der Kauf eines neuen Autos an. Beides ist mit viel Geld verbunden, welches Du gerade nicht hast. Also „wünschst" Du Dir das notwendige Geld. Aber ist das ein echter Wunsch? Spürst Du in solch einer Situation eine Woge der Vorfreude, das Bedürfnis laut loszulachen? Strömen in solch einem Augenblick Freude und Glück in Dein Leben? Wird Dein Leben schöner und zufriedener? Keineswegs! Vielmehr beherrschen Sorge und Angst Deine Gedanken. Du bist auf die Abwesenheit des erforderlichen Geldes ausgerichtet und sorgst somit selbst dafür, dass es bei diesem Zustand bleibt. Angesichts der Tatsache, dass Du in einem solchen Moment anstelle von positiven Gefühlen ausschließlich negative Gefühle verspürst, sollte klar sein, dass dies nicht im Entferntesten etwas mit einem wahren Wunsch zu tun hat. Das sind zwei sehr verschiedene Dinge. Da gilt es sorgfältig zu differenzieren.

Ein Wunsch wird NIEMALS aus einer Notlage heraus geboren. Ein Wunsch entsteht IMMER aus Freude und Liebe, niemals aus Sorge und Angst, und er sorgt dafür, dass wir uns glücklich, lebendig und frei fühlen.

„Die guten Dinge der Welt kommen zu den Menschen, die sie bewusst WÜNSCHEN, nicht zu den Menschen, die sie BRAUCHEN.“(unbekannt)

Und vor allem entsteht ein Wunsch immer aus eigenem Antrieb, auf freiwilliger Basis, weil man etwas WILL, nicht weil man durch bestimmte Lebensumstände dazu gezwungen wird. So wie ein Vogel das Bedürfnis hat zu fliegen, so WILL jeder Wunsch unbedingt erfüllt werden. Tun wir unseren Wünschen doch den Gefallen.

Bedenke auch, dass ein echter Wunsch aus Deinem tiefsten Inneren kommen muss. Wünsche ich mir etwas, weil ich jemandem etwas beweisen will oder um jemandem zu imponieren, so ist dies kein echter Wunsch. Will ich jemandem etwas beweisen oder jemandem imponieren, dann entspringt diese Absicht den Gedanken der Angst, nämlich der Angst, nicht akzeptiert zu werden. Mit einem echten Herzenswunsch hat das nichts zu tun, denn Herzenswünsche sind, wie wir wissen, frei von Angst.

Wenn der Wunsch schließlich in Erfüllung geht, dann genieße ihn so lange wie möglich. Erfreue Dich an Deinem erfüllten Wunsch, an das Glück, welches Du dadurch fühlst, und an der Tatsache, dass Du selbst es warst, der den Wunsch manifestiert hat.

„Nach zwei Dingen muss man im Leben trachten: einmal das zu erlangen, was man sich wünscht, und sodann, es zu genießen. Nur die Weisesten bringen das zweite fertig.“ (Logan Pearsall Smith)

<u>Checkliste:</u>
Wahre Wünsche bereiten uns ein Gefühl der Vorfreude.
Alle wahren Wünsche entstehen auf freiwilliger Basis, niemals aus einer Not heraus.

Klage nicht andauernd über die Finsternis, zünde endlich ein Licht an!

14. Triff eine Entscheidung

(geschrieben von Goran Kikic)

Entweder ich entscheide mich bewusst dafür, das Gesetz der Anziehung zu nutzen, oder ich lasse mich von meinen unbewussten Gedanken benutzen. Dabei gibt es keinen Mittelweg. Ich kann nicht gleichzeitig schwimmen und ins Kino gehen. Habe ich einmal die Entscheidung getroffen, das Gesetz der Anziehung bewusst für ein glücklicheres Leben zu nutzen, dann werde ich konsequent hinter ihr stehen. Nicht halb, sondern ganz oder gar nicht. Ebenso wie ich nicht ein bisschen tot oder ein bisschen schwanger sein kann, so kann ich mich nicht nur ein wenig mit dem Gesetz der Anziehung befassen, in der Hoffnung so mein Leben positiv zu verändern. Wenn ich etwas mache, dann mache ich es GANZ, mit vollem Einsatz, damit es später auch GANZ fertig ist. Eine bewusste und hundertprozentige EntSCHEIDUNG (das Alte scheidet weg, man geht neue Wege) für ein glückliches Leben führt zu einem glücklichen Leben. Verpflichte Dich mit Freude selbst und mach einen Vertrag mit Dir selbst (so wie ich mit mir einen Vertrag habe), unterschreibe ihn und hänge ihn Dir an die Wand – gut sichtbar, so dass Du jeden Tag siehst, dass Du es auch wirklich vollkommen ernst meinst, dass es kein Zurück mehr gibt, auch wenn die Sache Jahre dauern sollte. Am besten man liest sich diesen Vertrag täglich mehrere Male laut durch. Entscheide Dich, Dein Leben nicht nur zu leben, sondern es zu steuern und nach Deinen Vorstellungen zu gestalten.

Mach den ersten Schritt

Für viele Menschen ist es schwer, einen Anfang zu finden. Anstatt endlich loszulegen, unterhalten sie sich wochenlang mit anderen Menschen über das Gesetz der Anziehung. Sein Leben lang ewig etwas kauen, aber es nicht runterschlucken, macht keinen Menschen glücklich. Ich weiß wovon ich rede, da ich eine Zeit lang selbst so ein Mensch war. Ich kann z. B. tagelang darüber nachdenken und diskutieren, ob ich in der

Lage bin, schwimmen zu lernen oder nicht. Welche Bedeutung hat solch eine Einstellung für mein Leben? Folgende: Es wird sich NICHTS ändern, alles bleibt so, wie es ist, wenn ich nicht endlich aktiv werde. Erst wenn ich mich ins Wasser begebe und es tue, kann ich es lernen. Erfolg ist noch nie zustande gekommen, wenn man über eine Sache, die man beabsichtigt zu tun, nur redet. Aller Anfang ist schwer, keine Frage, aber wenn man ihn erst einmal gemacht hat, wird es von da an immer leichter. Auch ein kleiner Schritt Richtung Ziel ist ein Schritt! Ohne den ersten Schritt wird es auch keinen zehnten, hundertsten und tausendsten Schritt geben. Beethoven hat auch klein angefangen, Picassos Erfolg kam auch nicht über Nacht und auch ein Albert Einstein fing mit einem ersten kleinen Schritt an. Ich wusste als Kind nicht, wie man schwimmt. Aber ich habe es gelernt. Ich konnte in der Grundschule noch kein Englisch sprechen, aber ich habe es später erlernt. Ich wusste auch nicht immer, wie man Auto fährt, aber heute kann ich es. All das habe ICH gelernt, es konnte mir niemand diese Arbeit abnehmen.

Habe ich mir etwas vorgenommen, dann muss ICH damit anfangen. Es ist MEIN Job, es zu tun. Niemand kann mir das abnehmen. ICH muss loslegen, ICH muss einen Anfang finden, ICH muss endlich aktiv werden. Schließlich habe ich eine bewusste Entscheidung getroffen und stehe dazu. Wenn ich HEUTE etwas für meine Wunscherfüllung tun kann, dann werde ich es auch HEUTE tun und nicht morgen, übermorgen oder nächste Woche. Ich werde es nicht versuchen, ich werde es TUN!

"Mach den ersten Schritt im Vertrauen. Du brauchst nicht den ganzen Weg zu sehen. Mach einfach den ersten Schritt." (King J.)

„Von selbst geschieht nichts auf der Welt. Dinge müssen in Gang gebracht werden.“ (John M. Hay)

„Eine Reise von tausend Meilen beginnt mit einem einzigen Schritt.“ (unbekannt)

Also, lieber Leser, worauf wartest Du noch? Fang an das Gesetz der Anziehung bewusst zu nutzen, fang an mit dem Imaginieren und dem

Visualisieren Deiner Wünsche. Wann und wo? Hier und heute, spätestens aber nachdem Du dieses Buch zu Ende gelesen hast. Jeder Tag ist ein kleiner Neuanfang. Meine Mutter ist mit 55 Jahren Vegetarierin geworden und heute, mit über 60 Jahren, befasst sie sich mit dem Gesetz der Anziehung. Höre niemals auf etwas Neues anzufangen.

Und setz Dich nicht unter Erfolgsdruck, wenn Du nicht über Nacht grandiose Wunscherfolge vorweisen kannst. Rom wurde auch nicht an einem Tag erbaut. Ein Kind muss auch erst einmal das Gehen erlernen. Es braucht eine gewisse Zeit, aber schließlich erreicht man sein Ziel. Es ist ein stufenweiser Prozess und wenn wir eine Stufe nach der anderen bewältigen, werden wir die Erfolgstreppe erklimmen. Wer aber von vornherein aufgibt, der hat schon verloren.

„Die Hoffnungslosigkeit ist schon die vorweggenommene Niederlage." (Karl Jaspers)

„Die meisten großen Taten und die meisten großen Gedanken haben einen belächelnswerten Anfang." (Albert Camus)

Lass Dich nicht beirren

Wenn Du einmal einen Weg zu Deinen Wünschen eingeschlagen hast, dann gehe ihn unbeirrbar zu Ende, Schritt für Schritt. Der Wunsch kann sich nur so erfüllen, also bleibe nicht mitten auf dem Weg stehen und kehre auch nicht zum Ausgangspunkt zurück. Du weißt doch, was der Volksmund dazu sagt: Wo ein Wille ist, da ist auch ein Weg! Betrachten wir das Ganze mal aus der Sicht eines Fußballspielers: Es ist ein gewaltiger Unterschied, ob ich ein Spiel spiele, um zu gewinnen, oder ob ich es nur spiele, um nicht zu verlieren. Glaube an Dich und gehe trotz Hindernisse weiter. Natürlich kannst Du den Weg verlassen, wenn sich Deine Wünsche zwischenzeitlich geändert haben, aber verlasse Deinen Weg nicht aufgrund von Unsicherheit oder Unglaube bezüglich Deiner Gabe zu schöpfen.

„Unentschlossenheit gegenüber den Lebenszielen, die sich uns zur Wahl stellen, und Unbeständigkeit bei ihrer Verfolgung sind die Hauptursachen unseres ganzen Unglücks." (Joseph Addison)

„Denke immer daran, dass Deine eigene Entschlossenheit, erfolgreich zu sein, wichtiger ist, als alles andere.“ (Abraham Lincoln)

„Wenn die Entscheidung einmal gefallen und der Zeitpunkt zum Handeln gekommen ist, dann sollte man jegliche Angst und Sorge bezüglich der Folgen dieser Entscheidung ein für allemal fallen lassen.“ (William James)

Mut zum Risiko

Das ganze Leben ist ein einziges Risiko, also warum sollten wir risikoscheu sein? Der Volksmund sagt nicht umsonst „Das Glück ist mit den Mutigen“. Lassen wir uns ruhig auf etwas Neues ein und verlassen unsere gewohnten Pfade. Raus aus der Zone der Gemütlichkeit. Die Angst vor etwas Neuem sollten wir als Herausforderung ansehen, als eine Chance, aus der wir gestärkt und glücklicher hervor gehen. Ohne Mut zu Neuem wird das Leben langweilige Routine und es bleibt alles beim Alten. Risiken meiden beschert einem vielleicht die Scheingewissheit von Sicherheit im Leben, aber es ist kein gelebtes Leben mehr. Ohne Risikobereitschaft wäre der Mensch nicht auf dem Mond gelandet, hätte Kolumbus nicht Amerika entdeckt, hätte ich niemals dieses Buch geschrieben. Die größten positiven Veränderungen und Erfolge in der Welt waren nur durch Mut zum Risiko möglich. Willst Du Dein Leben positiv verändern, dann sei auch Du mutig, Neues anzugehen.

„Zu viele Menschen denken an Sicherheit statt an Chancen. Sie scheinen vor dem Leben mehr Angst zu haben als vor dem Tod.“ (James F. Byrness)
„Das größte Risiko unserer Zeit liegt in der Angst vor dem Risiko.“ (Helmut Schoek)

„Nicht weil es schwer ist, wagen wir es nicht, sondern weil wir es nicht wagen, ist es schwer.“ (Lucius Annaeus Seneca)

„Das größte Risiko auf Erden laufen die Menschen, die nie das kleinste Risiko eingehen wollen.“ (Bertrand Russell)

„Mut steht am Anfang des Handelns, Glück am Ende.“ (Demokrit)

Checkliste:
Raff Dich auf und entscheide Dich, was Du willst.
Wenn Du Dein Leben wirklich verbessern willst, dann gehe mit vollem Einsatz daran.
Mach den ersten Schritt noch HEUTE!
Gehe Deinen Weg zu Ende!
Lass Dich voller Freude auf Neues ein.

Der wichtigste Moment in Deinem Leben ist JETZT!!!

15. Die Gegenwart ist entscheidend

(geschrieben von Goran Kikic)

Unser Leben HEUTE ist die Folgeerscheinung unseres Denkens aus der Vergangenheit. Was bringt es schon, über das GESTERN zu grübeln? NICHTS! Die Vergangenheit können wir nicht ändern, also warum Zeit und Energie verschwenden? Vergiss das Gestern, häng ihm nicht nach. Wir leben HEUTE, im HIER und JETZT!!! Wenn es etwas gibt in der Vergangenheit, dass wir bereuen (z. B. eine „falsche" Entscheidung), dann sollten wir uns erst recht auf die Gegenwart, auf das JETZT konzentrieren, denn HIER und HEUTE haben wir die Macht, durch unsere Gedanken dafür zu sorgen, in Zukunft nicht dieselben Fehler zu begehen. Jegliche zu intensive Ursachenforschung bezüglich destruktiver Gedanken verstärkt die Wirkung der destruktiven Gedanken, da wir ihnen durch unsere Aufmerksamkeit Energie zukommen lassen. Wenn die negativen Erfahrungen der Vergangenheit Spuren in Form von Depressionen, Wut, Sorgen oder Angst hinterlassen haben, blockieren sie unsere Wünsche, also stärken wir sie nicht auch noch mit unserer Aufmerksamkeit. Sie sind wie ein großer Felsbrocken auf der Straße, die zur Wunscherfüllung führt. Dieser Felsbrocken muss beiseite geräumt werden, denn wir wollen uns befreien von den Einschränkungen dieser negativen Erfahrungen. Es geht immer nur um den jetzigen Augenblick.

„Wenn ich dies, das und jenes erreicht habe, dann werde ich glücklich sein", hört man viele Menschen sprechen. Mit dem Wörtchen „wenn" lassen sich viele Geschichten erzählen, aber WENN ich wirklich glücklich sein will, dann bin ich JETZT glücklich. Das Wörtchen „wenn" katapultiert das Glück in unsere Zukunft, ganz weit weg von uns, wo es für uns immer unerreichbar bleibt. Man rennt wie ein Hamster im Laufrad darauf zu, erreicht es aber nie und ist deshalb fortwährend unglücklich. Die Zukunft ist nur eine Aneinanderreihung vieler HEUTE. Warum solltest Du Dir Sorgen um die Zukunft machen? Das wäre so, als zahltest du im voraus Zinsen für Schulden, die du vielleicht niemals machen wirst. Lass deshalb sowohl die Vergangenheit, als auch die Zukunft los. Lebe im JETZT, denn wenn Du Deine Aufmerksamkeit auf diesen jetzigen Augenblick richtest, dann hast Du Dir gerade Deine Zukunft erschaffen. Was zählt ist immer der JETZIGE Augenblick, Dein Leben findet täglich hier und jetzt statt. Halte Dir stets vor Augen: Wer gedanklich noch immer in der Vergangenheit lebt und Angst vor der Zukunft hat, der verpasst die Gegenwart!

„Ein glücklicher Mensch ist zu zufrieden mit der Gegenwart, um sich viele Gedanken über die Zukunft zu machen." (Albert Einstein)

„Denke immer daran, dass es nur eine allerwichtigste Zeit gibt, nämlich: Sofort!" (Leo Tolstoi)

„Um welche beiden Tage eines Jahres sollte man sich nicht sorgen? Gestern und Morgen." (unbekannt)

„Morgen ist nicht wirklich. Die einzige Wirklichkeit ist die Gegenwart." (Zen)

„Wir gestalten unsere Zukunft durch das, was wir heute tun, nicht morgen." (Robert Kiyosaki)

„Willst du immer weiter schweifen? Sieh, das Gute liegt so nah! Lerne nur das Glück ergreifen; denn das Glück ist immer da!“ (Goethe)

Viele Menschen leben für die Zukunft und halten sich für sehr vorausschauend. Sie planen einen schönen Urlaub auf einer exotischen Insel oder auf einem Kreuzfahrtschiff. Sie arbeiten das ganze Jahre sehr hart, um drei Wochen im Jahr glücklich zu sein. Mit anderen Worten: Anstatt dass sie ihr Leben JETZT genießen, verschieben sie ihr Glück immer auf SPÄTER, jeden Tag aufs Neue. Ich für meinen Teil bin lieber 365 Tage im Jahr täglich ein wenig glücklich, als nur drei Wochen im Jahr. Das geht aber nur, wenn man JETZT lebt. Antoine de Saint-Exupéry sagte, dass es nicht unsere Aufgabe sei, die Zukunft vorauszusehen, sondern sie zu ermöglichen. Und das kann man nur in der Gegenwart. Lebt man glücklich in der Gegenwart, so hat man bereits ausreichend für eine glückliche Zukunft vorgesorgt. Die Zukunft ist im Grunde nur eine Illusion, denn Du lebst immer JETZT! Sein Glück sollte man niemals hinauszögern. Aussagen wie „Ich muss, bevor ich richtig glücklich sein kann, noch dies und jenes erledigen“ sind absolut lächerlich.

„Viele versäumen das kleine Glück, weil sie auf das große vergebens warten.“ (Pearl S. Buck)

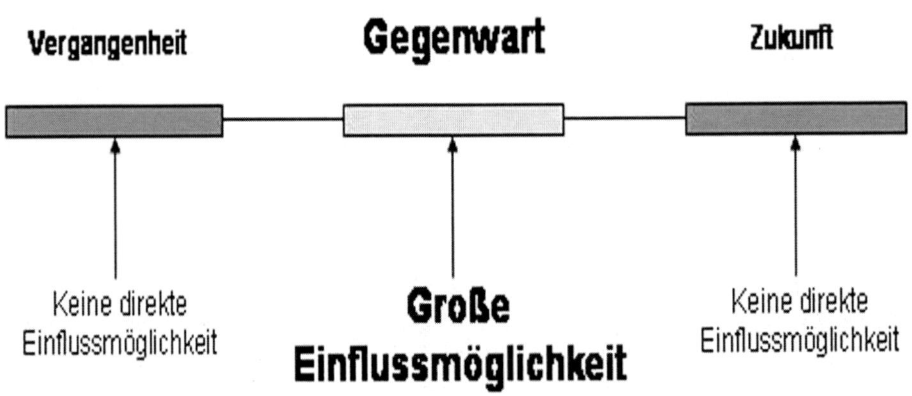

Wenn Du heute nichts für Deine Zukunft unternimmst, dann wird Deine Zukunft so sein wie Deine Vergangenheit! Nur in der Gegenwart kannst Du schöpfen. In der Vergangenheit und in der Zukunft kannst Du nichts erschaffen. Dir bleibt NUR die Gegenwart, um Ursachen zu setzen. Weder das Gestern, noch das Morgen sind ausschlaggebend, nur das HEUTE! Somit ist der heutige Tag der wichtigste Tag in Deinem Leben – lasse ihn nicht ungenutzt und ungefühlt verstreichen.

Also, lieber Leser, denke immer daran: Die wichtigste Zeit in Deinem Leben ist immer JETZT!!! Nicht irgendwann, wenn Du mal Zeit hast, vielleicht morgen oder so, nein, JETZT, HIER und HEUTE!!! Ich gehe JETZT imaginieren. Und Du?

„Die wichtigste Stunde ist immer die Gegenwart. Der bedeutendste Mensch ist immer der, der Dir gerade gegenüber steht. Das notwendigste Werk ist stets die Liebe.“ (Meister Eckehart)

"Das Gestern ist Geschichte, das Morgen nur Gerüchte, doch das Heute ist die Gegenwart und die zu erleben ist ein Geschenk!" (Meister Oogway)

Checkliste:
Vergiss die Vergangenheit und die Zukunft. Lebe im JETZT.
Unser Leben vollzieht sich IMMER zwischen dem was WAR und dem was SEIN WIRD.
Keine Ausreden, um alles auf später zu verschieben. Wenn nicht jetzt, wann dann?

Entweder Du bestimmst die Umstände oder die Umstände bestimmen Dich.

16. Schaffe Dir die richtigen Umstände

(geschrieben von Goran Kikic)

Okay, lieber Leser, jetzt wird es ernst. Wir kommen von diesem Kapitel an zum „richtigen Wünschen" und allem was dazugehört. Genauso wichtig wie die richtige Formulierung ist die Atmosphäre, in der man seinen Wunsch aussendet. Fernsehen, Internet, Musik, Zeitungen, unsere Mitmenschen, Ereignisse aller Art – all das hat einen entscheidenden Einfluss auf unser Unterbewusstsein. Manche Menschen könnten sogar in einem vollbesetzten Fußballstadion oder während eines Konzerts konzentriert wünschen, jedoch muss man dazu mehr Energie aufwenden, um die ablenkenden Einflüsse auszublenden, die woanders dann fehlt. Also wozu soll man es sich so schwer machen??? Man sollte schon mehr oder weniger die richtigen Umstände schaffen, damit das Visualisieren (erinnern an Dinge, die man in der Vergangenheit bereits erlebte) und Imaginieren (sich etwas vorstellen) besonders gut klappen. Ein tibetanischer oder indischer Meister oder ein Shaolin-Mönch werden in ihrer Abgeschiedenheit sicherlich bessere Resultate erzielen als jemand, der sich täglich sinnlose Talkshows anschaut oder als jemand, der gehetzt und in Hektik zwischen zwei wichtigen Terminen eine „Wunschbestellung" aufgibt. In der Ruhe liegt die Kraft und darum sollten wir uns für unsere Wünsche einen stillen Ort aussuchen, der uns gut tut und an dem wir uns wohl fühlen. Mit diesem Ort sollten wir ausschließlich Positives verbinden, weil wir dadurch automatisch eine positive Grundschwingung in uns entwickeln und unsere geistige Unruhe in den Griff bekommen. Nehmen wir unsere Wunschsitzungen ernst, schalten wir während dieser natürlich auch das Handy und auch das Festnetztelefon aus, so dass wir wirklich ungestört sind und unsere Energien im Inneren bündeln können. Der Platz, von dem aus Du wünschst, sollte wohltemperiert sein. Etwaigen Mitbewohnern teilen wir zuvor mit, dass wir für die nächsten 10-20 Minuten ungestört sein möchten. Beim Wünschen geht es im Grunde um die Schaffung eines REINEN Wunsches, frei von

Zweifeln und Unsicherheit. Je mehr die Umgebung dazu beitragen kann, desto besser.
Werde wählerischer in Bezug auf Deine persönliche Umgebung (Verwandte, Freunde, Bekannte, Arbeitskollegen), den Dingen, mit denen Du Dich täglich beschäftigst (Fernsehen, Radio, Zeitung, Bücher, Hobbys) und den Lebens- und Genussmitteln, die Du zu Dir nimmst (Tabak, Alkohol, bewusstseinsverändernde Mittel, Koffein). Unsere Intuition wird nur schwer zu uns sprechen können, wenn wir uns Giftstoffen wie Tabak, Alkohol, zu viel Koffein und Drogen aussetzen. Dies wäre wahrhaftig kein „Liebesakt" unserem Körper und unserer Psyche gegenüber. Vermeiden sollte man auch geistigen Ballast wie Gewaltfilme, in denen Gewalt stets als die Lösung aller Probleme dargestellt wird. Auf der einen Seite ist es heutzutage ein großer Vorteil viele Informationsquellen und Unterhaltungsmöglichkeiten zu haben, auf der anderen Seite sind es heute dermaßen viele, dass unser Bewusstsein durch eine zu große Datenmenge schlicht und ergreifend reizüberflutet wird. Es prasseln ständig neue Informationen auf uns ein (Politik, Technik, Kultur, Wirtschaft, Entertainment), die uns kaum zur Ruhe kommen lassen. Unsere Aufnahmekapazität ist aber nicht unermesslich. Stress und Hektik höhlen die Menschen aus und überfordern sie. Jede Kette bricht, wenn der Zug (Stress) zu groß wird. Die Schwingung eines Menschen, der frei ist von Zeitdruck, Sorgen und Erfolgsdruck, ist unvergleichlich höher als die eines Menschen, der vor lauter Stress und Hektik weder ein noch aus weiß. Je unbeschwerter der Geist, desto erfolgreicher das Manifestieren seiner Wünsche.

„Mit dem Geist ist es wie mit dem Magen: Man kann ihm nur Dinge zumuten, die er verdauen kann." (Winston Churchill)

Fast jeder Mensch sitzt täglich vor dem Fernseher und sieht sich etwas an, nur weil es gerade nichts Besseres zu sehen gibt. Man wählt dann das kleinste Übel unter einer Vielzahl von Übeln aus, geht also zweifelhafte Kompromisse ein. Ich würde mir gar nichts ansehen, wenn wirklich nicht das läuft, was ich beabsichtigt habe mir anzusehen (dazu sollte man schon vor dem Einschalten des Fernsehers genau wissen, was man sehen will).

„Wenn du die Wahl hast zwischen zwei Übeln, wähle keines von beiden.“ (Charles Spurgeon)

Auf jedes positive geistige Bild kommen durch die heutige Unterhaltungsindustrie mindestens 200 negative Bilder. Mord und Totschlag verkaufen sich (angeblich) besser und lassen die Einschaltquoten steigen. Durch das Fernsehen lässt man Menschen mit disharmonischen Aussagen in sein Wohnzimmer, die man sonst nicht einmal hundert Meter an sein Haus heran lassen würde. Solche Bilder, die täglich gesendet werden, sind beim Wünschen ein ganz großes Hindernis, denn ganz schleichend, kaum bemerkbar sinkt unsere Schwingung immer tiefer und tiefer. Ohne es zu merken, verändert man sich und empfindet nach ständiger Berieselung die negativen Bilder schon bald gar nicht mehr als negativ, sondern als ganz normal. Die eigene Veränderung bemerkt meist nur das Umfeld, da die Veränderung schleichend vonstatten geht. In so einem Fall darf man sich dann aber auch nicht wundern, wieso es einem immer schwerer fällt, positive Gedanken bezüglich des eigenen Lebensglücks zu denken und wieso das Manifestieren kaum noch gelingt. Dabei ist die Lösung so einfach: Schalt einfach ab, wenn etwas gesendet wird, was disharmonisch ist. Ist nur eine Fingerübung, mehr ist wirklich nicht dabei.

Ebenso abzuraten ist auch von Pornos, in denen Sex ohne Liebe verherrlicht wird. Auch sollten wir uns, so gut es geht, vor Fernseh- und Radionachrichten sowie Zeitungsberichten, die Angst erzeugen, abschirmen (Tote machen Quote). Das Fernsehen erzieht uns unmerklich zu passiven Menschen, die sich nur zurückzulehnen brauchen und alles serviert bekommen. Aber die bewusste Anwendung des Gesetzes der Anziehung ist nur dann machbar, wenn wir aktiv sind.

Natürlich sollte man auch sonst alles unterlassen, was nicht aus Liebe getan wird (Streitereien mit seinen Mitmenschen, Tätigkeiten, die uns unserer Freude berauben, Sex ohne Liebe usw.). Ein gesunder Geist in einem gesunden Körper fördert die Wunschbestellung (unser Körper ist unser Tempel, er beherbergt den Geist).

„Man soll dem Leib etwas Gutes bieten, damit die Seele Lust hat, darin zu wohnen." (Sir Winston Churchill)

Lieder mit Gewalt verherrlichenden und/oder beleidigenden Texten sollten wir ebenfalls meiden, da solcher Frequenzmüll sich tief in unser Unterbewusstsein graben und unsere Wunschmanifestationen blockieren kann. Es geht darum wählerischer zu werden, Positives von Negativem, Wichtiges von Unwichtigem zu trennen. Warum sollte man seine Zeit auch an Dinge vergeuden, die unsere Schwingung senken und uns dadurch das Leben vermiesen? Das wäre gegen jede Logik und gegen jede Selbstliebe. Erinnern wir uns noch einmal daran, dass Gedanken Schwingungen sind. Wie viele Gedanken werden wohl gerade JETZT, genau in DIESEM Augenblick, weltweit gedacht? Milliarden!!! Mehrere Milliarden Gedanken mit den verschiedensten Frequenzen umgeben uns alle paar Sekunden. Die meisten dieser Gedanken entstanden unbewusst, sind also sehr niedrig schwingende Gedanken, die sich z. B. mit Ängsten aller Art befassen (Angst vor Jobverlust, Angst vor Krankheiten, Kriegsangst, Angst vor Einsamkeit, Angst vor dem Tod, Angst um seine Liebsten). In dem Moment, in dem wir selbst auch einen Gedanken der Angst aussenden, hat dieser Gedanke es sehr leicht, ähnliche Angstgedanken anzuziehen, da diese Schwingung derzeit vorherrschend ist in unserer wettbewerbs- und leistungsorientierten Gesellschaft. Ich ziehe es darum vor, so oft wie möglich in die freie Natur zu gehen. Ich gehe aber nicht des Spazierens willens in die Natur, sondern um dort so gut wie möglich imaginieren (tagträumen) zu können. Dort sind meiner Ansicht nach mehr Gedanken der Einheit, der Harmonie und des Lebens, von denen ich mich durchströmen lassen kann, was sehr förderlich für intensives Imaginieren ist. Gedanken der Angst sind dort kaum vorhanden, denn es ist gar nicht so leicht, inmitten herrlicher Natur Angstgedanken zu denken. Meine größten Wunscherfolge hatte ich, als ich einen Monat lang fast alle negativen Einflüsse von mir fernhielt, gleichzeitig aber alle positiven Einflüsse steigerte.

Zeige mir Deine Freunde und ich sage Dir wer Du bist.

Auch sollten wir wählerisch sein im Hinblick auf unsere persönliche Umgebung, welche Menschen wir um uns herum haben. Die meisten Menschen glauben, sie seien immun gegen den Einfluss durch Andere, aber das ist leider nicht richtig. Jeder Mensch wird durch seine Umgebung beeinflusst, ob er sich dessen nun bewusst ist oder nicht. Jede Regierung nimmt Einfluss auf ihr Volk, jedes Unternehmen auf seine Belegschaft, jede Mutter auf ihre Kinder, jeder Lehrer auf seine Schüler, jeder Verein auf seine Mitglieder, jede Fernsehausstrahlung auf ihre Zuschauer, jede Musik auf ihre Zuhörer usw. Und natürlich nehmen auch andere Menschen auf uns Einfluss – und natürlich auch umgekehrt. Man kann ohne Zweifel behaupten: Wir alle sind die Summe unseres engsten Umfeldes. Menschen mit positiven Gedanken, mit Freude und Liebe im Herzen und mit denen man „auf einer Wellenlänge“ ist, sind von daher nur zu empfehlen. Durch sie steigt die eigene Schwingung und man zieht noch mehr positive Dinge an. Von Menschen, die nur jammern und nörgeln, mit nichts zufrieden und rechthaberisch sind, und sich nicht wirklich freuen können, rate ich dringend ab. Sie ziehen sich selbst runter und es könnte passieren, dass man sich in unmittelbarer Nähe solcher Menschen von deren Negativität „anstecken“ und mit runterziehen lässt. Jedes mal, wenn jemand in meiner Umgebung beginnt, negative Dinge zu äußern, stelle ich mir vor, dass er zu mir sagt: „Hallo Goran, ich möchte mal so richtig depressiv sein und mich schlecht fühlen. Und Dich möchte ich auch dazu bringen, dass es Dir hundsmiserabel geht und Du eingehst vor seelischem Schmerz.“ Nein, danke, würde ich höflich, aber bestimmend antworten und meine Aufmerksamkeit von dieser Person schnellstens (!) abziehen. Große Wunscherfolge werde ich bei ständigem Beisammensein mit solch einer Person kaum erwarten können. Ich suche mir lieber stimulierende Menschen, am besten solche, die lebensfroh sind und die gleichen Wunschziele haben wie ich.

Im Spiel geht alles leichter

Ich persönlich mache kein Ritual aus dem Wünschen (kein Weihrauch, keine Kerzen anzünden, keine bestimmte Sitzposition usw.). Solltest Du aber Freude empfinden und sollte es Deinen Glauben an die Wunscherfüllung verstärken, wenn Du z.B. eine Kerze dabei anzündest, dann mach es so. Da letzten Endes immer der eigene Glaube ausschlaggebend ist, ob ein ausgesandter Wunsch erfüllt wird oder nicht, sollte ein jeder für sich überlegen, was seinen Glauben stärkt.

Ich betrachte das Wünschen als Spiel und beim Spielen sollte man wirklich gelassen, heiter und gut drauf sein. Da es der natürliche Zustand eines jeden Menschen ist, entspannt und locker zu sein (ich habe noch nie freiwillig verkrampfte und angespannte Babys gesehen:), handhabe ich alles so spielerisch wie möglich. Ich denke „je lockerer und ungezwungener, ohne Erwartungs- und Erfolgsdruck, desto besser“. Ich genieße es regelrecht, es ist keine lästige Pflicht. Es ist auch kein Mittel zum Zweck, es ist die reine Freude und ich mache es unglaublich gern. In unserer heutigen Außenwelt wird uns ständig suggeriert, man müsse sich unglaublich anstrengen, um etwas zu erreichen. In jedem Actionfilm sieht man schmerzverzerrte Gesichter, schwitzende Helden, welche die Zähne zusammenbeißen und das Letzte aus sich herausholen, um an ihr Ziel zu gelangen. In TV-Gewinn-Shows werden geistige und körperliche Höchstleistungen gefordert, um Preise zu gewinnen. Im Sport wird uns immerwährend gezeigt, wie sehr man sich abmühen muss, um Erfolg zu haben. Beim Wünschen ist es jedoch genau andersherum: Je ruhiger, lockerer und entspannter, desto besser. In unserem Inneren ruht die wahre Macht. Die Entspannung ermöglicht erst das freie Fließen der Imagination und der Gestaltung seiner geistigen Wunschbilder. Beim Träumen ist dies übrigens genauso: Ohne vollkommen entspannt zu sein, wäre es nicht möglich, zu träumen.

Ich empfehle Dir, lieber Leser, nicht zu viele Bücher hintereinander zu lesen. Befasse Dich zuerst mit EINEM Buch und verbringe die nächsten Wochen damit, Dich geistig mit dem Inhalt dieses Buches zu beschäftigen. Wenn Übungen im Buch enthalten sind, dann gehe sie alle geduldig nacheinander durch und lass Dir damit Zeit. Deine Aufmerksamkeit sollte nicht aufgrund zu vieler gelesener Bücher geteilt sein. Richte Deine Aufmerksamkeit nicht zu 25% auf vier verschiedene Bücher, sondern richte Deine Aufmerksamkeit zu 100% auf EIN Buch, auf EIN Thema, bis Du es komplett verarbeitet hast und Dein Kopf wieder frei ist für andere Dinge.

Die Frage, die man sich stellen sollte, lautet: Will ich mich weiterhin von den Umständen, die ich unbewusst erschaffen habe, beherrschen lassen? Es liegt an Dir, lieber Leser, ob Du die Umstände, in denen Du Dich derzeit befindest, als unveränderlich akzeptierst oder beginnst, sie dahingehend zu ändern, dass ideale Bedingungen für großartige Wunscherfolge durch das Gesetz der Anziehung vorherrschen. Willst Du von nun an Deine Realität bewusst erschaffen und die Umstände beherrschen? Vergleichen wir diese Angelegenheit z. B. mit Kampfkunst, so könnte man sagen, die richtigen Voraussetzungen wären Ausdauer, Muskelkraft, Koordination sowie Willenskraft. Und erst, wenn diese Voraussetzungen erfüllt wären, würde man die verschiedenen Griffe, Würfe und sonstigen Techniken lernen. Denn was nützt mir der beste Griff, wenn er aufgrund von zu wenig Kraft nicht gehalten werden kann? Was nützt die beste Wunschformulierung, wenn wir uns täglich mit disharmonischen Dingen aufladen, welche unser wahres, schier unerschöpfliches Potenzial blockieren? Erst gilt es die grundlegenden Dinge anzugehen, nämlich unsere Art zu leben zu ändern, sie in Idealform zu bringen – denn dann hält uns nichts mehr auf.

Checkliste:
Suche Dir einen positiven Ort der Ruhe fürs Wünschen, der Dir gut tut. Achte bei der Wahl Deiner Ernährung und des Entertainments immer vordringlich darauf, dass Du danach weiterhin einen gesunden Geist in einem gesunden Körper hast. Wähle eine Umgebung von gleichgesinnten, lebensfrohen und freudvollen Menschen. Lade Deine Zellen mit Energie auf, indem Du oft in die freie Natur gehst. Betrachte das Wünschen als ein Spiel, gehe es locker und gelassen an.

Wenn Du das Ziel nicht kennst, ist kein Weg der richtige.

17. Definiere Dein Ziel

(geschrieben von Goran Kikic)

Wenn man das Gesetz der Anziehung für die Erfüllung seiner Wünsche nutzen will, sollte man vorher natürlich ganz genau wissen, was man eigentlich will. Ohne ein Wunschziel kann man logischer Weise nicht erfolgreich wünschen. Es reicht nicht nur eine vage Vorstellung von dem, was man sich wünscht. Es reicht bei weitem nicht, wenn man sich wünscht: „Ich wünsche mir mehr Geld.“, „Ich wünsche mir mehr Freizeit.“ oder „Ich wünsche mir abzunehmen.“ Das ist nicht genug.

Sehen wir es mal so: Selbst der beste Kapitän der Welt wird mit seinem Schiff orientierungslos umherschiffen, wenn er nicht weiß, wohin er eigentlich will. Erst wenn er weiß, wo sein Zielhafen ist, kann er sich auf den Weg machen. Dasselbe gilt für uns Wünschende. Erst wenn wir zu 100% genau wissen, was wir wollen, kann unser Wunsch erfüllt werden. Mehr Geld kann auch bedeuten 1 Cent mehr. Mehr Freizeit könnte auch dadurch zustande kommen, dass man seine Arbeit verliert. Und abnehmen kann man auch nur einige wenige Pfund. Besser wäre es so: „Ich will mehr Geld haben, damit ich damit viermal im Monat in meinem Lieblingsrestaurant essen gehen, fünfmal im Monat ins Kino gehen und mir 200 Euro an die Seite legen kann.“ „Ich will mehr Freizeit und zwar so viel, dass ich zweimal die Woche jeweils 1,5 Stunden meinem Lieblingssport nachgehen kann, am Wochenende ausreichend Zeit für einen Besuch bei meinen Eltern habe und mindestens eine Stunde täglich an meinem neuen Buch schreiben kann.“ „Ich will zwischen 10 und 15 Pfund abnehmen.“ Je detaillierter und spezifischer die Vorstellung des Wunsches, desto stärker die Vorfreude. Und je stärker die Vorfreude, desto stärker die Schwingung des Wunsches. Und je stärker die Schwingung des Wunsches, desto schneller die physische Manifestation des Wunsches. Wer hingegen kein eindeutiges Ziel vor Augen hat, sollte sich nicht wundern, wenn er ganz woanders ankommt. Ziellos leben ist so, als würde man mit verbundenen Augen durch den Supermarkt gehen und seinen Einkaufswagen blind voll packen. Zielorientierte Menschen haben keine Augenbinde und einen präzisen Einkaufszettel. Sie wissen ganz genau, was sie wollen.

Es dürfen keine gegensätzlichen Wünsche in uns sein. Wünsche ich mir zum Beispiel eine Million Euro, halte reiche Menschen aber für „Charakterschweine", sind das zwei miteinander unvereinbare Schwingungen. Hier gilt es zunächst alle inneren Gegensätzlichkeiten und Widersprüche aufzulösen und den Wunsch klar zu definieren. Ich kenne viele Menschen, die gerne davon reden, dass sie gerne reich sein würden, aber gedanklich und emotional mit dieser Vorstellung überhaupt nicht klar kommen.

„Wenn Dir nur genug am Angestrebten liegt, wirst Du es erreichen. Willst Du reich werden, so wirst Du reich werden; wenn Du gelehrt werden willst, wirst Du gelehrt werden; willst Du ein guter Mensch werden, wirst Du auch einer. Nur musst Du das Angestrebte tatsächlich wollen. Du musst das, was Du willst, ausschließlich anstreben und darfst nicht gleichzeitig hundert andere Ziele verfolgen, die mit dem Hauptziel unvereinbar sind." (William James)

Wichtig hierbei ist es auch wirklich die eigenen Ziele zu verfolgen und nicht die, welche uns die Medien täglich einzuhämmern versuchen. Auch Gedanken wie „Was werden wohl meine Eltern, meine Freunde und meine Arbeitskollegen von mir halten, wenn ich mir dies und jenes wünsche und es in Erfüllung geht?" sind unangebracht. Es geht hierbei um DEINE Wunschvorstellungen, nicht um die Wunschvorstellungen Deiner Familie und Deiner Freunde. Was andere Menschen für eine Meinung über Deine Wünsche haben, kann Dir vollkommen gleichgültig sein. Lasse Dich beim Definieren Deiner Wünsche durch nichts beirren, auch nicht durch ablehnendes Verhalten Deines Umfeldes. Willst Du vielleicht 20% mehr Gehalt pro Monat? Wäre das für Dich okay? Ja? Gut. Wunderbar. Aber halt mal: Willst Du nicht lieber eine Million Euro auf dem Konto haben, statt läppische 20% mehr Gehalt monatlich? Überlege Dir genau, was Du willst. Denk nicht an Begrenzungen, gehe einfach davon aus, es gäbe keine Grenzen. Aber eine Million ist nicht möglich, denkst Du womöglich. Dann frage mal Bill Gates, Rockefeller,

Ralf Schumacher, Franz Beckenbauer, Angelina Jolie, Thomas Gottschalk, Sylvester Stallone usw. Die haben auch nur zwei Beine, zwei Arme und einen Kopf. Sie müssen genauso wie auch wir essen, trinken und schlafen, und ich glaube auch nicht, dass „Rambo & Co." Übermenschen oder überdurchschnittlich klüger sind als unsereiner. Aber womöglich haben sie eine weniger begrenzte Vorstellungskraft, was man schaffen kann und was nicht. Kein Wunsch ist zu vermessen, unwichtig oder unerreichbar. Wir leben in einem Universum, das unendlich und unerschöpflich ist. Einstein bezeichnete das gesamte Universum als einen Gedanken. Unser Universum beinhaltet Planeten, Sonnen, Sterne, Energien ungeahnten Ausmaßes, Leben in den verschiedensten Formen. Wenn all das möglich ist, wieso sollte ein glückliches Leben in Harmonie, mit viel Spaß, Freude und Wohlstand nicht zu erreichen sein? Finde nur heraus, was Du willst, frage Dich nicht, ob es möglich ist – ALLES ist möglich. Über das WIE brauchst Du Dir keine einzige Sekunde Gedanken zu machen. Ignoriere den heimlichen Kritiker in Deinem Bewusstsein, der versucht Deine Wunschvorstellungen zu zensieren. Je glücklicher Du bist, desto glücklicher ist das Universum.

In vielen Fällen taucht bei der Frage, was man sich wünscht, folgendes Problem auf: Viele Menschen wissen eher was sie nicht wollen und weniger, was sie wirklich wollen. Wir aber wollen wissen, was wir wollen. Wenn Du ganz genau weißt, was Du nicht willst und darüber eine Liste anfertigst, dann kannst Du anhand dieser Liste auch ermitteln, was Du willst. Wenn Du zum Beispiel auf keinen Fall krank sein willst, dann weißt Du, dass Du gesund sein willst. Wenn Du nicht hungrig sein willst, dann weißt Du, dass Du satt sein willst. Sehr hilfreich bei mir war die Frage: Was würdest Du tun, wenn Du nur noch eine Woche zu leben hättest? Du kannst auch den Wunsch „Ich will wissen, was ich will" absenden, so dass Du schon bald wissen wirst, was Deine wirklichen Wünsche sind.

Um ganz sicher zu gehen, ob es sich bei einem vorgenommenen Ziel wirklich um kein übernommenes Ziel aus den Medien oder von Deinen Freunden oder Bekannten handelt, sollte man die Absicht hinter dem Wunsch ergründen. Schreibe auf einen Zettel WAS DU WILLST und WARUM DU ES WILLST. Auf diese Weise ergründest Du, ob wirklich alle Persönlichkeitsanteile mit der Zielvorgabe einverstanden sind oder ob es nicht irgendwo doch Bedenken gibt. So kann es z.B. vorkommen, dass nach einer schmerzhaften Trennung von einem geliebten Partner ein Persönlichkeitsanteil in Dir das weniger gut verkraftet hat und aus Furcht vor neuem Schmerz denkt: „Nie wieder eine Beziehung".

Es sollte auch ganz klar Qualität vor Quantität gehen. Besser ist es, man hat drei Wünsche, die an Klarheit und Genauigkeit nicht zu übertreffen sind, als mehrere Wünsche, die eher vage sind. Viele Leute verzetteln sich und wünschen sich zu viel auf einmal. Darum ist es außerordentlich wichtig, man entscheidet sich zunächst mal für die drei wichtigsten Wünsche und wartet die Wunscherfüllungen ab.

Die wenigsten Menschen treffen wirkliche Entscheidungen im Leben, wie „Ich habe mich dazu entschieden, glücklich zu sein". Sie treffen in den meisten Fällen belanglose Entscheidungen wie „Ich fliege dieses Jahr in dieses oder jenes Land in Urlaub", "Ich sehe mir den und den Kinofilm an" oder „Ich gehe dieses Wochenende in dieses oder jene Bistro aus". Sie entscheiden nicht, wie ihr Urlaub, der Kinofilm oder ihr Wochenende verlaufen sollen – ob positiv oder negativ, ob harmonisch oder disharmonisch. Darum sollte die Reihenfolge bei der Wunschformulierung etwa so sein: Zuerst schreibe ich auf, wie ich mich fühlen will (glücklich, harmonisch, zufrieden, voller Freude), dann erst was ich haben will (Auto, Urlaub, Haus, Job, Gesundheit). Denn was nützt es, wenn ein Wunsch erfüllt wird, er einen aber nicht glücklich macht? Darum sollte man immer zuerst ausdrücklich hervorheben, WARUM man sich eine Sache unbedingt wünscht. Hinter jedem Wunsch muss die klare Absicht stehen, es muss geklärt sein, WARUM dieser spezielle Wunsch in Erfüllung gehen soll. Beispielsweise könnte ich mir mein Idealgewicht wünschen, damit ich endlich meine Wunschkleidung tragen kann (alle Wünsche haben eins gemeinsam: Sie sollen den Wünschenden glücklich machen).

Teile Deinen Wunsch keiner Menschenseele mit, behalte ihn für Dich, bewahre Deinen „Wunschzettel" an einem nur für Dich zugänglichen Platz auf. Geheimhaltung verschafft Dir mehr Freiraum und Du setzt Dich nicht der Gefahr aus, durch skeptische Reaktionen Deines Umfeldes unbewusst Deine eigene Schwingung zu senken. Und stehe zu 100% hinter Deinem Wunsch. Was Du Dir auch wünschst, tu es fest entschlossen. Als ich mich verliebte, da war ich fest entschlossen, meine Traumfrau zu erobern. Und zwar zu 100%, nicht halbherzig – ganz oder gar nicht, das war meine Devise. Ich lernte sie nachmittags kennen und abends schrieb ich ihr schon die erste Mail, in der ich ihr eröffnete, welch phänomenalen Eindruck sie auf mich gemacht hatte. Und mit derselben Entschlossenheit sollte man auch an seine Wünsche herangehen. Ich hielt damals inne und fragte mich: Okay, was WILL ich? Wonach schreit mein Innerstes? Was ist die Sehnsucht meines Herzens? Um meiner Träume willen WILL ich und MUSS ich glücklich sein, denn laut meiner Intuition ist es mein Geburtsrecht, und meine Intuition weiß immer, was gut für mich ist.

Wünsche mit dem Herzen und mit Begeisterung. Ohne Begeisterung ist in diesem Universum noch nie etwas Großes erschaffen worden. Begeistere Dich, indem Du Dir ganz genau vorstellst, was Du Dir wünschst – in allen Details, die Dich erfreuen.

"*Das Wichtigste im Leben ist zu wissen, was das Wichtigste ist.*" (Otto Milo)

Was die großen Lebensziele betrifft, frage Dich bitte Folgendes, lieber Leser: Was würde ich tun, wenn ich unermesslich viel Geld und Zeit zur Verfügung hätte? Ein bewusst lebender Mensch weiß das jetzt bereits. Spiele alles in Gedanken durch und ebenso wie ein Autofahrer die Straße ganz fest im Blick behält, behältst Du in der Zwischenzeit Dein klar umrissenes Ziel immer klar und deutlich vor Deinem geistigen Auge. Befasse Dich gedanklich so oft wie möglich mit Deinem Ziel / Wunsch, ohne ein Mangelgefühl dabei zu entwickeln.

„Nur wer sein Ziel deutlich sieht, kann den Weg bestimmen, der ihn dorthin führt." (Wolfgang Zielke)

„Zielklarheit - das ist 80 Prozent des Erfolgs." (Brian Tracy)

„Nur wer das Ziel kennt, wird treffen." (Sprichwort aus Griechenland)

Checkliste:
Überlege Dir ganz genau, wie und was Du sein, tun und haben willst.
Deine Wünsche müssen aus dem Herzen kommen (mit vieeeeel Gefühl)
Je konkreter die Wunschformulierung, desto konkreter das Resultat.
Wenn Du weißt, was Du nicht willst, kannst Du davon ableiten, was Du willst.
Prüfe ob alle Deine Persönlichkeitsanteile einverstanden sind mit Deinem Wunsch
Verzettele Dich nicht. Lieber drei klar definierte Wünsche, als zu viele Wünsche, die Deine Konzentration zu sehr teilen.
Formuliere stets, wie Du Dich fühlen willst, wenn Dein Wunsch erfüllt ist.
Stehe zu 100% hinter Deinem Wunsch

Die Macht der Worte

18. Wähle die richtige Formulierung

(geschrieben von Goran Kikic)

Ich muss zunächst einmal genau aufschreiben, WAS ich genau will. Das Aufschreiben halte ich für sehr wichtig, da es sich dabei um eine materielle Handlung handelt. Ich konzentriere mich beim Aufschreiben doppelt so stark auf meinen Wunsch, da ich ihn nicht nur denke, sondern ihn denke UND gleichzeitig aufschreibe. Worte sind Hüllen für geistige Gehalte. Wenn sie mit der entsprechenden Emotion niedergeschrieben werden, sind sie sehr machtvoll. Ich investiere somit mehr geistige Energie in meinen Wunsch. Meiner Erfahrung nach sollte die Wunsch-

Formulierung nicht zu lang und allgemein ausfallen, sondern kurz und klar sein. In der Kürze liegt die Würze. Wenn ich mir bei einem Versandhaus etwas bestelle, dann bestelle ich klipp und klar, was ich haben will. Ich bestelle nicht irgendeine Videokamera, sondern die Kamera XY von der Marke YZ, mit dem entsprechenden Zoom, mit eingebautem Bildstabilisator, Stativ, Nachvertonungsfunktionen, usw. Je detaillierter ich auf meinen Wunsch eingehe, desto klarer wird meine Vorstellung. Je klarer meine Vorstellung wird, desto länger kann ich bei meinem geistigen Wunschbild verweilen. Je länger ich bei meinem geistigen Wunschbild verweilen kann, desto intensiver und stärker wird mein Wunsch. Je intensiver und stärker mein Wunsch wird, desto leichter fällt es mir, meine Aufmerksamkeit auf ihn zu richten und desto schneller manifestiert er sich in meinem Leben.

Die Wunsch-Formulierung sollte immer positiv sein. Wünsche ich mir keine Krankheit, so bringt es nichts, wenn ich meinen Wunsch so formuliere: „Ich will nicht krank sein." Diese Formulierung hat genau die gegenteilige Wirkung, da ich durch sie meine Aufmerksamkeit auf die Krankheit richte und bewirke, dass ich sie in mein Leben ziehe. Das wäre genau das Gegenteil von dem, was ich eigentlich will. Will ich also nicht krank sein, wähle ich z. B. die Formulierung „Ich wünsche mir Gesundheit".

Gewisse Wunschformulierungen können sich schädlich auswirken. Würde ich beispielsweise sagen „Ich bin gesund", liege aber gerade sterbenskrank im Krankenhaus auf der Intensivstation, wäre das absolut kontraproduktiv. Mein Verstand, der große Kritiker, würde sofort lautstark „Einspruch" rufen und mich darauf hinweisen, dass diese Aussage schlicht und ergreifend falsch ist. Man muss also Formulierungen wählen, die keinen „Einspruch" seitens des Verstandes herausfordern.

Hier einige Beispiele:

Ich habe beschlossen/Ich habe mich entschieden…
Ich empfinde es als wohltuend, wenn…
Ich bin auf dem besten Wege…
Wäre es nicht schön, wenn…

Es ist schön zu wissen, dass ich bald...
Mir gefällt die Vorstellung...
In der Zukunft sehe ich mich als...
Ich wäre sehr glücklich, wenn...
Ich liebe es, wenn...

Zum Schluss ergänzt man die Wunschformulierung noch mit den Worten:

„...und fühle mich glücklich (alternativ: gesund, dankbar, fröhlich, freudvoll) dabei."

Einer meiner Favoriten ist „Ich habe beschlossen / entschieden ...", weil hier eine klare Entscheidung getroffen wird und dies somit den festen Entschluss hervorhebt. Wähle ich die Formulierung „Ich wünsche mir...", kommt zum Schluss noch der Zusatz „...auf die für mich perfekte Weise.".

Ein ganz wichtiger Punkt steht noch aus, den die Meisten übersehen: Wenn ich mir etwas wünsche, nehme ich weder die demutsvolle Bittstellung, noch die befehlerische Kommandohaltung ein. Wenn ich um etwas voller Demut bitte oder etwas streng fordere, kann ich nicht glücklich sein - das ist schon ein Widerspruch in sich selbst. Ich stelle mir vor, ich spreche mit einem guten Kumpel, den ich gerade um einen Gefallen bitte, von dem ich ganz genau weiß, dass er ihn mir erweisen wird. Im Grunde spreche ich ja mit mir selbst, da mein Unterbewusstsein und ich EINS sind (manche Autoren sprechen lieber vom höheren Selbst oder dem inneren Wesen – wie man es nennt, ist für mich irrelevant).

Manche Leute wollen alles absolut perfekt machen und bringen alles Mögliche in ihre Wunschformulierung unter, um ganz sicherzugehen, was aber meistens dazu führt, dass man sich verzettelt. *„Perfektion bedeutet Lähmung!" (Winston Churchill)*

Ich hatte mir im Hinblick auf eine glückliche Partnerschaft Folgendes gewünscht:

„Ich wünsche mir den Partner, der am Besten zu mir passt, der mich liebt, den ich liebe und mit dem ich glücklich bin."
Eine alte, indische Weisheit besagt, dass man nur wenige Worte braucht, um verstanden zu werden. Benutzt man viele Worte, bewirkt dies nur das Gegenteil, nämlich dass man nicht verstanden wird. Nach dieser Prämisse gestalte ich meine Wunschformulierungen. Ich habe nicht aufgeschrieben, wie groß meine Partnerin sein soll, wie alt und welche Haarfarbe sie haben sollte. Auch nicht welchen Beruf sie ausüben oder welchen Hobbys sie nachgehen sollte. All das ist relativ unwichtig verglichen mit der Formulierung, dass sie zu mir passen, wir uns lieben und glücklich sein sollen, da diese drei Dinge ALLES beinhalten. Ich wusste: Mein Unterbewusstsein weiß ganz genau, welcher Partner für mich der Beste ist. Obwohl die Formulierung sehr knapp ausgefallen ist, war sie in den <u>wesentlichen</u> Punkten sehr genau. Ich schreibe auf meine Wunschliste zum Schluss auch immer auf, wie ich mich bei meinem Unterbewusstsein bedanken werde, wenn sich mein Wunsch erfüllt hat. Das lässt bei mir das Gefühl der Vorfreude erheblich steigen.

<u>Checkliste:</u>
Schreibe konkret auf, WAS Du Dir wünschst. Nie das, was Du nicht willst.
Formuliere immer positiv.
Formuliere Deine Wünsche so, dass sich ein Wohlgefühl in Dir bildet
Schreibe immer dazu, dass Du Dich nach der Wunscherfüllung glücklich fühlst.
Beschränke Dich auf die wesentlichen Aspekte Deines Wunsches.
Vertrau dem Gesetz der Anziehung. Es ist sein Job, Deine Wünsche zu erfüllen.

Phantasie ist wichtiger als Wissen, denn Wissen ist begrenzt.

19. Erlebe Deinen Wunsch
(geschrieben von Goran Kikic)

Jeder Wunsch besteht aus Inhalt und Absicht (WAS WILL ICH UND WARUM), Intensität (stark und intensiv wünschen) sowie Gefühlen (mit dem Herzen wünschen). Immer wenn wir neue Ziele und neue Wünsche entwickeln, WOLLEN diese erlebt werden, sonst hätte man diese Wünsche gar nicht.

Du kennst doch das Gefühl, wenn Du etwas erwartest und ganz sicher davon überzeugt bist, dass es auch passiert (z.B. dass morgens die Sonne aufgeht, da sind 0 % Zweifel enthalten). Es gilt genau diese mächtige Vorstellungskraft, vollkommen frei von Zweifeln, bewusst einzusetzen. Wenn ich mir was wünsche, egal was, dann stelle ich mir nicht vor, dass der Wunsch irgendwann einmal in Erfüllung gehen wird – nein, ich stelle mir vor, der Wunsch sei bereits in Erfüllung gegangen. Ich erlebe meinen Wunsch! Geistig gehört er schon längst zu mir. Ich stelle mir das, was ich mir gewünscht habe, bildlich vor – mit allen Details, mit allen Einzelheiten und was ich mit meinem erfüllten Wunsch anfangen würde, wenn er JETZT schon erfüllt wäre, ich male mir das gedanklich aus. Dadurch erreiche ich, dass ich exakt auf derselben Frequenz schwinge wie mein Wunschobjekt, welches von mir angezogen wird. Ich stelle mir vor, es sei schon da. Ich umarme meinen Wunsch in meiner Phantasie. Wenn es sich um ein Haus handelt, stelle ich mir vor, ich gehe gerade durch alle Zimmer. Wenn es sich um ein Auto handelt, stelle ich mir während einer Autofahrt in meinem derzeitigen Wagen vor, es sei bereits mein neues Wunschauto. Es ist schon da, ich benutze es, ich fühle es, ich genieße es, ich E – R – L – E – B - E mein Auto mit Haut und Haaren, mit all meinen Sinnen, mit jeder Faser und Zelle meines Körpers. Ich tauche ein in diese wunderschöne Vorstellung, ich bade in diesen herrlichen Gefühlen, ich schwinge immer höher, ich setze alle meine Sinnesorgane ein, um meinen Wunsch zu sehen, zu hören, zu riechen (Phantasie ist meistens bildlich, muss es aber nicht immer sein).

Ich gehe so weit, dass die Vorstellung meine Realität, meine Wirklichkeit wird! Verwandle das Wünschen in den festen Glauben, dass Dein Wünschen bereits jetzt erfüllt ist.

„Du musst schon da sein, bevor Du angekommen bist." (Richard Bach)

„Glaube an das, was noch nicht ist, damit es werde." (Sprichwort)

Und je optimistischer, freudiger und zuversichtlicher ich dabei bin, desto eher wird sich mein Wunsch in der physischen Welt manifestieren. HABEN (in der Außenwelt) „bekommt" man am einfachsten durch HABEN (in der Phantasie). Da das Unterbewusstsein nicht zwischen realen und vorgestellten Szenarien unterscheidet, indoktriniert man sich auf diese Weise so, dass man das neue Auto, die Villa, den gewünschten Partner, viel Geld usw. nicht mehr für unrealistisch, sondern für realistisch hält. Und dabei achtest Du immer auf Deine Gefühle. Du weißt doch noch: Was sich gut anfühlt, das ist gut – und was sich schlecht anfühlt, ist schlecht. Wenn Du Dich also bei einer Methode schlecht fühlst, brich sie ab und warte erstmal, bis Du Dich wieder gut fühlst bzw. tu etwas dafür, um Dich wieder gut zu fühlen.

Wir müssen schwingungsmäßig natürlich dort bleiben, von wo aus wir unseren Wunschbumerang abgeworfen haben, um unsere Wunscherfüllung auch entgegen zu nehmen, wenn sie ankommt. Wir müssen also die zuversichtliche, freudige und glückliche Einstellung bzw. Schwingung aufrechterhalten. Ich habe mir mittlerweile die Einstellung angeeignet, mich so sehr auf meine Imaginationen zu freuen wie auf ein köstliches Essen, einen guten Film oder etwas Vergleichbares. Stell Dir vor Du bestellst im Internet etwas, worauf Du Dich besonders freust. In dem Moment, in dem Du den „Bestell-Button" aktivierst, steigt schon ein Gefühl der Vorfreude in Dir auf. In diesem Augenblick weißt Du, dass die Sache ins Rollen gebracht ist und Du Dich nur noch zurücklehnen und abwarten musst. Genau dieses Gefühl habe ich beim Imaginieren – ich denke daran, dass ich mir gerade etwas bestelle, was mich glücklich macht.

Richte Deine Aufmerksamkeit aber auch wirklich auf Deinen Wunsch, nicht auf den Mangelzustand. Achte dabei auf Deine Gefühle, denn wenn Du es richtig machst und Dir vorstellst, Dein Wunsch sei bereits erfüllt, wirst Du ein unbeschreibliches Gefühl der Freude empfinden. Wir sollten uns wirklich happy fühlen, wenn wir uns etwas wünschen, was wir haben wollen. Wenn Du Dich dabei nervös oder sorgenvoll fühlst, ist Deine Aufmerksamkeit auf den Mangelzustand ausgerichtet, und somit ist das kein Wunsch. Es verhindert die ersehnte Wunscherfüllung. Wenn wir zu viel unserer Energie auf die Dinge richten, die wir nicht wollen (dann fühlst Du Dich schlecht), fehlt uns diese für die Manifestationen, die wir uns wünschen. Die Energie, welche wir auf die unerwünschten Dinge fokussiert haben, halten uns in einer Wirklichkeit fest, die wir nicht wollen. Daraus gilt es sich zu befreien. Wenn Du Dir Deine Wünsche betrachtest, dann also aus einem Gefühl der Vorfreude heraus. Betrachte Dir Deine Wünsche und Träume nicht aus dem Gefühl des Mangels heraus. Denke ich an den Mangel, so ziehe ich nur noch mehr Mangel an. Denke ich hingegen voller Vorfreude an meine Wunscherfüllung, ziehe ich noch mehr Freude in mein Leben und sorge dafür, dass mein Wunsch schnell in Erfüllung geht. Je mehr ich aus reiner Freude wünsche, desto sicherer und schneller kommt es zur Erfüllung meines Wunsches. Wenn Du Deinen Wunsch erwartest, so selbstverständlich und bar jeglichen Zweifels wie Du in einem McDonalds-Restaurant Hamburger und Cheeseburger erwartest, dann wird das Gewünschte eintreten.

Suggeriere Dir, dass Dein Wunschobjekt ganz selbstverständlich zu Dir gehört. Mache keine große Sache daraus – Du willst es, also steht es Dir zu, so simpel ist das. Du hast einen Anspruch darauf! Vergiss hierbei den Verstand, denn er versucht Dir Dein Leben lang einzureden, dass Deine Macht eingeschränkt ist und eine Sache unrealistisch ist. Der Verstand ist beim Wünschen hinderlich, also schalt ihn ab und höre auf Dein Herz (auf Dein Bauchgefühl). Kürzlich erst hatte ich tagein und tagaus imaginiert, wie das Geld mir zuströmt. Ich setzte voraus, dass mein Wunsch in Erfüllung geht. In der gleichen Zeit hatte ich einen Rechtsstreit mit einer Firma, welche mir noch Geld schuldete. Ich schrieb ihnen, dass ich vor Gericht gehen werde, falls ich mein Geld nicht innerhalb einer bestimmten Frist erhalte. Was geschah? Ich bekam einen viel höheren Geldbetrag überwiesen, als ich gefordert hatte. Wenn mich meine Erfahrung mit dem Gesetz der Anziehung ein gelehrt hat, dann, dass man sich zu 100% darauf verlassen kann. Das zweite Beispiel verdeutlicht das Ganze: Meine Mutter wollte ihren Keller entrümpeln und bat mich, den Sperrmüll zu benachrichtigen und am Tag der Abholung ihre alten Antikmöbel alle aus dem Keller heraus zu tragen. Ich hatte nicht viel Zeit, also überlegte ich, ob ich nicht jemanden finden könnte, der diese Arbeit für mich erledigen könnte. Zudem dachte ich, dass die alten Antikmöbel meiner Mutter zu schade sind, sie einfach dem Sperrmüll zu übergeben. Ich imaginierte also, dass die Möbel verkauft werden. Einer meiner Mieter erfuhr von meiner Mutter, dass sie alte Möbel los werden wolle und erinnerte sich daran, dass einer seiner polnischen Kollegen einen Laden in Polen hat, in dem er gebrauchte Möbel verkauft. Zwei Tage später lernte ich den in Rede stehenden Mann aus Polen kennen und wir wurden uns handelseinig. Er kam einige Tage später vorbei, bezahlte die Möbel und trug mit zwei Helfern die Sachen aus dem Keller. So gefällt mir das Gesetz der Anziehung.

Der Fokus sollte nicht zu sehr auf den IST-Zustand ruhen, sondern viel mehr darauf, wie es in Zukunft sein soll:-) Also weg mit dem Fokus vom IST-Zustand. Richte die Aufmerksamkeit auf den „Wie ich es mir wünsche-Zustand“, den Du in ein paar Wochen oder Monaten gerne haben WILLST! Denn nur das zählt - was man will, was man sich wirklich mit Haut und Haaren wünscht, denn wenn sich Dein Wunsch in Deiner Phantasie bereits erfüllt hat, wirst Du eine sehr hohe Schwingung entwickeln. Da Energie der Aufmerksamkeit folgt, sollte man sich vornehmlich auf die WÜNSCH-Zustände konzentrieren. Dann kommen Gedanken auf wie: "Aaaach, ist das schöööööön. Ja, so gefällt mir das. ICH entscheide JETZT, was nächste Woche kommt. Bin ich also jetzt gerade im Pech, dann habe ich das meinem Denken in der Vergangenheit zu verdanken. Schwamm drüber - warum jetzt noch darüber grübeln und grübeln, das bringt mich nur in einen Teufelskreislauf. Das GESTERN ist vorbei, jetzt konzentriere ich mich auf das HEUTE!!! Also, wie hätte ich es denn JETZT gerne? Dann lege ich mal los, damit ich durch das Erleben des heutigen Glücks in Zukunft nur noch lächele und ein Dauergrinsen vor lauter Freude haben, so breit, dass ich meine Ohren verschlucke."

Und siehe da, man ist so voller Tatendrang, dass man plötzlich gar nicht anders kann, als voller Freude seinen Imaginationen nachzugehen. Denn diese Übungen des Imaginierens, so verinnerlicht man sich, sorgen ja dafür, dass morgen im Leben die Sonne scheint.

Wichtig ist auch: Versuche nichts zu erzwingen. Je mehr Du etwas zu erzwingen versuchst, desto mehr entfernt es sich von Dir. Versuchst Du die Liebe eines Menschen zu erzwingen, desto mehr wird sich dieser Mensch von Dir entfernen. Je mehr Du von Deinem Vorgesetzten eine Beförderung zu erzwingen versuchst, desto kleiner die Wahrscheinlichkeit, tatsächlich befördert zu werden. Versuche ich abends im Bett den Schlaf zu erzwingen, so klappt das nicht. Entspanne ich mich aber einfach und lasse mich fallen, schlafe ich bald ein. Und je mehr Du versuchst eine Wunscherfüllung zu erzwingen, desto eher geht dieser Wunsch NICHT in Erfüllung. Erst wenn Du den Wunsch los lässt und OHNE die Wunscherfüllung glücklich, locker und entspannt bist, kann der Wunsch in Erfüllung gehen. Ich persönlich imaginiere täglich und sehe in meiner Phantasie bereits den erfüllten Wunsch, dabei habe ich den Wunsch los gelassen und gehe ganz in meinem Glücksempfinden auf. Je nach Deinem Gefühl musst Du selbst entscheiden, ob Du Deinen Wunsch nur einmal imaginierst und ihn dann los lässt, oder ob Du ihn, so wie ich, lieber täglich imaginierst. Ich habe übrigens mit beiden Methoden gute Erfahrungen gemacht. Wenn der Wunsch aus dem Herzen kommt und in der Folgezeit keine Zweifel aufkommen, reicht eine einzige Wunschbestellung. Zudem läufst Du weniger Gefahr, Dich unfreiwillig auf den Mangelzustand auszurichten und damit die eigene Wunschbestellung zu sabotieren. Dies sagt aber nichts über die Methode aus, sondern lediglich darüber, inwieweit Du schon in der Lage bist, Deinen Fokus bewusst zu lenken (auf das Mangelgefühl oder auf die Freude, die beim Imaginieren entsteht). Imaginierst Du nämlich einen Wunsch mehrmals (aus reiner Freude), wirkst Du negativen Alltagseinflüssen (Gespräche mit Zweiflern, Wissenschaftssendungen, die das Gesetz der Anziehung bestreiten usw.) entgegen, die Deine erste Imagination bzw. Deine erste Wunschbestellung ins Wanken bringen können. Mit etwas Übung kann jeder aus reiner Freude imaginieren, mit der Fähigkeit den Wunsch loszulassen, ohne daran zu denken, dass der Wunsch sich noch nicht physisch manifestiert hat. Ob man den Wunsch immer und immer wieder imaginiert und los sendet, bleibt also jedem selbst überlassen.

Ich ERWARTE bei jeglicher Wunscherfüllung ausschließlich das BESTE! Alles, was darunter liegt, hat in meinem Leben nichts verloren. Und wenn es mal nicht auf Anhieb klappt, bin ich total verdutzt und perplex und denke HEY, WAS SOLL DAS????????

<u>Checkliste:</u>
Erwarte glücklich und erfolgreich zu sein.
Tagträume, wie sich Dein Wunschobjekt anfühlt.
Fühle Dich so, wie wenn Du Dich fühlen würdest, wenn Dein Wunsch erfüllt wäre.
GLAUBE an die Erfüllung Deines Wunsches, ERWARTE die Erfüllung Deines Wunsches.
Empfinde Vorfreude beim Wünschen.
Realisiere Deinen Wunsch innerlich. Die Folge davon ist die äußerliche Manifestation

Beobachten, deuten, handeln!

20. Erkenne die Hinweise

(geschrieben von Goran Kikic)

Nachdem ich meinen Wunsch losgeschickt habe, kann es sein, dass ich schon bald einen Hinweis erhalte, wann und wo sich mein Wunsch manifestiert, so dass ich zur richtigen Zeit am richtigen Ort sein kann. Solche Hinweise können in Eingebungen, einer Fernseh - oder Radiosendung, einem Lied, Büchern, Gesprächen mit seinen Mitmenschen oder ganz woanders enthalten sein. Meist erhalte ich von meiner Intuition ein untrügliches Gefühl, so dass ich etwas Gesagtes oder Geschriebenes als Wegweiser zu meiner Wunscherfüllung erkenne.

„Überall geht ein frühes Ahnen dem späteren Wissen voraus.“ (Alexander von Humboldt)

Man muss die „Zeichen“ richtig deuten und seine Wunscherfüllung erkennen. Vor kurzem wünschte ich mir ein neues Badezimmer. Und kurz darauf kam es in meinem alten Badezimmer zu einem Wasserrohrbruch. Die Firma, die ich anrief, musste den kompletten Fußboden im Badezimmer aufreißen und die Wände zum Teil auch. Ich erkannte zunächst die Zusammenhänge nicht und fragte mich, wieso mir das bloß widerfuhr. An den Wunsch bezüglich eines neuen Badezimmers dachte ich zu dieser Zeit gar nicht mehr, da ich zu sehr beschäftigt war. Tja, was soll ich sagen, lieber Leser? Zum Schluss finanzierte mir die Versicherung ein komplettes Badezimmer. Kurz danach dachte ich: „Hmm, der Parkettboden in der Diele und in der Küche müsste auch mal wieder geschliffen werden. Wäre es nicht schön, wenn das jemand kostenlos für mich macht?!“ Und auch in diesem Fall ließ die Wunscherfüllung nicht lange auf sich warten. Tage später stellte ich nämlich fest, dass durch den Wasserrohrbruch die besagten Parkettböden leicht angestiegen waren, so dass ich nun Probleme hatte, die Badezimmer- und Küchentüre zu schließen. Wieder sprang die Versicherung ein. Die Parkettböden wurden geschliffen und ich dachte an eine Namensänderung zu Gustav Gans nach. Die Erfüllung kommt oft von unerwarteten Stellen.

Manchmal kann es vorkommen, dass der Wunsch nicht zu 100% in Erfüllung geht, sondern nur ein Teil des Wunsches. Darüber solltest Du Dich nicht aufregen, denn in so einem Fall sehen wir, dass wir auf dem richtigen Weg sind. Da wir immer ganz genau das bekommen, was wir als Wunsch losgeschickt haben, kann die teilweise Erfüllung nur etwas mit unserer Schwingung (Ausrichtung auf den Mangelzustand, disharmonische Gefühle ...) zu tun haben. Also auf ein Neues.

Werde aktiv

Es kann, wie im vorliegenden Fall mit dem Badezimmer, tatsächlich passieren, dass man sich einfach etwas wünscht, bequem daheim im Sessel sitzt und der Wunsch sich daraufhin bald erfüllt. Im Regelfall erfordert die Wunscherfüllung aber auch unser Zutun, so dass die Wunscherfüllung noch schneller vonstatten geht. Mit unserem Zutun meine ich nicht nur das Imaginieren, sondern eben auch, dass wir aktiv werden. Trotz meines Wunsches nach meiner Traumpartnerin hätte ich womöglich niemals meine jetzige Lebenspartnerin kennen gelernt, wäre ich nicht zum Kampfkunsttraining gegangen. Ich hätte vielleicht niemals etwas vom Gesetz der Anziehung erfahren, hätte ich mir nicht Bücher über das positive Denken bestellt. Es ist einfach ungeheuer wichtig, aktiv zu werden, das Haus zu verlassen, mit seinen Mitmenschen zu kommunizieren und die Augen und Ohren offen zu halten, ganz locker und unverkrampft. Achte auch hierbei darauf, dass jedwede Handlung aus reiner Freude erfolgt und sich in Einklang mit Deiner Intuition befindet. Hinweise zeigen uns den Weg, aber gehen müssen wir ihn selbst. Hinweise sagen uns, wo unsere Wunscherfüllung auf uns wartet, aber zugreifen müssen wir auch selbst.

<u>Checkliste:</u>
Achte auf Hinweise, die Dich zu Deinem manifestierten Wunsch lotsen. Werde aktiv, nimm aktiv am Leben teil, sei empfangsbereit.

Lob, Anerkennung und Belohnungen sind das Gaspedal, übertriebene Kritik und Selbstvorwürfe sind die Bremse.

21. Belohne Dich selbst

(geschrieben von Goran Kikic)

Lieber Leser, ich habe es mir zur Angewohnheit gemacht, mich für jeden Erfolg zu belohnen. Was ist aber ein Erfolg? Ein Erfolg ist für mich nicht nur ein in meinen Augen beachtlicher Wunscherfolg, den ich bewusst herbeigeführt habe, sondern auch, wenn sich Situationen voller Freude und Glück ergeben, die ich unbewusst durch meine liebevolle Schwingung angezogen habe. Alles, was mich glücklich macht, ist ein Erfolg!!! Die Belohnung sollte stets etwas sein, was Dir Spaß und Freude bereitet. Damit erkennst Du Deine Erfolge an, stellst sie in den Mittelpunkt und nimmst sie wichtig. Das Bewusstsein der Anerkennung durch Dich selbst sorgt automatisch für einen Anstieg Deiner Schwingung.

„Nicht bloß das Tun, nicht bloß die Tatsache der hinterlassenen Leistung gibt uns ein recht auf ehrende Anerkennung, sondern auch das Streben selbst, und gar besonders das unglückliche Streben, das gescheiterte, fruchtlose aber großmütige Wollen." (Heinrich Heine)

Du fragst Dich jetzt vielleicht, ob die Größe des Erfolgs darüber entscheidet, wie groß die Belohnung sein soll? Dazu höre einfach auf Deine Gefühle. Wenn Dich ein schönes, warmes Bad oder ein romantisches Essen bei Kerzenlicht mit Deinem Partner glücklich machen, dann reicht das vollkommen aus. Wenn Du aber eine Reise nach Hawaii oder auf die Bahamas für angemessener hältst, dann tue Dir kein Zwang an und verreise noch diese Woche. Ich persönlich mache oft einen Ausflug ins Grüne oder esse ein leckeres Eis in meinem Lieblings-Eiscafe. Wichtig ist dabei nur, dass Du Deinen Erfolg als solchen wahrnimmst, Dir selbst auf die Schulter klopfst und Dir anerkennend sagst, dass Du gerade eine ganz tolle Leistung abgeliefert hast. Solche Belohnungen, egal ob groß oder klein, sind sehr starke Motivationsfaktoren. Sie spornen uns an, sie erfüllen uns mit Mut und der Begeisterung, Erfolge immer wieder zu erleben, weil sie uns glücklich machen. Und so werden wir mit jeder Belohnung für unsere Erfolge unseren wirklich großen Lebenszielen immer näher und näher kommen, bis wir sie schließlich erreichen.

„Ich bin bis heute dem Mann noch nicht begegnet, wie berühmt er auch sein mochte, der nicht nach einer Anerkennung besser und einsatzfreudiger gearbeitet hatte als nach einem Tadel." (Charles M. Schwab)

„Durch Anerkennung und Aufmunterung kann man in einem Menschen die besten Kräfte mobilisieren." (Charles M. Schwab)

„Geist, Schönheit und Tapferkeit werden durch Anerkennung gesteigert und vervollkommnet und zeitigen dann bessere Wirkungen, als sie es von sich aus vermöchten.“ (*François Duc de La Rochefoucauld*)

Wenn ein Lehrer oder ein Trainer in einem Sportverein einen Schüler bzw. seine Mannschaft lobt, desto leistungsfähiger werden sie. Je öfter ich mich belohne und lobe, desto mehr lade ich mich mit Energie auf, mit der ich auch Durststrecken überwinde. Kritik sorgt für das Gegenteil, ob sie nun gut gemeint ist oder nicht. Ein kluger Lehrer bzw. Trainer kleidet deshalb seine (konstruktive) Kritik in schöne, lobende Worte („Das hast Du sehr gut gemacht. Was hältst Du davon, wenn man dies und jenes ändert? Dann wird es sicher noch besser.“). Auf diese Weise regt man den „Kritisierten“ an, sein Verhalten bezüglich einer bestimmten Sache zu bessern, so dass er die Kritik gar nicht als solche wahrnimmt.

Ich habe früher einmal die Woche einen Privatkurs für 3D-Animationen besucht, den ich zwar sehr lehrreich fand, aber der "Lehrer" war zum Einschlafen. Darum habe ich mir jedes Mal vorgenommen, dass ich nach dem Kurs in eine Buchhandlung gehe und mich selbst mit einem schönen Buch belohne, oder mir einen Film im Kino anschaue. Und plötzlich brachte ich unbewusst den langweiligen Kurs immer mit einer freudigen Belohnung in Verbindung. Und der Kurs war auf einmal viel schöner, denn die Vorfreude auf meine Belohnung wuchs und wuchs. Da der Kurs mir nun gefiel, lernte ich dadurch auch mit mehr Begeisterung, was sich positiv auf meine Lernerfolge auswirkte.

Belohne Dich bei jeder Gelegenheit, egal ob Du Deine Erfolge für groß oder klein hältst. Jeder Deiner Erfolge ist bedeutend und wichtig.

Checkliste:
Feiere jeden Wunscherfolg wie eine Hochzeit.
Ermuntere Dich mit kleinen Belohnungen, noch mehr Wunscherfolge zu erleben.
Lob Dich selbst offen und ehrlich.

22. Wünschen als reiner Selbstzweck

(geschrieben von Goran Kikic)

Das Wünschen ist nicht Mittel zum Zweck, nein, es ist reiner Selbstzweck. Die meisten Menschen gehen irrtümlicher Weise folgendermaßen ans Wünschen heran: Sie wünschen sich etwas und richten ihr Augenmerk auf die Außenwelt, in der Hoffnung, dass sich der Wunsch da draußen in der Außenwelt möglichst bald manifestiert. Nach dem Wünschen gehen sie wie gewohnt ihrem Alltag nach und achten kaum auf ihre Schwingung. Sie denken wie immer, sie fühlen wie immer, sie reden wie immer, sie handeln wie immer, sie leben wie immer. Das erinnert ein wenig an die Menschen, die sonntags in die Kirche gehen und beten, sich die restliche Zeit der Woche aber nicht bibeltreu verhalten. Die Leute vergessen dabei aber, dass die Außenwelt nur ein Spiegelbild unserer Innenwelt ist. Unsere Art zu leben, unser Denken, Reden und Handeln erschafft unsere Realität. Wenn ich vor einem Spiegel stehe und merke, dass meine Friseur nicht sitzt, dann will ich nicht dem Spiegelbild die Friseur ändern, sondern MIR selbst. Will ich eine Änderung in der Außenwelt (also in meinem Leben) herbeiführen, so muss ich zuerst mich selbst verändern. Will ich die äußeren Umstände verbessern, so muss ich zuerst meine gedankliche Innenwelt verbessern. Wie innen, so außen. Will ich Glück im Außen haben, so muss ich es zuerst im Inneren finden. Das Äußere ist das Spiegelbild des Inneren. Das Spiegelbild kann niemals zuerst etwas tun, sondern es macht lediglich das nach, was der Mensch VOR dem Spiegel vormacht. Will ich also, dass mein Spiegelbild zufrieden und glücklich lächelt, muss ich zuerst zufrieden und glücklich lächeln.

Wenn wir also etwas wünschen, dann sollten wir uns dabei JETZT auf die Innenwelt konzentrieren. Ich wünsche mir nicht Freude und Glück, wenn sich mein Wunsch nächste Woche, nächsten Monat oder wann auch immer manifestiert. Nein, ich will mich JETZT glücklich fühlen, JETZT, während meiner Imagination, während des Wünschens, in meiner Phantasie. Wünsche also nicht, um Dinge in der Außenwelt Wirklichkeit werden zu lassen – das ist der verkehrte Weg. Wünsche Dir etwas, weil es Dich glücklich macht, diesen Wunsch JETZT schon in Gedanken als verwirklicht zu erleben. Lass Deinen Wunsch bereits jetzt in Deiner Phantasie „ECHT“ werden. Dadurch strahlst Du grenzenloses Glück aus und ziehst grenzenloses Glück in Dein Leben. Wenn ich mich glücklich in meinem Inneren fühle, so habe ich das Glücksgefühl bereits erlebt. Im Grunde brauche ich die Manifestation in der Außenwelt dann gar nicht mehr, da hinter jedem Wunsch das Streben nach Glück steht. Und genau dann, wenn man gefühlsmäßig so glücklich ist, dass man die Manifestation in der Außenwelt gar nicht mehr braucht, den Wunsch also gedanklich losgelassen hat, wird sich der Wunsch manifestieren. Je glücklicher ich im Inneren bin, desto glücklicher werde ich in der Außenwelt sein. Durch das "(glücklich) **SEIN** (in der Phantasie)" kommen wir zum "**HABEN** (in der Außenwelt)". Ich **WERDE** in meinen Gedanken und meiner Phantasie zu meinem Wunsch (ein glücklicher Millionär, Porschebesitzer, Hawaii-Tourist, Hausbesitzer, in einer harmonischen Partnerschaft, voller Gesundheit usw.). Ich bekomme, was ich (in meiner Phantasie) BIN.

Das zeigt uns die Macht der Phantasie und dass die Phantasie WIRKLICHER und REALER ist, als die Manifestationen in der Außenwelt (der gewünschte Partner, Gesundheit, Geld, ein Auto, eine Reise), da sie durch die Phantasie und das dabei erlebte Glücksempfinden erst erschaffen werden bzw. aus der Phantasie in die Außenwelt materialisiert werden. Ich säe in meinem Inneren und ernte in der Außenwelt. Ohne etwas zu säen, kann ich auch nichts ernten. Im Vordergrund des Wünschens bzw. Imaginierens (oder Tagträumens) sollte immer das Glücksgefühl im Inneren sein, nicht der Wunsch nach der Manifestation des Wunsches in der Außenwelt. Das Wünschen ist somit reiner Selbstzweck, die Manifestationen in der Außenwelt sind das angenehme Nebenprodukt.

„Es soll nicht genügen, dass man Schritte tue, die einst zum Ziele führen, sondern jeder Schritt soll Ziel sein und als Schritt gelten.“ (Goethe)

Checkliste:
Das Ziel ist: Das Wünschen soll Dich während des Wünschens glücklich machen. Die Manifestationen in der Außenwelt sind das Nebenprodukt des inneren Glücks.

Gut Ding will Weile haben.

23. Renn Deinem Wunsch nicht hinterher

(geschrieben von Goran Kikic)

„Das Glück ist ein Schmetterling. Jag ihm nach und er entwischt Dir. Setz dich hin und er lässt sich auf Deiner Schulter nieder.“ (Anthony de Mello)

Stell Dir vor, lieber Leser, Du gehst in ein Modegeschäft und sagst dem Verkäufer, dass Du die schwarze Wildlederjacke kaufen willst, die im Schaufenster hängt. Du vergeudest keinen einzigen Gedanken daran, ob Du vielleicht unwürdig bist und der Verkäufer Dich einfach links liegen lässt. Und Du rennst dem Verkäufer auch nicht hinterher und kontrollierst ihn bei seiner Arbeit, weil Du ihm nicht vertraust. Du hast Deinen Wunsch dem Verkäufer unmissverständlich und präzise mitgeteilt, so dass Du Dich entspannt zurücklehnen kannst und darauf vertraust, dass der Verkäufer Dir die in Rede stehende Jacke holt. In der Zwischenzeit, damit die Warterei Dich nicht ungeduldig macht, machst Du etwas, was Dir Spaß bereitet – z. B. rufst Du einen Freund an. Wenn wir uns im wahren Leben etwas wünschen (oder bestellen), verhält es sich genauso: Du weißt, was Du willst. Du wünschst bzw. bestellst es Dir. Und dann widmest Du Dich den positiven Dingen im Leben, so dass Deine Schwingung im Bereich der Freude und des Glücks bleibt. Du rennst Deinem Wunsch nicht nach, indem Du ständig daran denkst, dass Dein Wunsch noch nicht erfüllt ist. Nein, ganz entspannt GENIESST Du Dein Leben, ohne Dir ständig den Kopf darüber zu zerbrechen, ob Dein Wunsch auch wirklich erfüllt wird, ob Du bei der Wunschformulierung etwas falsch gemacht hast oder ob das Gesetz der Anziehung bei Dir nicht funktioniert. Du GLAUBST an die Erfüllung Deines Wunsches, deshalb sorgst Du Dich nicht und lässt den Dingen freien Lauf. Lassen wir dem Wunsch Zeit sich in aller Ruhe zu entfalten und stören wir nicht den Entwicklungsprozess. Die Bestellung ist abgeschickt, also ist unser Teil der Arbeit getan. Erzeuge keinen Druck, denn Druck erzeugt bekanntlich immer Gegendruck. Deine perfekte Schwingung findest Du nur in der Ruhe. Wenn Du Deine zum Wunsch kompatible Schwingungsfrequenz finden willst, dann suche sie außerhalb von

Stress und Hektik. Kein Schiff kann seinen Kurs halten, wenn ein Sturm tobt, also beruhige Deine Gedanken, indem Du einen ruhigen Hafen ansteuerst. Siehe hierzu mal in die Tierwelt: Eine Schildkröte oder eine Schnecke lassen sich nicht hetzen und dennoch erreichen sie ihr Ziel. Und sobald Du Deinen Wunsch in Deiner Phantasie voller Glücksgefühle erlebt hast, lass ihn los. Bist Du fortgeschritten, kannst Du, wie bereits erwähnt, mehrmals täglich imaginieren, wie der erfüllte Wunsch sich in Deinem Inneren anfühlt. Wichtig ist dabei nur, dass Du Dich nicht auf die Abwesenheit des Wunsches konzentrierst.

"Werde ich das Ziel meiner Sehnsucht erreichen?" fragte ein Ehrgeiziger den pythischen Apoll und erhielt die Antwort: "Gewiss." - "Gewiss? O göttliche Verheißung!" rief der Ehrgeizige glückstrunken aus. "Meine Wünsche werden erfüllt - alle erfüllt?" - "Alle." - "Auch die kühnsten?" - "Auch die." - "Sei gepriesen, du Göttlicher, auch die! Und wann?" - "Sobald Dir an ihrer Erfüllung nichts mehr liegt." (Marie von Ebner-Eschenbach)

Lass dem Universum Zeit, Deinen Herzenswunsch zu erfüllen. Warte nicht voller Ungeduld darauf. Dein Wunsch wird genau dann in Erfüllung gehen, wenn es für Dich am Besten ist. Wenn es mal etwas länger dauert, dann fällt die Wunscherfüllung noch schöner aus, weil die Vorfreude wächst. Kommen Zweifel auf, ob der Wunsch sich überhaupt erfüllt, sage Dir „Es ist alles schon auf dem Weg zu mir!“.

Als ich damals pleite ging, da war ich ruhelos und angespannt, weil ich SOFORT eine Lösung, eine Neuorientierung haben wollte. Damit habe ich aber nur eins erreicht, nämlich mich selbst blockiert. Mein Vertrauen, dass mein Wunsch erfüllt wird, ist heute so groß, dass ich mir keinen Zeitdruck mache. Würde ich mir unnötig Zeitdruck machen, würde das Zweifel wecken, die meine Schwingung disharmonisch machen würden, was wiederum meine Wunscherfüllung blockieren würde. Nach meiner persönlichen Erfahrung kann eine Manifestation schon so gut wie abgeschlossen sein, bis sich das erste wahrnehmbare Zeichen in der Außenwelt bemerkbar macht, dass der Wunsch in Kürze erfüllt wird. Also nur nicht verrückt machen.

„Nur was langsam wächst, wächst gut.“ (asiatische Weisheit)

Gieße ich Wasser in den Wasserkocher und schalte diesen ein, weiß ich ganz genau, dass es nun eine bestimmte Zeit in Anspruch nehmen wird, bis der Kochvorgang abgeschlossen ist. Es würde mir herzlich wenig nützen, wenn ich anfange mit dem Wasserkocher rumzuschimpfen, er solle sich gefälligst beeilen. Dadurch würde der Kochvorgang nicht eine einzige Hundertstelsekunde beschleunigt werden. Stattdessen vertraue ich einfach darauf, dass der Wasserkocher seine Arbeit ordnungsgemäß erledigen wird und freue mich auf das Endresultat.
Wie lange ein Wunsch bis zu seiner Verwirklichung braucht, ist keine Frage von Zeit, sondern von der Intensität und der Qualität meiner Gedanken und Gefühle. Je klarer Du Deinen Wunsch definierst und je mehr Du ihn erwartest, desto schneller wird er in Dein Leben kommen. Früher rannte ich meinen Wünschen nach, aber sie waren schneller als ich, so dass ich sie nie einholte. Heute laufen mir meine Wünsche meistens nach und holen mich mühelos ein.

<u>Checkliste:</u>
Vertrau dem Gesetz der Anziehung.
Dein Wunsch wird sich genau zur richtigen Zeit erfüllen.
Setz Dich nicht unter Druck. Druck erzeugt Gegendruck.
Jede Wunscherfüllung beginnt mit einem kleinen Schritt. Gestehe ihr Zeit zu.
Lasse den Wunsch los, wenn Du Dich dann besser fühlst. Achte dabei auf Deine Gefühle.

Damit wir nicht den Überblick über die einzelnen Wunschschritte verlieren, folgt hier eine kurze Zusammenfassung:

- Wähle eine für Dich angenehme Umgebung, in der Du ungestört bist.
- Definiere klar, was Du Dir wünschst.
- Schreibe Deinen Wunsch auf und lies ihn laut vor.
- Schreib auf, wie Du Deine Wunscherfüllung feierst.

- Stell Dir vor, Dein Wunsch sei bereits erfüllt.
- Lebe Dein Leben weiter und konzentriere Dich dabei auf die positiven Dinge.
- Achte in den kommenden Wochen auf Hinweise, die auf Deine Wunscherfüllung hindeuten.
- Nimm Deinen Wunsch voller Freude an.
- Feiere Deine Wunscherfüllung.

Niemand meint es besser mit Dir, als Deine Intuition.

24. Vertraue Deiner Intuition

(geschrieben von Goran Kikic)

Seiner Intuition kann man vertrauen, seinen Sinnesorganen nicht, denn die lassen sich bisweilen täuschen. Darum sollte man Vertrauen zu seiner Intuition (seiner kleinen, inneren Stimme) aufbauen.

Unsere Gefühle sind unser Wegweiser

Jedes mal, wenn eine wichtige Entscheidung getroffen werden muss, achte auf Deine Gefühle. Das Gefühl ist die Sprache unseres Unterbewusstseins, mit dem es sich Dir mitteilt. Wenn du wissen willst, was in Bezug auf Deine Wünsche für dich richtig ist, dann achte darauf, wie Du Dich ***fühlst,*** denn es gibt keinen besseren Ratgeber als die eigenen Gefühle. Alle Fragen, die für uns relevant sind, können von unserer Intuition beantwortet werden. Es geht darum innezuhalten und seine Intuition wahrzunehmen. Achte auf Dein Bauchgefühl. Was sagt es Dir? Jedes schlechte Gefühl signalisiert uns, dass wir unsere Wunschmanifestationen gerade durch unangebrachte Gedanken blockieren. Jede sich gut anfühlende Emotion signalisiert uns, dass unsere Wunscherfüllung gerade in vollem Gang ist. Unsere Gefühle sind wie eine Art Thermometer, auf dem genau angezeigt wird, ob wir uns gedanklich und emotional gerade in einem förderlichen oder in einem schädlichen Bereich aufhalten.

Unser Unterbewusstsein ist eine Art Speicherzentrale ungeheurer Macht und eines unglaublich großen Wissens. Diese Speicherzentrale kann von uns „angerufen" werden – man muss nur wissen WIE. Dazu muss man lediglich tief in sich gehen, sich nur noch auf seine Atmung konzentrieren und dem Unterbewusstsein eine Frage stellen. Zu empfehlen wäre das abends, kurz vor dem Einschlafen, wenn das Bewusstsein schon halb schläft. Die Frage sollte aber vom Herzen gestellt werden, nicht vom kühlen Verstand, nur dann wird sie nämlich auch beantwortet. Der größte Feind der Intuition ist der Verstand, also sollten wir ihm in solchen Fällen nicht den größten Stellenwert geben. Auch sollte die Frage konkret formuliert sein, so dass man eine konkrete Antwort erhält. Man kann schließlich niemandem einen Vorwurf wegen ungenauer Antworten machen, wenn man selber ungenaue Fragen gestellt hat. Nachdem man seine Frage gestellt hat, sollte man die Frage los lassen und entspannt seinem Alltag nachgehen. Das Unterbewusstsein kann sich uns in Form von Gefühlen, Träumen und Eingebungen mitteilen, es ist unser Navigationssystem, welches uns immer den richtigen Weg weist.

"Wer nach außen schaut, träumt. Wer nach innen schaut, erwacht." (Carl Gustav Jung)

2008 war ich kurz davor ein großes Fitness-Studio zu übernehmen. Auf dem Papier sah alles gut aus, die verschiedenen Räumlichkeiten und Geräte waren in gepflegtem Zustand und das Publikum gefiel mir auch. Trotzdem warnte mich meine Intuition vor meinem Verhandlungspartner und davor, den Vertrag zu unterzeichnen. Ich wünschte mir ein Zeichen, wie ich nun in dieser Sache verfahren sollte. Tags darauf sah ich mir einen Fernsehfilm an, in dem ein Betrüger einer anderen Person ein Fitness-Studio vermitteln wollte. Der Betrüger im Film hatte den gleichen Nachnamen wie mein Verhandlungspartner, der auf meine Unterschrift drängte. Daraufhin ging ich mit den Bilanzen des Studios zu meinem Anwalt, der diese prüfen ließ. Es stellte sich heraus, dass die Zahlen nicht stimmten und dass das Studio keinen Gewinn abwarf.

Wir brauchen keinen Guru

Irgendwie scheint es ein Hobby der Menschheit zu sein, immer irgendwen anzubeten, zu vergöttern, zu verherrlichen. Erhebe ich aber jemanden zu etwas Wertvollerem als mich selbst, degradiere ich mich in diesem Moment. Je größer unser Idol, unser Vorbild oder unser Gott, desto kleiner und unbedeutender sind wir, die dieses Idol anpreisen. Man lässt sich von Idolen beeinflussen und erschafft seine Realität nicht mehr nach den eigenen Wünschen. So kann man nicht glücklich sein. Man sehnt sich nach vorbildlichen, positiven Werten (weil diese einen Menschen erst glücklich machen) und sucht diese verzweifelt in der Außenwelt. Früher vorwiegend in Göttern aller Art, heute in anderen Götter und Meistern, nämlich in Prominenten und spirituellen Lehrern aus den unterschiedlichsten Bereichen: in Schauspielern, Sängern, Moderatoren, Autoren, Sportlern, Komödianten, Gurus, dem Papst, dem Dalai Lama usw. Nach der hundertsten Enttäuschung (beachte das Wort: ENT – TÄUSCHUNG, also frei von Täuschung) stellt man schließlich ernüchtert fest, dass man in der Außenwelt niemals fündig werden kann, sondern nur in sich selbst. Im Übrigen hat die Beliebtheit eines „Stars“ oft etwas mit der Dummheit seiner Fans zu tun. Warum solltest Du den Ratschlag eines Menschen annehmen, dessen Lebensziele ganz anders sind als Deine? Das einzig Richtige ist es, wenn man sich selbst als sein eigenes Idol betrachtet. Wir brauchen keinen Lehrer, keinen Guru. Und Vorbilder sind nur insoweit interessant, dass sie uns zeigen, wie sie ihren eigenen Weg konsequent gegangen sind und sich nicht haben beirren lassen. Mitläufer gibt es unzählige auf der Welt, Vorläufer nur wenige. Jesus ist seinen Weg gegangen, Buddha ist seinen Weg gegangen, also geh Du Deinen Weg. Vertraue auf Dich selbst, höre auf Deine Intuition. Mach die Masse nicht nach, denn tun, was alle tun, ist so viel wert wie Sand in der Wüste.

„Wenn du einen Helden hast, schau noch einmal hin. Du hast dich irgendwie kleiner gemacht.“ (Sheldon B. Kopp)

Warum sollte beispielsweise ein Atom ein anderes Atom als etwas Besonderes ansehen, vor ihm auf die Knie fallen und um ein Autogramm bitten? Beide haben dieselbe Beschaffenheit und Macht. Preist man ein Idol an, hat man noch immer nicht seine eigene Größe entdeckt. Ein

„Fan" lebt sein Leben durch sein Idol, während ein bewusster Schöpfer sein Leben durch sich selbst lebt und Eigenverantwortung übernimmt, indem er für sich selbst entscheidet. Ebenso ist es auch mit politischen Ideologien. Bin ich mir meiner Persönlichkeit und meiner Größe bewusst, so brauche ich keine politischen Ideologien, hinter denen ich mich wie hinter einer Maske verstecke.

Anderen Leuten gefällt es nicht, wie Du Dein Leben lebst? Das kann Dir egal sein, das sollte Dir sogar egal sein. Sind Leute in der Außenwelt unser Maßstab? Natürlich nicht. Du wirst nicht glücklich sein, wenn Du etwas, was Du willst, anderen Menschen zuliebe nicht machst und umgekehrt. Du wirst erst dann glücklich sein, wenn Du Dir selbst gefällst und das kannst Du nur, wenn Du Deiner inneren Stimme folgst, die Dich so präzise wie ein modernes Navigationssystem ans Ziel führt. Und nicht vergessen: Selbst das weltbeste „Navigationssystem" kann uns nur dann helfen, wenn wir es auch einschalten und benutzen.

„Sobald Du Dir vertraust, sobald weißt Du zu leben." (Johann Wolfgang von Goethe)

„Was wirklich zählt, ist Intuition." (Albert Einstein)

Checkliste:
Höre auf Deine Intuition.
Schlechte Gedanken sind schlecht, gute Gedanken sind gut.
Wenn Du schlechte Gedanken fühlst, wende Dich guten Gedanken zu. Suche Lösungen nicht in der Außenwelt, suche sie stets in Dir.
Du brauchst keinen Lehrer in der Außenwelt.

In Deiner Phantasie bist Du allmächtig.

25. Die Macht der Phantasie

(geschrieben von Goran Kikic)

15 bis 20 Minuten bewusstes Wünschen täglich ist zwar nicht schlecht für den Anfang, aber man kann noch viel mehr tun. Unser Geist ist wie ein fruchtbarer Acker, auf dem man einfach ALLES anbauen kann. Es liegt an uns, ob wir Unkraut (negative Gedanken) oder Weizen (positive Gedanken) anbauen wollen. Es bringt aber herzlich wenig, wenn man täglich 15 Minuten Zeit für den Anbau von Weizen aufbringt, dafür aber mehrere Stunden pro Tag für den Anbau des Unkrauts verwendet (unbewusste, negative Gedanken und Gefühle, 72% unserer am Tag gedachten Gedanken, Aufnahme negativer Bilder durch die Medien). Vom Weizen wird man bei der Ernte von all dem Unkraut nicht besonders viel sehen können. Man sollte also, aufgrund der ohnehin begrenzten Zeit in unserer heutigen Leistungsgesellschaft, besonders im Alltag jede Gelegenheit für das Imaginieren und Visualisieren nutzen, denn das kann man tatsächlich jederzeit und überall (schließlich spielt sich alles in der Phantasie ab).

Gerade in Alltagssituationen vergessen die meisten Menschen, dass man diese
Zeit hervorragend fürs innerliche ERLEBEN ihrer Wünsche nutzen kann: Im Wartezimmer beim Arzt, während eines Staus, beim Essen zu Hause oder in einem
Restaurant.

„Vorstellungskraft ist wichtiger als Wissen, denn Wissen ist begrenzt.“ (Albert Einstein)

„Alles was Sie sich vorstellen können, können Sie erreichen.“ (Richard Bach)

„Was der Geist sich vorstellen, woran er glauben kann, das kann er auch verwirklichen.“ (Vincent Peale)

„Selbst der Fleißigste ist ohne Phantasie nichts.“ (Heinrich Schliemann)

Das Schöne an der Phantasie ist ja, dass sie uns erspart, alle Erfahrungen in der Außenwelt machen zu müssen. Wer seine Phantasie kontinuierlich einsetzt, kann alles in seiner Vorstellung durchspielen (z. B. wie er mit seinem Traumpartner glücklich im neuen Haus durch die große Empfangshalle geht) und dabei unverfälschte Gefühle empfinden. Ludwig Erhard sagte einmal: „Nichts ist so erfolgreich wie der Erfolg!“ Also imaginiere ich, dass ich in allen angestrebten Lebensbereichen erfolgreich bin. Treffe ich mich gleich mit einem wichtigen Geschäftskunden? Kein Problem. Ich imaginiere einfach, wie wir zu einem zufriedenstellenden Verhandlungsabschluss kommen, uns die Hände schütteln und dabei viel lachen. Ich mache es mir bei jedem Projekt zur Angewohnheit, meine Phantasie einzusetzen und mir den Erfolg meines Projekts bildlich vorzustellen. Das hat mir schon oft den gewünschten Erfolg gebracht. Geben wir uns selbst die Genehmigung, träumen zu dürfen, wie alles sein soll. In unseren Träumen ist nichts unmöglich, alles ist machbar.

Ich imaginiere so oft ich kann und bin recht gut darin. Vielleicht liegt es daran, dass ich viel zeichne und 3D-Animationen erstelle – dabei erschaffe ich auch aus dem Nichts heraus Bilder und virtuelle Welten. Jeder, der viel liest, schult auf diese Weise seine Vorstellungskraft (im Gegensatz zum Fernsehen, wo man nur passiv da sitzt und nur Beobachterstatus hat). Oft stelle ich mir ein Tier vor (visualisieren) und nehme in meiner Phantasie dann bestimmte Veränderungen an ihm vor. Zum Beispiel erhält ein Löwe in meiner Phantasie Hörner, Flügel und ein zusätzliches Bein (imaginieren).

Gliedere Deinen Tag

Da man während des Tages unterschiedliche Wünsche hat, sollte man diese auch jeden für sich definieren und aussenden. Bin ich gerade beim Arzt, wünsche ich mir angenehme Behandlungsmethoden und schnell an die Reihe zu kommen. Während der Arbeit wünsche ich mir gut gelaunte Mitarbeiter und Spaß bei der Arbeit. Gehe ich ins Kino, wünsche ich mir einen schönen Film und ein ruhiges Kinopublikum. Bin ich gerade mit dem Auto unterwegs, wünsche ich mir einen fließenden Verkehr und sicher an meinem Ziel anzukommen. Die Wünsche variieren also je nach Beschäftigung. Aus diesem Grund solltest Du bei jeder neuen Beschäftigung Deine Ziele klar definieren, sie imaginieren und los senden.

Checkliste:
Das Imaginieren sollte uns keine Mühe, sondern Spaß machen.
Nutze die verschiedensten Alltagssituationen, um Deine Wunschbilder zu imaginieren.

Eine Wahrheit, die auf Beweise angewiesen ist, ist nur noch eine halbe Wahrheit. (Khalil Gibran)

26. Wir müssen nichts beweisen

(geschrieben von Goran Kikic)

Obgleich das Gesetz der Anziehung so alt wie das Universum selbst ist, kennen es vielleicht gerade mal 2% der gesamten Menschheit. 98% der Menschheit haben nicht die blasseste Ahnung davon und glauben an den Zufall oder das alles bestimmende Schicksal, oder daran, dass es einen strengen Gott gibt, vor dem wir demutsvoll auf die Knie fallen müssen.

Somit wird jeder, der um das Gesetz der Anziehung weiß und es auch schon erfolgreich anwendet, in seinem Familien- sowie Freundeskreis immer wieder auf Skeptiker stoßen. Diese Skeptiker werden an der Gültigkeit dieses Gesetzes zweifeln. Warum das so ist, kann die verschiedensten Gründe haben: von allzu enger Wissenschaftsgläubigkeit bzw. Religionsgläubigkeit über absolute Mediengläubigkeit bis zur Angst vor etwas Neuem, Angst vor dem Verlust des bisherigen Weltbilds, Angst vor der Eigenverantwortung für unschöne Lebensumstände usw. – kurzum: aufgrund ihrer Resonanzfähigkeit sind sie derzeit noch nicht imstande, an das Gesetz der Anziehung zu glauben. Aber das WARUM kann uns vollkommen egal sein.

Auch ein guter Freund von mir war nicht in der Lage (war nicht resonanzfähig), an das Gesetz der Anziehung zu glauben. Ich habe ihm davon erzählt und oft hat er selbst miterlebt, wie meine Wünsche in Erfüllung gingen, aber stets musste der Zufall dafür herhalten, oder er unterstellte mir einfach nur „unverschämtes Glück“. Je mehr ich mich aber mit dem bewussten Wünschen auseinandersetzte, desto mehr „Glück“ schien ich zu haben. Lieber Leser, erinnerst Du Dich noch an das Beispiel mit dem Wasserrohrbruch, welcher mir zu einem nagelneuen Badezimmer verhalf? Mein skeptischer Freund, ein Verstandesmensch und guter Analytiker, beharrte darauf, dass ich das neue Badezimmer nicht deshalb erhielt, weil mein Wunsch aufgrund meiner bewusst eingesetzten Gedanken und Gefühle in Erfüllung gegangen war, sondern weil es „zufällig“ zu einem Wasserrohrbruch kam. AUTSCH! Verstehst Du nun, wieso man sich den Atem sparen kann?

Egal, wie groß meine Wunscherfolge waren, er konnte dennoch nicht an das Gesetz der Anziehung glauben. Und ich überlegte lange Zeit, wie ich es ihm beweisen kann, bezweifelte aber, dass ich es schaffen würde. Dadurch, dass es mich schon störte, ihm etwas beweisen zu müssen und ich auch nicht so recht daran glaubte, dass es mir gelingt, aktivierte ich damit eine Schwingung in mir, die meine Wunscherfüllung blockierte. Irgendwann ereilte mich die Erkenntnis, dass es sowieso nichts bringt meinem Freund die Existenz des Gesetzes der Anziehung zu beweisen, auch wenn ich mich sehr gefreut hätte, wenn auch er es für ein schöneres Leben genutzt hätte.

Ich persönlich habe irgendwann begriffen, dass es gar nicht darauf ankommt, jemandem etwas nahezubringen, wenn er dafür (noch) nicht empfänglich ist. Wenn jemand bereit ist dazu, gerne. Wenn nicht, wozu Zeit verschenken? Wäre so ein Mensch glücklicher, wenn ich ihm vor Augen führe, dass er für etwas nicht empfänglich ist, es aber trotzdem der Wahrheit entspricht? Jeder Entwicklungsweg ist individuell, die Zeit verändert nicht jeden Menschen im gleichen Maße. Ich versuchte es einmal bei einem Bekannten und bekam zur Antwort „Lass das bitte sein, ich bin Christ!“ Wir werden niemanden überzeugen können (und das sollten wir auch nicht), nur der Skeptiker selbst wird sich selbst überzeugen können, wenn die Zeit reif ist. Entweder jemand ist spirituell soweit oder nicht. Ist er es, so bedarf er keiner Überzeugung, ist er es nicht, so wird keine Überzeugung fruchten. Lassen wir also der natürlichen Entwicklung ihren freien Lauf und mischen uns nicht unnötig ein. Wenn jemand fest daran glaubt, dass er durch bewusste Gedankenausrichtung seine Wünsche wahr werden lassen kann, so wird er es auch schaffen. Glaubt jemand, dass er es nicht kann, so wird er es auch nicht können.

"Ob Du denkst, dass Du es kannst, oder ob Du denkst, dass Du es nicht kannst, in beiden Fällen hast Du Recht!" (Henry Ford)

Vor ein paar Jahren war ich auch noch nicht für alles offen, für das ich jetzt aber empfänglich bin. Mir hat mein Bruder jahrelang bestimmte esoterische Dinge nahebringen wollen, aber vergebens. Erst durch meine eigenen Lebensumstände änderte sich meine Sichtweise plötzlich. Heute gehe ich nach der Prämisse „Leben und leben lassen“.

Ich habe in meinem Leben viele Menschen kennen gelernt, die absolut wissenschaftsgläubig sind. Ihrer Meinung nach muss alles wissenschaftlich bewiesen sein, bevor man es glauben darf. Dem halte ich entgegen, dass ein jeder etwas kennt und es mehrmals bei sich selbst und anderen Menschen wahrgenommen hat, ohne dass es wissenschaftlich messbar ist: Die LIEBE. In welcher Einheit kann Liebe gemessen werden? Kann man festlegen, wie breit die Liebe ist, wie lang sie ist oder wie viel sie wiegt? Nein, kann man nicht! Aber dennoch weiß jedes Kind, dass es die Liebe gibt, obwohl die Wissenschaft sie nicht beweisen kann. Noch ein Beispiel: Ich besuchte meinen skeptischen Freund, wir setzten uns ins Wohnzimmer und unterhielten uns stundenlang. Niemand außer uns war anwesend. Als ich ging, sagte ich zu ihm: „Beweise dass ich hier war.“ Er war sprachlos. Er konnte es nicht beweisen. Es gab keine Zeugen, es gab keine Fotografien mit Datum, es gab keine

Videoaufzeichnungen – es gab keinen Beweis. Also kann ich nicht bei ihm gewesen sein. Aber ich war es trotzdem und das stundenlang – auch ohne einen Beweis. Damit sollte jedem klar sein, dass man selbst die einfachsten Dinge der Welt nicht immer „beweisen“ kann, und aus diesem Grunde sollte man wissenschaftliche „Beweise“ nicht überbewerten. Alles, was wir uns wissenschaftlich nicht erklären können, wirkt wie Magie auf uns. Würden wir mittels einer Zeitmaschine in die Vergangenheit reisen, einen Menschen dieser Epoche in unsere Gegenwart mitbringen und ihm einen Fernseher präsentieren, würde das sicherlich auch magisch auf ihn wirken. Mit der „Gegenwartslogik“ tut man sich vielleicht schwer, an das Gesetz der Anziehung zu glauben. Aber die Gegenwartslogik ändert sich alle paar Jahre, ist es nicht so?! Oder wer dachte vor zwanzig Jahren daran, dass man ein Schaf klonen kann? Wie oft war es denn schon so, dass die Zukunft nur so lange als unwahrscheinlich galt, bis sie schließlich eintraf (z. B. die Mondlandung)?! Was wurde die Akupunktur vor zwanzig Jahren im Westen verlacht. Heute ist sie völlig „normal“.
Es ist nicht immer angebracht anderen Menschen von den eigenen Wunscherfolgen zu erzählen. Zum Einen, weil viele unglückliche Menschen mit dem Glück anderer Menschen nicht klar kommen, was wiederum viel über ihre Schwingung aussagt. Zum Anderen könnten die skeptischen Schwingungen des Skeptikers auch leise Zweifel in Dir wecken („Vielleicht war ja alles nur Zufall oder reines Glück?“), wenn man selbst nicht zu 100% vom Gesetz der Anziehung überzeugt ist, und schon schwingt man ebenfalls in der Schwingung des Skeptikers. Ein Skeptiker wird bezüglich des Gesetzes der Anziehung alle Geschütze auffahren, um Recht zu behalten, auch wenn er sich dadurch von seiner eigenen Schöpfermacht abschneidet.

„Wer etwas ändern will, sucht Wege. Wer nichts ändern will, sucht Gründe.“ (unbekannt)

Bezeichnet uns jemand bezüglich unserer Wunscherfolge als nicht authentisch oder als Lügner, so sollte man sich nur eine einzige Frage stellen: „Weiß ICH, ob ich die Wahrheit sage oder nicht?“ Wenn ICH weiß, dass ICH die Wahrheit sage, dann ist es mir absolut gleichgültig, ob ein anderer Mensch mit glaubt oder nicht. Er kann nicht wissen, ob es wahr oder unwahr ist, nur ICH kann es wissen, da ich es selbst erlebt habe. Da ich es weiß, kann ich mich entspannt zurücklehnen und mein Leben weiter gestalten nach den Prinzipien des Glücks und der Liebe." Angenommen Du erzählst einem Bekannten, dass Du letztes Wochenende in Paris verbracht hast, und Dein Bekannter bezeichnet Dich als Lügner. Du aber weißt, dass Du dort warst, auf dem Eiffelturm die wunderschöne Aussicht genossen, den Louvre bewundert und den Triumphbogen bestaunt hast. Aber Deine Fotokamera fiel Dir leider hin und so konntest Du kein einziges Foto machen – Du hast also keine Beweise. Und? Würde es Dich stören, dass Du Deinem Bekannten nicht „beweisen" kannst, dass Du tatsächlich in Paris warst? Wärst Du persönlich beleidigt, wenn er Dich einen Lügner nennen würde? Sicherlich nicht, denn Du hast die Erlebnisse und Erfahrung in Dir gespeichert, weißt um die Wahrheit dieses Erlebnisses und brauchst keine Bestätigung von außen. Die Wahrheit hat es nicht nötig erst bewiesen zu werden. Besser wir gehen nach der Devise: „Wenn man über einen Menschen nichts Gutes zu sagen hat, dann sagt man lieber gar nichts über ihn."

Ich habe mir mittlerweile abgewöhnt mit Menschen über das Gesetz der Anziehung zu sprechen, die davon keine Ahnung haben. Die meisten Menschen sind zu bequem, ein paar Wochen oder Monate die bewusste Anwendung des Gesetzes der Anziehung auszuprobieren, reden aber wie Fachleute darüber, weil sie schon 999 Bücher darüber gelesen haben. Sie geben angelesenes Wissen wieder und wollen um jeden Preis Recht behalten, haben aber keine einzige praktische Erfahrung vorzuweisen, bis auf ein paar ergatterte Parkplätze. Sagt mir ein Skeptiker, das Gesetz der Anziehung funktioniert nicht oder funktioniert zwar schon, aber nicht so, wie ich es selbst hautnah erlebt habe, dann fällt mir die Geschichte vom Dachs ein, der dem Lachs erzählte, dass ein Leben im Wasser nicht möglich sei, nur weil er selbst unter Wasser nicht auf Dauer leben kann. Selbst wenn der Fisch ihm das Gegenteil demonstrieren würde, würde der Dachs von sich auf den Lachs schließen und ihm unterstellen, es sei trotzdem unmöglich, weil es beim Dachs ja auch nicht geklappt hat. Zweifelt jemand an Deinen Wunscherfolgen, lieber Leser, dann geht der Zweifler von sich aus. Seine Zweifel sagen über ihn und seine persönlichen Grenzen eine ganze Menge aus, über Dich sagen sie wiederum rein gar nichts aus. Manche Menschen neigen dazu, etwas zu verurteilen, wenn sie es nicht verstehen, oder etwas in Frage zu stellen, weil sie nicht damit klar kommen, ihre erwünschten Ziele nicht erreicht zu haben. Vielleicht fühlen sie sich Dir auch überlegen und es fällt ihnen dadurch noch schwerer, dass Du etwas geschafft hast, was ihnen bislang noch nicht gelungen ist.

Man kann sich in endlose Gespräche über das Gesetz der Anziehung einlassen und es „totreden“, aber was bringt das schon, all das ist vertane Lebenszeit. Ich sehe mich als Mann der Tat und lasse lieber Taten sprechen. Zwei Minuten, in denen ich glücklich imaginiert habe, sind unendlich wertvoller, als zwei Stunden, in denen ich Gespräche über Beweise bezüglich des Gesetzes der Anziehung geführt habe.

Zum Schluss dieses Kapitels eine kurze Geschichte:
Eine Maus traf auf einer Kirchturmspitze einen Vogel und sagte: „Ich bin ein Vogel!“ Der Vogel versuchte die Maus davon zu überzeugen, dass sie kein Vogel, sondern eine Maus sei: „Du hast keinen Schnabel, also bist Du kein Vogel“. Doch vergebens. Die Maus beharrte weiterhin darauf, sie sei ein Vogel. Der Vogel zeigte auf den Schwanz der Maus und sagte: „Solch einen Schwanz hat kein Vogel auf der Welt. Du bist kein Vogel, sondern eine Maus.“ Doch auch das überzeugte die Maus nicht, die immer noch fest daran glaubte, sie sei ein Vogel. Da kam dem Vogel der überzeugendste Einfall: „Glaubst Du, dass Vögel fliegen können?“ „Klar“, entgegnete die Maus. Daraufhin forderte der Vogel: „Na dann flieg doch los und dann werden wir ja sehen, ob Du wirklich ein Vogel bist.“ Die Maus sprang vom Kirchturm, stürzte zu Boden und brach sich dabei alle Knochen. Der Vogel flog hinab, landete neben der Maus und fragte: „Nun? Was sagst Du jetzt?“ Die Maus stammelte: „Ich…ich…ich habe mich tatsächlich geirrt.“ Der Vogel grinste zufrieden: „Na endlich hast Du es begriffen. Zwar auf die harte Tour, aber immerhin.“ Die Maus stammelte weiter: „Ich habe mich tatsächlich geirrt. Vögel können doch nicht fliegen!“

Du musst Dir und auch niemandem sonst auf diesem Planeten irgendetwas beweisen, lieber Leser. Jeder glaubt das, wozu er zu glauben imstande ist, womit er resoniert. Und davon ausgehend ist es ganz normal, dass es zu solch einem Thema mehr als nur eine Meinung gibt.

Jeder Mensch hat eigene Lebenserfahrungen gemacht, wen wundert es da, dass die Ansichten zu ein- und demselben Thema unterschiedlich ausfallen?

<u>Checkliste:</u>
Vergeude Deine Lebenszeit nicht damit, anderen Menschen die Wirksamkeit des Gesetzes der Anziehung zu beweisen. Nutz die Zeit lieber für Dein persönliches Glück.
Wenn jemand soweit ist, an das Gesetz der Anziehung zu glauben, wird er dafür keine Beweise von anderen Menschen benötigen. Sein eigenes Leben wird Beweis genug sein.

27. Das Hilfsmittel Hypnose

(geschrieben von Mike Butzbach)

Jeder, der von Hypnose schon mal etwas gehört hat, fragt sich sicherlich auch, wie Hypnose überhaupt funktioniert. Wie ist es möglich, dass Menschen derart beeinflusst werden können, dass sich Ihre Realität verändert und sogar langfristige psychische Veränderungen machbar sind.

Über die Wirkmechanismen gibt es viele Theorien. Fakt ist, dass mittels verbaler und nonverbaler Kommunikation direkt Einfluss auf das menschliche Erleben genommen werden kann. Dabei sind diese beiden Kommunikationswege nicht getrennt voneinander zu sehen, sie ergänzen sich bei einer hypnotischen Intervention.

Nonverbal? „Was ich nicht sehen, hören oder anfassen kann, glaube ich nicht“ – ein „Argument“ rational orientierter Menschen. Dabei gibt es viele Dinge, die wir weder berühren, hören oder sehen können, und dennoch gibt es sie. Unsere Gedanken oder die Schwerkraft sind das

beste Beispiel – sie existieren trotzdem. Es kann als erwiesen gelten, dass Menschen ebenso auf nonverbalen wie auf verbalen Wegen kommunizieren. Jeder hat schon einmal bemerkt, wenn ein guter Freund zwar verbal äußert, es gehe im gut, mit diesen Worten aber ein ungutes Gefühl mitschwingt. Diese nonverbale Botschaft nehmen wir auf, ohne dass wir uns darüber bewusst sind, wie wir dies tun.
Jeder Mensch ist somit auch beeinflussbar, denn jeder Mensch ist auch suggestibel. Suggestibilität, das ist der Grad der Beeinflussbarkeit unserer Gedanken und Gefühlswelt.
Dabei schwankt die Suggestibilität eines Menschen, je nach Situation und persönlicher Konstitution.

Selbstverständlich können wir uns gegen bestimmte Arten der Beeinflussung wehren und uns sperren, was auch gut ist. Sperrt man sich allerdings gegen die Möglichkeiten, die eine Hypnoseanwendung bietet, bringt man sich um ein wirksames Werkzeug zur Schaffung seiner eigenen, besseren Realität.

Theoretisch gesehen gibt es 3 Bewusstseinszustände im menschlichen Sein. Die Vigilanz (Wachheit), Hypnose (Trance) und Schlaf. Die Trance kann hier als 3. Bewusstseinszustand gelten, da jeder Mensch sie täglich mehrmals erlebt, ohne sich dessen bewusst zu sein. Dabei sind die Grenzen zwischen Trance und Vigilanz nicht bemerkbar – denken Sie einfach einmal an die Tagträumerei. Wie oft ertappt man sich dabei, dass man mit seinen Gedanken ganz wo anders ist? Wie oft schweift man bei eintönigen Tätigkeiten in eine andere Situation ab? Dabei bemerkt man dies oft gar nicht. Genau das ist der Grund, warum viele Menschen nach einer therapeutischen Hypnosesitzung das Gefühl haben, gar nicht in Hypnose gewesen zu sein. Und trotzdem treten gewünschte Veränderungen durch Hypnose ein. Die Außenwelt hat sich durch die Hypnose nicht verändert – sie hat lediglich die innere Realität angepasst. Und so ändert sich zwangsläufig auch die äußere Realität.

Hypnose ist nichts Mystisches oder Okkultes. Es ist ein Werkzeug, das heute von der Schulmedizin bis zum Esoteriker genutzt wird, um effektive Veränderungen im Inneren zu schaffen. Dabei kann man Hypnose mit den verschiedensten Techniken einleiten. Ein guter Hypnosetherapeut passt die Technik seinem Klienten an, denn es passt auch nicht auf jedes Schloss der gleiche Schlüssel. Und da liegt die eigentliche Kunst, denn jeder Mensch ist trancefähig und somit hypnotisierbar. Allein der Umstand, dass Trance ein ganz natürlicher Bewusstseinszustand ist, und jeder Mensch sie immer wieder erlebt, bestätigt diese Aussage. Es gibt allerdings einen Gegner, der jede, noch so positive Intervention in Hypnose zunichte machen kann: Unser kritisches Bewusstsein. Unser Bewusstsein hat die Neigung, Suggestionen von außen und von innen (selbst gegebene Suggestionen) zu prüfen, kritisch zu hinterfragen und gegebenenfalls zu verwerfen. Dieser Schutzmechanismus hat auf jeden Fall seine Berechtigung, denn sonst wären wir fernsteuerbar wie Marionetten. Also ist es wichtig, dass man lernt, seinen Schutzmechanismus zu umgehen, wenn man sich selbst positiv beeinflussen (lassen) möchte.

Dazu muss man verstehen, dass unser unbewusstes Handeln oftmals in evolutionstechnisch älteren Gehirnschichten „gespeichert" ist. Vereinfacht dargestellt: Die Grundfunktionen des Überlebens (wie Hunger, Atmung, Kreislauf etc.) werden vom Stammhirn, dem ältesten Hirnareal, gesteuert. Unser bewusstes Handeln dagegen steuert sich vom Neocortex aus, einem recht jungen Areal. Nun sind die älteren Hirnareale unserer bewussten Einflussnahme entzogen. Leider wandern Erlebnisse wie Schock oder Traumen in die älteren Gehirnschichten, und entziehen sich so unserer bewussten Beeinflussung. Sie wirken dann im Hintergrund und bescheren uns Ängste, Phobien, negative Glaubenssätze und allerlei unerwünschte Verhaltensweisen.

Durch Hypnose erhält man Zugang zu diesen Arealen und kann so unerwünschte Verhaltensweise und Denkstrukturen ändern. Traumen und Schocks können verarbeitet werden, so dass sie nicht mehr belastend wirken. Es steht dank diesem wunderbaren Werkzeug also jede Tür offen – wenn man sich darauf einlässt.

28. Wobei kann Hypnose mir helfen?

(geschrieben von Mike Butzbach)

Anwendungsmöglichkeiten der Hypnose sind sehr weit reichend. Im medizinischen und psychologischen Bereich wird Hypnose z.B. gegen chronische Schmerzen, in der Krebstherapie, in der Traumatherapie und in der Gesundheitsprävention erfolgreich angewandt. Mit Hypnose lassen sich aber auch sehr gut Gewohnheiten, Süchte, Verhaltensweisen, negative Glaubenssätze und Denkstrukturen verändern. So ist es möglich, destruktive Selbstgespräche wie „Ich kann das eh nicht" oder „Niemand respektiert mich" zu ermitteln und in positive Interventionen zu ändern. Durch analytische Hypnose gelangt man zudem an die Ursache der Störung, so dass eine Symptomverschiebung verhindert werden kann.

Die Folge einer hypnotischen „Aufräumaktion" ist, dass sich die innere Realität des Menschen in einer Weise ändert, die auch Auswirkungen auf seine äußere Wahrnehmung hat. Plötzlich sind es Möglichkeiten statt Enttäuschungen, neue Wege statt Sackgassen, Kreativität statt Frust.

Es klingt zu einfach? Es ist in der Tat einfach, würde uns nicht unser Kritiker im Kopf den Strich durch die Rechnung machen. Aber auch auf den Kritiker kann man Einfluss nehmen, sofern man offen ist, sich zu verändern. Es gibt mehrere Möglichkeiten, Hypnose auszuprobieren. Die klassische Methode – man geht zu einem Hypnotiseur bzw. Hypnosetherapeuten. Eine Heterohypnose wirkt, sofern der Hypnotiseur sein Handwerk versteht, immer noch am besten. Zudem ist es einfach und kostet wenig Selbstanstrengung. Nachteil ist der relativ hohe Sitzungspreis von 70 – 100 Euro.

Die zweite Möglichkeit sind Hypnose CDs. Hier holt man sich die Hypnosesitzung nach Hause. Vorteil ist der günstige Preis und die Möglichkeit, die Sitzung so oft anwenden zu können, wie man möchte. Allerdings bedarf es einiger Disziplin, da sich eine Wirkung erst nach mehrwöchiger Anwendung einstellt. Außerdem sind die Wirksuggestionen allgemein gehalten und es fehlt die nonverbale Komponente. Trotzdem können Hypnose CDs sehr effektiv sein, hat man einen kompetenten Produzenten gefunden.

Die dritte, und wohl auch aufwendigste Möglichkeit, ist die Selbsthypnose. Zum Erlernen der Selbsthypnose bedarf es Disziplin und Übung. Der Lohn der Mühe ist allerdings ein Werkzeug, mit dem man den Körper und die Persönlichkeit in jeglicher Weise (positiv und auch negativ!) beeinflussen kann. Man kann die Lernzeit auch abkürzen, indem man sich von einem Hypnotiseur einen so genannten „Anker“ setzen lässt. Das ist ein Auslöser, den man anschließend nutzen kann, um die Trance einzuleiten. Vorteil der Selbsthypnose ist, dass sie kostenlos und effektiv ist. Nachteil, wie schon genannt, die erforderliche Disziplin beim Erlernen. Auch wird bei der Selbsthypnose nie so eine tiefe Trance erreicht, wie durch eine Heterohypnose.

Ich möchte Dich einladen, die folgende Übung einfach einmal auszuprobieren. Vielleicht bemerkst Du bereits beim ersten Mal, wie Dein Körper auf Deine Interventionen reagiert.
Sorge dafür, dass Du während der Übung nicht gestört wirst.

- Setz Dich gerade auf einen Stuhl, und lasse die Muskulatur locker.

- Die Hände legst Du links und rechts auf die Oberschenkel.

- Schließe die Augen und balle die Hände zu einer leichten (!) Faust.

- Gehe mit Deinem Bewusstsein zuerst in die Finger der rechten Hand.
  Spüre ca. 1 Minute die Stelle, an der die Finger Deine Handinnenfläche berühren.

- Gehe mit Deinem Bewusstsein nun in die Finger der linken Hand. Spüre auch hier ca. 1 Minute die Stelle, an der die Finger die Innenfläche berühren.

- Atme 5x tief ein und lasse Deine Atmung dabei langsamer und ruhiger werden.
  Denke Dir: „Mit jedem Ausatmen sinke ich etwas tiefer in die Entspannung"

- Denke nun: „Mein Nervensystem regeneriert und erholt sich JETZT".
  Ich fühle mich vollkommen wohl und gelöst".

- Wiederhole jeweils 5x den Gedanken und stelle Dir dabei vor, dass Du mit der Einatmung pure Energie (wie Du Dir Energie vorstellst) einatmest.

- Genieße ca. 10 Minuten die Ruhe um Dich herum, bevor Du die Augen wieder öffnest.

In der Regel hat sich bereits beim Fokussieren der Aufmerksamkeit auf die Hände ein Trancezustand eingestellt. Hast Du die Übung richtig gemacht, bemerkst Du nach Beendigung, dass Dein Körper ruhig und ausgeglichen ist. Durch die Vorstellung des Energieflusses kann neue Kraft verfügbar gemacht werden. Du kannst diese Übung auch mit einem Partner machen, der Dich anleitet, die oben beschriebenen Dinge zu tun.

Du siehst also, welchen Einfluss unsere Gedanken auf unseren Körper haben können. Und genau so, wie wir unseren Körper gedanklich beeinflussen können, können wir auch unsere Umwelt gedanklich beeinflussen. Wir müssen nur daran glauben, dass wir es können.
Neue Erkenntnisse der Quantenphysik weisen deutlich in diese Richtung, und stellen die bisherige Schulphysik völlig auf den Kopf, wie ich bereits im Kapitel „Quantenphysik & Co." Dargelegt habe.

Am Ende dieses Buches erfährst Du, wo Du Dich über Hypnose und Hypnose CDs qualifiziert informieren kannst.

29. Die Macht unseres Unterbewusstseins

(geschrieben von Mike Butzbach)

Wie mächtig ist die Instanz in uns, die im Unterbewusstsein liegt?

Wer entscheidet darüber, was wir mögen, was wir kaufen, was wir hassen?
Laut subjektiver Empfindung würde jeder sagen: „Ich entscheide bewusst".
Es gibt aber Hinweise, dass diese Annahme falsch ist.

Ob wir einkaufen oder Bewertungen durchführen, optische Reize gelangen zuerst in den Hippocampus, einer bestimmten Region im Gehirn, und werden dort mit gespeichertem Wissen verglichen. Ähnelt der Reiz einem bereits gespeicherten, wird entweder ein bejahendes oder ablehnendes Gefühl daraus, je nach gemachter Erfahrung. Dieser Prozess läuft völlig unabhängig und ohne Kontrolle durch das Bewusstsein ab, in einem Bruchteil von Millisekunden. Erst nach diesem Schritt laufen Wissen und Gefühl zusammen und erreichen das Bewusstsein. Die Entscheidung, so meinen Wissenschaftler, sei dann bereits gefallen. Das zeigt, dass unser Unterbewusstsein unser Verhalten steuert, noch bevor wir bewusst darauf Einfluss nehmen können. Das Bewusstsein kann lediglich in manchen Situationen ein Veto einlegen, und sich gegen den Impuls des Unterbewusstseins wehren. Leider nur in machen Situationen.

Wir erinnern uns an die im Kapitel „Mysterium Hypnose" beschriebenen, evolutionstechnisch älteren Gehirnareale. Alle Dinge, die in diesen älteren Arealen gespeichert sind, entziehen sich der bewussten Beeinflussung. Man kann sagen, je älter das Gehirnareal ist, desto unbewusster laufen die Vorgänge ab, und desto weniger bewusste Macht haben wir darüber.
Dies erklärt, warum sich Menschen nicht gegen Zwangshandlungen, Ängste, Essgewohnheiten oder Süchte wehren können. Zwar weiß das Bewusstsein, dass dieses Verhalten unangebracht und mitunter auch schädlich ist, allerdings sind die Impulse aus dem Unterbewusstsein stärker.

Bearbeitet man nun die Ursachen solcher Störungen direkt an der Quelle, indem man z.B. durch Hypnose einen Zugang zu unbewussten Arealen schafft, verändert man damit, je nach Störung, die ganze Struktur des Denkens und des Handelns. Somit ändert sich zuerst die innere Realität, und als unvermeidbare (und erwünschte) Reaktion folgt die Änderung der äußeren Realität. Alles ist möglich!

Dass wir unsere äußere Realität selbst schaffen, beweist eindrucksvoll die Showhypnose. Der Showhypnotiseur kann tief hypnotisierten Personen negative wie auch positive Halluzinationen einsuggerieren. Die Person sieht Dinge, die für andere in dem Moment nicht da sind, oder sie sieht Dinge nicht mehr, welche die Zuschauer allerdings sehr wohl sehen können. Diese Halluzinationen sind in diesem Moment für die hypnotisierte Person die eigene Realität. So ist es möglich, dass es bei der Suggestion von Hitze sogar zu Brandblasen auf der Haut kommen kann, obwohl gar keine Hitze vorhanden ist.

Du siehst, wie mächtig unser Unterbewusstsein ist - und somit unsere Gedanken sind. Dieses Potential kannst Du nutzen. Jederzeit, wann immer Du willst. Bedenke nur eines: Der Wille unterliegt ausnahmslos dem Glauben! Wenn Du etwas willst, aber nicht daran glaubst, dass es geschehen wird, wird es auch nicht geschehen. Glaubenssätze sind in älteren Gehirnarealen verankert – und damit mächtiger als der Wille, der vom Bewusstsein gesteuert wird.

30. Ein besonderer Klient

(geschrieben von Mike Butzbach)

In diesem Kapitel, lieber Leser, möchte ich Dir anhand einer Erfahrung verdeutlichen, wie sehr Hypnose zum Erfolg beitragen kann.

Als ich Goran vor mehr als 15 Jahren kennen lernte, war er oft alles andere als ausgeglichen oder von seinem Erfolg überzeugt. An manchen

Tagen zweifelte er besonders stark an seinen eigenen Fähigkeiten, überhaupt mit seinen Zielen im Leben weiter zu kommen. Ich vermutete schon damals, dass bei ihm Glaubenssätze wirkten, die ihn in jeglicher Hinsicht blockierten. Als ich Jahre später die Hypnose und die mannigfaltigen Möglichkeiten kennen lernte, erkannte ich erst richtig, wie sehr unsere Glaubenssätze uns leiten, und wie viel Macht unser Unterbewusstsein in Wahrheit hat. Mir wurde klar, wie sehr unser Inneres unsere äußere Realität beeinflusst. Irgendwann bot ich Goran an, doch mal eine Hypnosesitzung zu versuchen. Die Möglichkeit, direkt mit dem Unterbewusstsein in Kontakt zu treten, faszinierte ihn sehr. Er hatte überhaupt keine Bedenken oder Berührungsängste, was das Thema Hypnose angeht – die beste Voraussetzung, um eine Hypnose erfolgreich anwenden zu können.

Mit Hilfe der Hypnoanalyse wurde sich Goran vielerlei Ursachen seiner Unausgeglichenheit gewahr. Er spürte Erlebnisse auf, die zwar längst aus seinem Bewusstsein verbannt waren, die ihn aber dennoch weiter belasteten. Besonders erwähnenswert war sein damaliges „Armutsbewusstsein". Er lernte nun die Gründe für manche Verhaltensweisen kennen. Glaubenssätze, die er seit seiner Kindheit eingetrichtert bekam, z. B. „Das können wir uns nicht leisten" oder „Deine Wünsche sind zu teuer", blockierten seine Entwicklung. Durch die Arbeit in Trance war es möglich, diese Glaubenssätze zu ermitteln. Man muss dazu wissen, dass viele Glaubenssätze unbewusst wirken, und wir ohne Hilfe keinen direkten Zugang dazu haben. Nachdem Goran bewusst wurde, warum er blockiert war, bekam er die Chance, daran etwas zu ändern. Mittels Hypnose setzte ich Ressourcen frei, die seine Glaubensrichtung grundlegend veränderten.

Aber noch wertvoller, als die Arbeit in Trance, war Gorans Glaube, sich verändern zu können. Denn ein Mensch, der nicht daran glaubt, dass er sich verändern kann, oder es nicht aus seinem tiefsten Herzen heraus möchte, wird auch mit Hypnose wenig Erfolg haben. Nun begriff er auch, dass seine Glaubenssätze etwas mit seiner Vergangenheit, seinem familiären Hintergrund und den damit verbundenen Erlebnissen zu tun hatten – und nur wenn man sich derer bewusst ist, kann man daran arbeiten. Positiv formulierte Suggestionen taten ihr Übriges, um Goran

Schritt für Schritt zu einer positiveren Denkweise zu verhelfen – der Grundlage für die Schaffung eines „Reichtumsbewusstseins".

Im Nachhinein lässt sich sagen, dass die Hypnose es Goran in mehrfacher Hinsicht erleichtert hat, sich so zu verändern, dass er seine Ziele erreichen kann, dass er lernt, konstruktiver zu denken. Vielleicht hätte es auch ohne Hypnose funktioniert, aber warum soll man sich das Leben komplizierter machen als unbedingt notwendig?

31. Meine Methoden zur Energie-Verstärkung

(geschrieben von Goran Kikic)

Ich mache Dich jetzt mit einigen meiner häufigsten Energie-Verstärkern vertraut, die meinem Unterbewusstsein suggerieren, dass mein Wunsch wahr wird/ist. Trotzdem halte ich immerzu Ausschau nach neuen Methoden, die mir Spaß machen. Wichtig ist zu wissen, dass nicht die Energie-Verstärker das Entscheidende sind, sondern die innere Überzeugung. Hätte ich vor zwanzig Jahren, als ich vom Gesetz der Anziehung nichts wusste und nicht daran geglaubt hätte, tausend Übungen pro Tag gemacht, hätten sie mir trotzdem nichts gebracht. Es gibt unzählige Methoden, um seinen Glauben (nicht religiös gemeint) an seine Wunscherfüllungen zu verstärken, mit denen man mehrere Bücher füllen kann. Ich beschränke mich auf einige Wesentliche. Beginnen wir mit dem

Buch der Harmonie

Das Buch der Harmonie ist für mich in den letzten Jahren zu einer großen Unterstützung geworden. Alles, was mich harmonisch stimmt, schreibe ich in dieses Buch, ausnahmslos ALLES. Ob ich nun einen Parkplatz ergattert habe, ob ich sportliche Fortschritte zu verzeichnen habe, ob sich ein Wunsch von mir erfüllt hat, ob mich mein Nachbar freundlich gegrüßt hat, ob mich gute Freunde besucht haben, ob ich gut gegessen habe usw. – all das bringt Harmonie in mein Leben und erhöht meine Lebensfreude. Wenn mir an einem Tag nichts oder kaum etwas Positives widerfahren ist, schreibe ich über eine Tätigkeit, einen Menschen oder einen Ort, die in mir positive Gefühle wecken. Das können meine Mutter, meine Lebensgefährtin, meine Katzen, ein Hobby wie das Zeichnen oder ein Urlaubsort sein. Ich liste alles auf, was mir an der Person, der Tätigkeit oder dem Ort gefällt und erinnere mich dadurch selbst daran, was für liebe Menschen, unterhaltsame Tätigkeiten und schöne Orte mein Leben bereichern. Ebenso schreibe ich auch oft über mich, was mir an mir gefällt, über meine Talente und Fähigkeiten, auf die ich stolz bin, über mein freundliches Verhalten gegenüber anderen Menschen. Der tägliche Erfolg im alltäglichen Leben ist unsere seelische Nahrung, der Treibstoff für unsere Motivation. Es hat für mich einen sehr motivierenden Einfluss, wenn ich das Buch aufschlage und darin lese. Egal welche Seite ich aufschlage und lese, es stehen ausschließlich Berichte darin, die mich fröhlich stimmen, die mir die positive Seite meines Lebens zeigen. Es ist das absolute Gegenteil von dem, was geschieht, wenn ich die Nachrichten im Fernsehen ansehe. Da wird man zwischen fünf und fünfzehn Minuten derart negativ „zugedröhnt", dass einen das Gefühl beschleicht, es würden sich keinerlei schönen Sachen auf unserer Welt ereignen. Dass dem natürlich nicht so ist, zeigt mir täglich mein Buch der Harmonie. Durch das Lesen in meinem Buch macht sich ein Gefühl der Freude, der Zuversicht und des Tatendrangs in mir breit, man traut sich automatisch mehr zu, und Gedanken an Misserfolge entstehen erst gar nicht. Es ist einfach eine unbezahlbare Hilfe, um die eigene Schwingung zu erhöhen oder konstant zu halten. Nutz diesen Energie-Verstärker und den daraus entstehenden Motivationsschub als Sprungbrett, um noch glücklicher und erfolgreicher zu werden.

Das Buch der Dankbarkeit

Dankbar sein erhöht unsere Grundschwingung und verhilft somit zu noch mehr Wunscherfolgen. Aber mal Hand aufs Herz: Sind wir wirklich von Herzen dankbar, wenn wir uns heutzutage bedanken? Die meisten Menschen sagen „Danke" ebenso wie „Gesundheit", wenn jemand niest, aus reiner Gewohnheit, ohne es wirklich zu meinen. Es kommt nicht von Herzen. Dabei gibt es so vieles, für das man dankbar sein sollte: Unser tägliches Essen, unser Zuhause, unser Geld, warmen Sonnenschein, schöne Blumen, liebevolle Mitmenschen, Vogelgezwitscher, erfolgreiches Wünschen usw. Die Liste ließe sich beliebig lang fortsetzen. Ganz ernsthaft: Sind wir dankbar für unseren Körper? Würden wir uns ein Bein amputieren lassen, wenn uns jemand zehn Millionen Euro dafür bieten würde? Was wäre die richtige Summe, um sich ein Bein abschneiden zu lassen? Keine Summe der Welt, denn wir sind dankbar, dass wir Beine haben!!! Die meisten Menschen schätzen ihre Gesundheit, ihr Geld und ihren Partner erst, wenn sie weg sind. Seien wir lieber JETZT dankbar für all die schönen Dinge, die wir JETZT haben.

Gehen wir mal ins Detail: Wir wünschen uns etwas, freuen uns schon heute darauf und erwarten es. Dann erhalten wir unsere Wunscherfüllung und ein tiefes Gefühl der Dankbarkeit steigt in uns auf. Dankbarkeit steht also in engem Zusammenhang mit der Freude, etwas erhalten zu haben, was man sich von Herzen gewünscht hat. Man könnte also sagen, dass Dankbarkeit immer dann in uns entsteht, wenn wir einen Grund fürs Freuen, fürs Glücklichsein bekommen haben. Wünschen wir uns also Dankbarkeit, erhalten wir immer mehr freudvolle Dinge, die uns immer dankbarer werden lassen. Wächst unsere Dankbarkeit, so wachsen folglich auch unsere „Glückslieferungen". Und so entsteht auch hier wieder ein regelrechter Kreislauf, der nie zu Ende gehen muss, wenn wir es nicht wollen. Dankbarkeit und Glück sind untrennbar miteinander verbunden. Durch die Dankbarkeit steigt unsere Schwingung und wir werden automatisch immer glücklicher. Es festigt unseren Glauben an uns und den bewussten Umgang mit unserer Schöpfermacht.

Deshalb empfehle ich Dir, ein so genanntes Buch der Dankbarkeit zu führen. Schreibe täglich etwas auf, wofür Du dankbar bist in Deinem Leben. Auf diese Weise erhöhst Du Deine Schwingung. Natürlich kannst Du diese Methode täglich auch mündlich machen, aber das Schreiben erhöht Deine Aufmerksamkeit auf die Dinge, für die Du dankbar bist. Mach doch folgende Übung, lieber Leser, vervollständige die unten stehende Liste, bis Du 50 Gründe fürs Dankbarsein beisammen hast. Lasse alles aus Dir heraus, was Dir dazu einfällt.

Ich bin dankbar, dass ich einen lieben Lebenspartner an meiner Seite habe.

Ich bin dankbar, dass ich von meinen Schöpferfähigkeiten weiß.

Ich bin dankbar, dass ich das Gesetz der Anziehung kenne.

Ich bin dankbar, dass ich täglich etwas zu essen habe.

Ich bin dankbar, dass ich wunderbare Kinder habe.

Ich bin dankbar, dass ich den freien Willen habe.

Ich bin dankbar, dass ich weiß, was ich will.

Ich bin dankbar, dass ich tolle Eltern habe.

Ich bin dankbar, dass ich lebe.

Ich bin dankbar, dass...

Die Poster-Methode

Ich schneide mich mit Bildbearbeitungsprogrammen oft in einen "Geld-Hintergrund" und lasse daraus ein Poster machen. Ich habe mehrere Poster in allen Zimmern gut sichtbar an den Wänden hängen. Die Poster sollten so aufgehängt werden, dass Du sie stets im Blick hast (über dem Fernseher, in der Küche, im Schlafzimmer an der Decke über dem Bett, über dem Computer). Wenn ich bewusst auf ein Poster sehe, bin ich sofort voller Freude - ob ich will oder nicht. Ich habe über meinem PC mein Lieblingsposter hängen, welches mich immer anschaut und obgleich ich am PC arbeite, bekommt mein Unterbewusstsein alles mit, so wie in DIESEM Moment, in dem ich gerade an diesem Kapitel schreibe.

Noch wirksamer ist es allerdings, wenn jemand Anderes die Bildbearbeitung übernimmt, damit die Bilder während der mühseligen Arbeit nicht ihre positive Wirkung verlieren, da man sie ständig vor Augen hat. Auch Texte kann man sich dazuschreiben, die hilfreich sind. Oder man macht etwas, was man in manchen Kreisen als Sigillenmagie bezeichnet. Dazu ein Beispiel: Ich wünsche mir ein neues Auto, und zwar einen Jaguar XFR. Die normale Wunschformulierung wäre „Ich wünsche mir einen neuen Jaguar XFR". Nun werden alle doppelten Buchstaben heraus genommen und übrig bleibt das Kauderwelsch „ICHWÜNSEMRUJAGXF". Dann verschnörkelst Du die Schrift, ordnest die Buchstaben neu an, benutzt eine andere Schriftart, für jeden Buchstaben eine andere Farbe und eine andere Größe, schreibst manche Buchstaben groß, manche klein, drehst manche Wörter auf den „Kopf" und positionierst das Ganze abschließend in einen Kreis, ein Rechteck oder ein Dreieck. Worauf es ankommt, ist, dass zu guter Letzt für Dich nicht mehr erkennbar ist, was da eigentlich steht. Über Sigillenmagie kann man ein ganzes Buch schreiben, darum beschränke ich mich hier auf das Wesentliche, und wie ich persönlich es handhabe. Nun wird man in einigen Wochen, wenn man wie ich mehrere Poster im ganzen Haus verteilt hängen hat, gar nicht mehr wortwörtlich wissen, was dieses oder jenes Kauderwelsch genau bedeutet, aber das Unterbewusstsein weiß es ganz genau. Und damit hat man die skeptischen und kritischen Bewusstseinsanteile unwirksam gemacht, so dass sie keine Bewertung des Kauderwelsches vornehmen können und dieses ungehindert damit anfangen kann, im Unterbewusstsein zu wirken.

Durch den ständigen Blick auf die Poster, auf denen ich mit viel Geld abgebildet bin, sah ich es irgendwann als selbstverständlich an, dass Geld und meine Person irgendwie verheiratet oder doch zumindest verlobt sind und fest zusammen gehören. Ich habe mir im Laufe der Zeit selber das Bild vermittelt, dass ich es absolut verdiene, viel Geld zu besitzen und das Leben zu genießen.

Ich lasse mich auch oft vor mein gewünschtes Haus an die Adriaküste kopieren. Ein Blick darauf und ich schwebe innerlich vor Glück. Dazu werden dann noch meine Mutter, meine Lebenspartnerin, ihre Kinder, mein Bruder und meine Schwägerin, meine Haustiere und die, die ich mir noch wünsche, hinzu geschnitten und meine Glücksschwingung tanzt gleich ein paar Oktaven höher. Aus dem Internet kannst Du Dir die Bilder, die Deinem Wunsch entsprechen, auf Deinen Computer speichern und dann damit arbeiten (Häuser, Geldregen bzw. Geldnoten, Autos, Tiere, Urlaubsorte, schöne Landschaften usw.). Ich handhabe es so, dass ich mir sowohl "Einzelthemen-Poster" erstellen lasse (also nur ich und mein Haus, ich und mein Auto oder ich und Geld usw), aber es gibt auch Bilder, auf denen ich mit drei, vier oder mehreren "Wünschen" zusammen abgebildet bin. Nutze diesen Energie-Verstärker so oft wie möglich. Er ist ungemein wirkungsvoll, da unser Unterbewusstsein vornehmlich in Bildern denkt. Denk nur mal an die Mona Lisa oder an die Szene in dem Film „Titanic", in dem Leonardo Di Caprio und Kate Winslet mit ausgebreiteten Armen an der Reling stehen. Das sind Bilder, die sich ganz tief ins Unterbewusstsein gebrannt haben. Diese Bilder werden wir auch noch in zehn Jahren vor dem geistigen Auge mühelos abrufen können. Nachfolgend einige Beispiele zu den Themen finanzieller Reichtum, Traumurlaub und Wunschhaus.

Die Dia-Methode

Eine abgewandelte Form der Poster-Methode ist, die bearbeiteten Bilder in Form einer Dia-Show (mit einem Videobeamer auf die Wand strahlen oder auf dem Computermonitor) ablaufen zu lassen und dabei ein Mantra (bzw. Affirmation) mehrmals hintereinander laut zu sprechen.

Durch die Kombination der Bilder und des laut ausgesprochenen Wunsches ist die Wirkung auf das Unterbewusstsein besonders hoch.

Das Erlebnis-Tagebuch

Abends, kurz vor dem Schlafengehen, schreibe ich mein positives Erlebnis-Tagebuch: Da schreibe ich alles auf, wie ich es gern gehabt hätte, nicht unbedingt, wie es tatsächlich war (besonders in Bezug auf unschöne Erlebnisse). Habe ich im Supermarkt einen unfreundlichen Kassierer gehabt, steht in meinem Büchlein, dass der Kassierer besonders nett zu mir war. Hat sich die Bahn verspätet, schreibe ich auf, dass sie auf die Minute pünktlich war, und da ich etwas zu spät kam, sogar auf mich gewartet hat. Ebenso wie beim Buch der Harmonie erhöht sich die Grundschwingung bereits beim Schreiben des Buches, und später während des Lesens.

Die Pflanzen-Methode

Eine weitere Methode, um mein Unterbewusstsein in Bezug auf ein Leben in finanziellem Überfluss zu stimulieren, ist folgende: Ich habe mir eine Topfpflanze gekauft, die meinem Geschmack entsprach. Ich kaufte mir bewusst keine Pflanze mit Dornen oder gar einen Kaktus, weil diese Pflanzen mir persönlich ausladend statt einladend erscheinen. Wenn jemand aber nur Positives mit Kakteen und Dornen behafteten Pflanzen verbindet, so sollte er sich in diesem Falle einfach von seinen Gefühlen leiten lassen. Ich nahm dann mehrere Geldmünzen, wickelte diese in ein Tuch und grub sie in die Blumenerde ein. Diese Pflanze bekam einen Stammplatz in der Nähe meines Schreibtisches, so dass ich sie während meiner Arbeit ständig im Blick hatte. Jedes mal, wenn ich die Pflanze begoss, suggerierte ich meinem Unterbewusstsein damit, dass mein „Schatz" oder „Samen des Reichtums" ebenso wie die Pflanze wächst. Jedes Begießen mit dem Wasser bedeutet auch die Aufmerksamkeit auf den Wunsch des finanziellen Überflusses zu richten. Das Wasser sorgt dafür, dass die Pflanze wächst, während meine Aufmerksamkeit meine Manifestation wachsen lässt.

Die Geldschein-Methoden

Fast ein jeder kennt die „klassische" Methode, einen Geldschein über sein Bett an der Decke zu befestigen. Der ständige Blick auf den Schein, besonders kurz vor dem Einschlafen, hat eine besonders starke Wirkung auf unser Unterbewusstsein. Ebenso kann man einen 100 Euro-Geldschein immer bei sich herumtragen, ihn aber niemals ausgeben. Dadurch suggeriert man seinem Unterbewusstsein, dass man dieses oder jenes kaufen kann, wenn man es nur will. Wenn man an einem Tag 100 Dinge sieht, die genau 100 Euro oder weniger kosten, suggeriert man seinem Unterbewusstsein, dass man in der Lage ist, sich an einem einzigen Tag Dinge im Wert von 10.000 Euro zu leisten (100 Dinge X 100 Euro). Natürlich kann man diese Methode auch mit anderen Geldscheinen nutzen. Man kann Geldscheine auch überall in der Wohnung aufhängen (im Badezimmer neben dem Spiegel, im Wohnzimmer neben dem Fernseher, im Arbeitszimmer neben dem Computer...). Durch die ständige „Konfrontation" mit Geld habe ich ein natürliches, freundschaftliches Verhältnis zu Geld aufgebaut.

Die Essen/Trinken-Methode

Wenn ich esse und trinke, stelle ich mir vor, dass ich Geld, Gesundheit, Freude usw. zu mir nehme. Jeder Bissen ist eine Einheit Geld, jeder Schluck eine Einheit Gesundheit. Der Phantasie sind hierbei keine Grenzen gesetzt. Auf manchen Tassen habe ich Wasser resistente Aufkleber angebracht, auf denen „Gesundheit", „finanzieller Reichtum", „glückliche Partnerschaft" und Ähnliches steht. Damit verstärke ich meine Vorstellungskraft und das Imaginieren fällt mir leichter. Morgens trinke ich immer eine Tasse Milch, auf der ein Aufkleber mit dem Wort „Gesundheit" angebracht ist. Da ich das bereits seit längerer Zeit praktiziere, ist es mittlerweile so, dass ich bei jedem Schluck Milch automatisch an meine Gesundheit denke (woran Du denkst, das ziehst Du an). Egal wo ich Milch trinke oder auch nur sehe, schon füttere ich meine Gesundheit mit meiner Aufmerksamkeit, und somit mit (Gedanken-) Energie. Für jeden Wunsch habe ich ein bestimmtes Getränk, welches ich täglich einmal oder mehrmals trinke. Mir persönlich würde es schwer fallen, ein

Bier zu trinken (bin sowieso Nichtalkoholiker) und es mit Gesundheit gleich zu setzen, also habe ich Milch für meine Gesundheit ausgewählt, Tee für finanziellen Reichtum, stilles Quellwasser für geistiges Wachstum und frisch gepressten Orangensaft für eine glückliche Partnerschaft. Alles Getränke, die ich täglich zu mir nehme.

Die Dusch-Methode

Da ich mich täglich dusche, habe ich mir überlegt, wie sich dieser Vorgang mit der Erhöhung meiner Grundschwingung kombinieren lässt. Erst dachte ich daran mir vorzustellen, dass der abgewaschene Schmutz für negative Lebensumstände steht, die ich loswerde. Aber das würde bedeuten, dass ich meinen negativen Lebensumständen Aufmerksamkeit schenken und sie damit stärken würde. Also stelle ich mir heute bei jedem Duschen vor, dass jeder einzelne Wasserstrahl, der mich trifft, mir Glück, Freude und Erfolg in allen Lebensbereichen gibt. Seitdem freue ich mich auf jedes Duschen und meine Grundschwingung steigt bereits beim bloßen Gedanken an das Duschen.

Die T-Shirt-Methode

Ich habe mehrere T-Shirts mit positiven Texten bedrucken lassen. Diese T-Shirts trage ich täglich (auch unter dem Pullover oder Hemd). Da ich jeden Tag ein solches T-Shirt anziehe, befasst sich auch mein Unterbewusstsein automatisch damit. Ich stelle mir dabei immer vor, dass ich das „Glück", die „Gesundheit" oder den „finanziellen Reichtum" berühre, auf meinem Körper spüre, direkten Kontakt habe.

Die Konto-Methode

Ein Freund sendet mir jeden Tag eine E-Mail zu, in der steht: „Sehr geehrter Herr Kikic, wunschgemäß haben wir Ihnen am heutigen Tage, den XXXX 2009, den vereinbarten Betrag in Höhe von XXXX Euro überwiesen.". Ich nehme dann mein Kassenbuch und trage diese Summe unter Einnahmen ein. Dasselbe schreibe ich auch in mein Buchhaltungsprogramm. Danach suche ich im Internet oder in Katalogen nach etwas, für das ich mein Geld ausgeben kann. Erinnern wir uns daran, dass das Unterbewusstsein nicht zwischen vorgestellten und realen Ereignissen differenziert. Durch diese Methode wird ein „Reichtumsbewusstsein" aufgebaut, während das sofortige „Geld ausgeben" unsere Wunschklarheit fördert.

Dies sind einige Energie-Verstärker, von denen es noch weitaus mehr gibt.

Erst wenn ich das Geld liebe und respektiere, strömt es in mein Leben.

32. Mein Freund, das Geld

(geschrieben von Goran Kikic)

Es gibt viele Menschen, die Geld für das große Übel der Welt halten. Sie glauben auch, dass man spirituell nicht wachsen kann, wenn man sich Geld wünscht oder viel Geld besitzt. Eine verheerende Selbsttäuschung. Natürlich ist Geld nicht alles und man sollte seine Identität keinesfalls über seinen finanziellen Besitz definieren, oder den Glauben übernehmen, man sei nur dann vollwertig, wenn man einen teuren Jaguar fährt und ein Strandhaus an der Cote d' Azur hat. Nein, das Geld sollte nicht überbewertet werden, indem man es als die höchste Priorität im Leben ansieht und dabei andere wesentliche Dinge wie seine geistige Entwicklung oder seine Gesundheit vernachlässigt, aber man sollte es auch nicht unterbewerten. Geld spielt heutzutage in fast allen Belangen unseres Lebens eine ausgesprochen große Rolle. Wie viel Geld wir zur Verfügung haben, entscheidet über unsere Lebensqualität. Das ist nun mal eine Tatsache, ob sie uns gefällt oder nicht. Je finanziell unabhängiger ich bin, desto freier bin ich und desto freier kann ich mein Leben gestalten. Es verlangt uns einfach viel mehr Kraft ab, in Armut als in Reichtum zu leben. Allein schon ein Leben ohne finanzielle Sorgen ist gleich um ein Vielfaches lebenswerter. Was nützt einem spirituell hoch entwickelten Menschen all sein Wissen, wenn er sein Leben lang pleite ist? Für mich hat solch ein Mensch das Leben nicht gemeistert, nein, der Meister war in diesem Fall das Leben und der spirituell hoch entwickelte Mensch nur ein machtloser Spielball des Lebens. Solange ein Mensch in Armut lebt, hat er sein Leben definitiv nicht gemeistert. Dr. Joseph Murphy bezeichnete Armut sogar als eine geistige Krankheit. Leider denken viele Menschen, nur weil sie weniger Geld als ein Millionär haben, sie seien ihm deshalb spirituell weit voraus. Ein ganz großer Trugschluss, denn das eine hat nichts mit dem anderen zu tun.

Der Glaube, ein Leben in Armut verbringen zu müssen, ist genauso schädlich wie der Glaube, man sei mit Geld mehr wert. Ich habe mir stets vor Augen gehalten, dass ich mit Geld mehr Möglichkeiten habe, ein erfülltes Leben zu führen. Habe ich kein Geld für Lebensmittel, wird mein Körper krank. Aufgrund fehlender Finanzen mache ich mir ständig Sorgen über die Zukunft, so dass schon bald meine Seele (also ich) krank wird. Bin ich chronisch pleite, leiden auch meine Kinder darunter. Die Umgebung, in der man lebt, wirkt sich ebenfalls auf meine seelische Verfassung aus. Wenn ich ausreichend Geld habe, kann ich mir den Wohnort meines Herzens aussuchen, wohingegen ich ohne Geld keine allzu großen Wahlmöglichkeiten hätte. Was hält mich also davon ab, das Leben zu führen, welches ich mir wünsche? GELD! Wenn ich mehr Geld habe, habe ich also auch mehr Möglichkeiten in meinem Leben, die mir ohne Geld verwehrt blieben. Habe ich mehrere Möglichkeiten, die mir mehr Lebensqualität bescheren, werde ich mehr Freude empfinden. Durch mehr Freude schwinge ich freudvoller und ziehe noch mehr Freude in mein Leben. Bin ich hingegen ständig pleite und bekümmert deswegen, so führe ich kein erfülltes Leben und meine Schwingung zieht noch mehr Gründe an, um bekümmert zu sein.

Wende Dich nicht von Geld oder materiellen Gütern ab, aber wende Dich von negativen Gedanken ab.

Hast Du keine negativen Gedanken, so kannst Du auch nichts Negatives mit Deinem Geld und Deinen materiellen Gütern machen. Hast Du stattdessen vorwiegend positive Gedanken in Dir, so wirst Du mit Deinem Geld und Deinen materiellen Gütern etwas Positives schaffen. Schaffe ich mit meinem Geld und meinen materiellen Gütern etwas Positives, schenke ich mir oder anderen Menschen Freude damit, dann handle ich in höchstem Maße spirituell und entwickle einen erhabenen, positiven Charakter. Lehne ich Geld ab, so lehne ich auch ein angenehmes Leben ab. Lehne ich ein angenehmes Leben ab, so reduziere ich meinen eigenen Wert und handle der Selbstliebe entgegen. Wenn ich einmal erkannt habe, dass ich wertvoll bin, so werde ich mich nicht für ein Leben in Armut und Leid entscheiden und mich dadurch selbst einschränken.

„Willst du den Wert des Geldes kennenlernen, geh und versuche Dir welches zu borgen." (Benjamin Franklin)

In diesem Sinne: Sei nicht bescheiden. Bescheidenheit ist entgegen der allgemeinen Auffassung eine sehr negative Eigenschaft. Nimm alles, was man Dir anbietet, an, denn es würde Dir gar nicht angeboten werden (Wirkung), wenn Du nicht vorher auch anderen Menschen was angeboten hättest (Ursache). So schließt sich der Kreis durch das Gesetz der Anziehung. Lehnst Du das Dir Angebotene ab, handelst Du dem Gesetz der Anziehung zuwider und durchbrichst den universellen Kreislauf. Niemand sollte sich mit weniger zufrieden geben, wenn das Universum Dir genau die Menge anbietet, die Dir aufgrund Deiner Schwingung zusteht.

Es gibt sehr viele Menschen, die durch die bewusste Anwendung des Gesetzes der Anziehung finanziell reich werden wollen, es ihnen aber aus irgendeinem Grund nicht gelingt. Andere Menschen hingegen werden spielend leicht reich, ohne besonders hart dafür gearbeitet zu haben. Wieso sind diese Leute reich und ich nicht, werden sich Viele fragen? Was machen die anders als ich? Was wissen die, was ich nicht weiß? Das sind berechtigte Fragen. Sehen wir uns dazu einmal unser Gesellschaftssystem an. In der Schule wird uns alles Mögliche beigebracht: Naturwissenschaften, Fremdsprachen, Kunst, Geschichte, Musik. Aber das eigentlich Wesentliche für diese materielle Welt, in der wir nun einmal leben, bringt man uns nicht bei, nämlich wie man mit Geld umgeht, was man für eine Einstellung zu Geld entwickeln sollte. Reich zu sein ist eine Entscheidung!!! Eine Entscheidung sollte immer eine zweifellose 100%-Entscheidung sein, ohne Wenn und Aber. Alles andere wäre keine echte Entscheidung, sondern lediglich ein zweifelhafter Kompromiss, nichts Halbes und nichts Ganzes. Die Möglichkeiten reich zu werden sind vielfältig. Es gibt so viele reiche Menschen die auf unterschiedliche Weise zu Reichtum gekommen sind. Der eine hat sein Reichtum geerbt, ein anderer im Lotto gewonnen, wieder ein anderer hat eine grandiose Geschäftsidee gehabt, die ihm viel Geld eingebracht hat. Aber eins steht fest und daran kommst Du nicht vorbei, lieber Leser: Der Weg zum Reichtum begann bei jedem Einzelnen mit einem Wunsch, mit einer bewussten Entscheidung, nämlich reich zu sein. Alle reichen Menschen haben sich reich GEDACHT. Diese Methode hat sich seit Tausenden von Jahren nicht geändert.

Überprüfen wir vor diesem Hintergrund mal unsere Beziehung zu Geld: Was halte ich von Geld? Schätze ich es oder betrachte ich es nur als Mittel zum Zweck? Bin ich dankbar, wenn ich welches habe oder eher nicht? Wird es erst dann für mich wichtig, wenn es an allen Ecken und Enden fehlt? Kommt das Geld aufgrund meiner Ansichten (Schwingung) in mein Leben oder entfernt es sich immer mehr von mir?
Habe ich Angst vor Geld, weil ich befürchte, es könnte meinen Charakter verderben? Halte Dir stets vor Augen: Das Geld fühlt, was wir von ihm halten.

„Ich kann nicht mehr Angst vor Reichtum als vor Armut haben.“ (Goran Kikic)

Wenn ich Geld als etwas Schlechtes bewerte und mir ständig Sorgen mache über die Runden zu kommen, wird sich diese innere Haltung in meinen Erfahrungen widerspiegeln (wie innen, so außen). Darum möchte ich Dir gerne meine Beziehung zu Geld näher bringen: Ich liebe das Geld und alles, was ich mir damit kaufen kann. Überlege Dir nur, was für ein guter Freund Geld eigentlich ist. Dieser Freund beschafft mir Kleidung, Essen, ermöglicht mir das Wohnen in meinen eigenen vier Wänden, ermöglicht mir das Reisen in ferne Länder, beschafft mir ein Auto, Karten fürs Kino, meine Lieblingsbücher und –filme und vieles, vieles mehr. Wir wollen das Geld ja nicht nur um des Habens willen. Es geht um die tollen Möglichkeiten, die wir mit viel Geld haben. Ohne Geld bleiben wir sehr eingeschränkt in unseren Möglichkeiten. Wir brauchen Geld für Lebensmittel, für unsere medizinische Versorgung, für unsere Bildung, für Fortbewegungsmöglichkeiten, für Kleidung, für ein Zuhause, für unsere Hobbys, für fast ALLES.

All das beschafft mir das Geld und noch viel mehr. Und unser Freund (Geld) ist so beliebt, dass wir jammern, wenn er mal nicht bei uns ist (wir also zu wenig haben). Jeder will unseren Freund bei sich haben, hat aber manchmal noch nie ein gutes Wort über ihn verloren. Nein, stattdessen fluchen die meisten Menschen, wenn unser Freund, das Geld, bei einem nicht vorbeischaut und auch fern bleibt. Doch wenn unser aller Freund da ist, wird ihm dann Wertschätzung und Respekt entgegengebracht? Nein, er wird als selbstverständlich betrachtet.
Aber ist das noch angemessen? Verhält man sich so zu jemandem, der einem all die schönen Dinge beschafft, die einem das Leben verschönern und erleichtern?

Natürlich nicht.

Viel besser wäre es doch, man lädt das Geld zu sich ein. Viel angemessener wäre es doch, man bringt seinem Freund (GELD) Liebe und Zuneigung entgegen. Vor allem sollten wir nicht so undankbar sein, wenn unser Freund (GELD) uns wieder neue schöne Dinge besorgt hat. Wir sollten in solchen Fällen sagen:

VIELEN DANK, LIEBES GELD! ICH DANKE DIR VON GANZEM HERZEN. ICH LADE DICH UND DEINE VERWANDTEN DAZU EIN, MICH SO SCHNELL WIE MÖGLICH WIEDER ZU BEEHREN, DENN BEI MIR HABT IHR ES GUT. AUF BALD UND DENKE BITTE IMMER DARAN: DU, DEINE VERWANDTEN UND FREUNDE SEID BEI MIR IMMER HERZLICH WILLKOMMEN!!!!!

Wenn ich mit Geld zu tun habe, dann stelle ich mir vor, es ist genauso wie z.B. mein Mitautor Mike ein sehr guter Freund, eine lebendes, atmendes Wesen. Und würde ich mit Mike so sprechen? Insbesondere vor dem Hintergrund, dass er mir (rein fiktiv) wie das Geld alles beschafft, vom Essen über Kleidung bis zu meinen Möbeln? Sicherlich nicht. Mit einem guten Freund sollte man so nicht umgehen. Man sollte ihm wirklich immer wieder zeigen, dass er herzlich willkommen ist, dass man ihn wertschätzt und achtet, ja sogar liebt. Denn dann kommt er gerne wieder und bringt auch seine Freunde mit.

Einen guten Freund lässt man seine Freundschaft spüren. Wir würden doch (an der Stelle des Geldes) auch lieber jemanden besuchen, der uns gastfreundlich in sein Haus einlädt, uns etwas zu trinken anbietet und uns seine Wertschätzung zeigt, als zu jemandem zu gehen, der uns die kalte Schulter zeigt und uns sogar auch noch anbrüllt, wo wir denn so lange gewesen sind und erst jetzt kommen, da er unsere Hilfe braucht.

So gehen tatsächlich viele Menschen mit Geld um. Da Geld für die meisten Menschen eher nur ein unpersönlicher "Gebrauchsgegenstand" ist, vergessen sie leider allzu oft das Gesetz der Anziehung. Mit so einer Schwingung zu Geld zieht man es aber nicht in sein Leben an, sondern stößt es von sich ab.

Wenn es Dein Wunsch ist finanziell im Überfluss zu leben, so wünsche es Dir einfach aus tiefstem Herzen. Über das WIE brauchst Du Dir keine Gedanken zu machen. Bist Du dann zu Geld gekommen (egal ob durch einen Lottogewinn, eine Erbschaft, einen Job, ein eigenes Unternehmen, einen wohlhabenden Lebensgefährten), verdankst Du diesen Geldsegen einzig und allein DEINEN machtvollen, schöpferischen Gedanken und Deiner unbeirrbaren Entschlossenheit, die Deinen Wunschtraum manifestiert und in Deine Realität gebracht haben.

Ich habe im Laufe der Zeit die Einstellung eines befreundeten Millionärs angenommen, nämlich die, dass finanzieller Reichtum die normalste und natürlichste Lebensart ist, die es gibt. Finanzieller Überfluss ist tatsächlich nur eine Frage der eigenen Haltung. Chronische Geldknappheit ist eine Frage der falschen Einstellung zu Geld. Wem bereitet ein Leben in Armut schon Freude? Und wenn jemand in Armut lebt und glücklich ist, so ist er nicht glücklich WEGEN der Armut, sondern TROTZ der Armut. Vergiss niemals, lieber Leser, dass Geld unser wertvoller Freund ist.

Das Geld ist dafür da, unser Leben zu bereichern und zu erleichtern, nicht um uns Kummer und Sorgen zu bereiten. So etwas tun Freunde nicht.

Die amerikanischen Finanzbehörden haben ermittelt, dass alle 5 Minuten jemand in den USA Millionär wird (1,8 Millionen gibt es dort landesweit, etwa 100.000 kommen jährlich neu hinzu). FAKT ist: wir leben in einer Welt, in der tagtäglich Milliarden Geld-Transaktionen stattfinden. FAKT ist, dass es so viel Geld gibt, dass genug für jeden da ist. Es gibt Millionen Menschen, die arm geboren werden, aber das muss nicht so bleiben. Jeder von uns kann Millionär werden. Und dabei denke ich noch gar nicht mal so sehr auf einen erhofften Lottogewinn. Wer nur daran denkt, beschränkt sich selber. Es gibt zig Möglichkeiten, die einem zu Reichtum verhelfen. Wer kann denn ausschließen, dass ich morgen einen Millionär kennen lerne und ihm eine tolle Geschäftsidee verkaufen kann? Oder dass ich meinen Traumpartner kennen lerne, der bereits Millionär ist? Entscheidend ist nur, dass man reich werden WILL (Bitte, so wird Dir gegeben). Über das WIE brauchen wir uns überhaupt keine Gedanken zu machen, das ist nicht unser Job, darum kümmert sich das Universum. Darum wiederhole ich noch einmal, denn man kann es gar nicht oft genug wiederholen: JEDER VON UNS KANN MILLIONÄR WERDEN!!! Es gibt so viele unterschiedliche Menschen, die Millionär geworden sind: Junge und alte Menschen, Leute aus bereits wohlhabenden und aus ärmlichen Verhältnissen, Menschen mit hohem Schulabschluss und Menschen mit schlechtem und gar keinem Schulabschluss. Es hat nichts mit dem Alter, dem Geschlecht, dem sozialen Hintergrund, der Nationalität oder dem Bildungsgrad zu tun – es hat einzig und allein mit der Einstellung zu Geld zu tun.

Was will ich mit dem Geld alles kaufen, wenn ich es erst einmal habe? Diese Frage sollte als Erstes geklärt sein. Male Dir in Deiner Phantasie aus, was Du Dir kaufen willst, in was Du Dein Geld investierst, damit noch mehr Geld zu Dir kommt. Erschaffe Deinen eigenen Geldkreislauf: Geld will nicht gehortet werden, es will nicht unnütz herumliegen. Nein, es will in Bewegung bleiben, im Kreislauf, es will für Dich arbeiten, es will Deine Wertschätzung erwidern, indem es Dich reicher und somit glücklicher macht. Das Streben nach Geld soll Spaß machen, es soll uns Freude bereiten, es soll uns nicht verbissen und verbittert machen.

„Geld ist kein Selbstzweck, sondern nur Mittel zum Zweck. Es bringt den Menschen an sein Ziel - vorausgesetzt, er hat eins. Es gibt ihm die Mittel zur Erfüllung seiner Wünsche - wenn er denn welche hat. Der Tor, der nicht weiß, was er will, wird auch mit Geld sein Glück nicht erkaufen können; das Geld wird ihm weder Werte noch einen Lebenssinn erkaufen können." (Ayn Rand)

„Geld zu haben ist schön, solange man nicht die Freude an Dingen verloren hat, die man für Geld nicht kaufen kann." (Salvator Dali)

Wie ist es mit Dir, lieber Leser? Bist Du glücklicher, wenn Du Schulden hast und Deine Rechnungen nicht bezahlen kannst? Oder bist Du glücklicher, wenn Du genug Geld für alle Deine finanziellen Verpflichtungen und alle Deine Wünsche hast? Geld ist nicht der Nabel der Welt, aber es ist genauso wichtig wie andere Lebensbereiche (Gesundheit, Partnerschaft, geistiges Wachstum), es ist weder wichtiger noch unwichtiger.

Checkliste:
Betrachte Geld als einen guten, zuverlässigen Kumpel.
Zeigst Du dem Geld Deine Wertschätzung, so wird das Geld Dir auch seine Wertschätzung zeigen und stets zu Dir kommen.
Werde innerlich reich, dann wirst Du auch äußerlich reich.

Kein Mensch schwingt höher als ein unbeschwertes Kleinkind.

33. Was wir von Kindern lernen können

(geschrieben von Goran Kikic)

Bei Kleinkindern ist die Grenze zwischen Phantasie und Realität noch nicht so ausgeprägt wie bei Erwachsenen oder bereits Schulkindern. Phantasie und Realität verschmelzen miteinander (anstatt „Realität" kann man auch Wirklichkeit sagen, etwas hat also eine bestimmte Wirkung auf uns.). Kleinkinder sind durch ihre Neugier und ihren Wissensdurst viel offener als Erwachsene, sie haben ständig Fragen und wollen alles Mögliche wissen. Sie sind nicht festgefahren in ihren Ansichten und haben noch kein gefestigtes Weltbild.

„Unerschöpflich ist die Einbildungskraft der Kinder. Ihnen redet die Puppe, der Stein und die Blume und was sie ergreifen, das möchten sie ändern und gestalten." (Lorenz Kellner)

Die Grundschwingung von Kleinkindern ist ausgesprochen hoch, was auf viele Gründe zurückzuführen ist: Kleinkinder sind unverfälscht, sie verstellen sich kaum oder gar nicht. Tabuthemen gibt es so gut wie nie welche, Neugeborene kennen überhaupt keine Hemmungen und schämen sich nicht. Passt Kleinkindern was nicht, dann sagen sie es meist geradeheraus. Sie achten nicht auf Normen und Vorschriften, sondern lassen sich von ihren Gefühlen leiten. Kleinkinder machen sich keinen Druck, sie leben harmonisch. Wenn sie keine Lust mehr haben sich mit einer Sache auseinanderzusetzen, lassen sie es für gewöhnlich einfach bleiben. Wenn Kleinkinder etwas auf Anhieb nicht schaffen, so machen sie sich in der Regel nichts daraus und werden deswegen nicht depressiv oder melancholisch, sondern versuchen es erneut. Während Erwachsene sich hauptsächlich mit Dingen beschäftigen, weil sie es müssen oder die Umstände sie dazu zwingen, befassen sich Kinder (sofern man ihnen die Gelegenheit dazu gibt) mit dem, was ihnen Freude bereitet und weil sie es wollen. Sie gehen darin vollkommen auf und vergessen dabei vollkommen das Zeitgefühl. Vor allem aber leben Kinder im

JETZT. Sie richten ganz unbeschwert ihre ganze Aufmerksamkeit auf ihre momentane Beschäftigung, ohne voller Sorgen an morgen zu denken. Sie sind frei in ihrem Denken und Handeln, und dadurch sind sie GLÜCKLICH (was ist bei den meisten Erwachsenen davon noch übrig geblieben?). Je freier, je offener, je glücklicher ein Mensch ist, desto höher schwingt er.

Kleinkindern gelingt es mühelos, sich in ihrer Phantasie etwas vorzustellen und dann darüber herzlich zu lachen. Der kindliche Geist ist noch rein, frei von eingefahrenen Denkmustern, Vorschriften und Prägung in der Schule. Kleinkinder fürchten sich nicht vor Gott oder dem Schicksal, und sie haben noch kein „Schubladendenken" entwickelt. Egal, ob Bettler, Arbeitsloser, Polizist, Heilpraktiker, Feuerwehrmann, Senator, Präsident, Putzfrau oder Unternehmer – welchen Beruf jemand hat, interessiert das Kleinkind nicht. Es kategorisiert die Menschen nicht und hat so gut wie nie Vorurteile. Der Beruf sagt für Kleinkinder nichts über die charakterliche Qualität eines Menschen aus. Erwachsene sehen das oft anders.

„Kinder müssen die Dummheiten der Erwachsenen ertragen, bis sie groß genug sind, sie selbst zu machen." (Jean Anouilh)

„Kinder sehen in jede Richtung, aber wenn sie erwachsen werden, schauen sie nur noch geradeaus." (Anke Maggauer-Kirsche)

„Kinder sind soziale Wesen – keine Spur von Trennung und Abgrenzung." (Gerd Peter Bischoff)

Kleinkinder müssen nicht die neusten Klamotten tragen, um sich „IN" und cool zu fühlen. Kleinkinder sind für gewöhnlich nicht eingeschnappt, wenn jemand etwas besser kann als sie. Und sie lassen sich auf Neues ein. Erwachsene neigen dazu, bei jedwedem Thema sofort eine tiefere Bedeutung vorwegzunehmen. Sie lassen sich gar nicht mehr auf die Sache ein, sondern machen sich ein Bild aus einer sicheren Distanz heraus. Erwachsene haben meist vorgefertigte Meinungen, Ansichten und Erwartungen, stecken voller Vorurteile, sind viel festgefahrener in ihrem Weltbild als Kleinkinder. So kann man sich jedoch kein objektives

Gesamtbild machen. Dadurch sind Erwachsene im Denken wesentlich unflexibler und eingeschränkter. Die Phantasie von Kleinkindern hat noch keinen Schaden durch unser Gesellschaftssystem genommen und ist deshalb unendlich groß. In ihrer Vorstellung gibt es für Kleinkinder keinerlei Grenzen. Während Erwachsene ihre Phantasie im Laufe der Zeit mehr oder weniger eingebüßt und durch den rationalen, sachlichen Verstand vollständig ersetzt haben, genießen Kinder das Gefühl grenzenloser Freiheit. Für sie ist das Leben ein interessantes Abenteuer, welches man spielerisch, locker und voller Spaß erleben will. Und niemals würde sich ein Kleinkind, wenn es sich etwas wünscht, dabei unwürdig vorkommen.

Warum schreibe ich hier über Kinder, höre ich Dich fragen, lieber Leser. Weil Kinder Fähigkeiten haben, welche bei bewusster Anwendung phänomenale Wunschmanifestationen herbeiführen können. Und wir ALLE waren mal Kinder, wir alle hatten diese Fähigkeiten und keinerlei Blockaden in uns. Jedoch waren wir als Kinder nicht reif genug, um das Ausmaß unserer Macht zu kennen. Wir kannten als Kinder nicht das Gesetz der Anziehung. Heute aber kennen wir es und heute geht es darum, dass wir zu unserem natürlichen, kindlichen Zustand zurück finden. Mit unserem heutigen Wissen und der Phantasie, die wir als Kinder hatten, bleibt kein Wunsch unerfüllt.

Erinnere Dich an all Deine Träume, als Du noch ein Kind warst. Warum verfolgst Du sie nicht mehr? Was ist geschehen? Die Antwort ist: Du bist erwachsen geworden. Du hast Dich einer Welt angepasst, die aus Regeln und Vorschriften Anderer besteht. Und darum verschwand immer mehr und mehr die unbeschwerte Freude aus Deinem Leben. Wenn Du selbst Kinder oder Enkelkinder in jungen Jahren hast, spiele so viel möglich mit ihnen. Lass Dich anstecken von ihrer Freude und Einfachheit. Bewahre Dir Deine Begeisterungsfähigkeit, die Du als Kind hattest. Das ist der Schlüssel zu fantastischen Wunscherfolgen.

„Jesus sprach nie eine größere Wahrheit aus, als da er sagte, die Weisheit komme aus dem Mund der kleinen Kinder." (Mahatma Gandhi)

„Die Weisheit führt uns zur Kindheit zurück." (Blaise Pascal)

„Wie betest du? Du solltest zu Gott gehen wie ein kleines Kind. Ein Kind hat keine Schwierigkeiten, seine Gefühle in einfachen Worten auszudrücken, die so viel sagen.“ (Mutter Theresa)

„Ich liebe die Kinder, sagt Gott, weil mein Bild in ihnen noch ungetrübt ist.“ (Michel Quoist)

Checkliste:
Sieh das Wünschen wie ein Kind als Spiel an.
Sei unverfälscht wie ein Neugeborenes.
Nimm das Leben so unbeschwert wie ein Kind an.

Probleme hat jeder Mensch, doch bedenke, dass der Himmel hinter den Wolken stets blau ist.

34. Rückschläge sind hilfreich

(geschrieben von Goran Kikic)

Man kann bedenkenlos behaupten, dass fast alle großen Erfolge auf dieser Welt erst nach anfänglichen Fehlschlägen entstanden sind. Deshalb darf die Angst vor Fehlern und Rückschlägen niemals zum Ratgeber werden. Jeder Rückschlag, ob klein oder groß, testet uns, wie ernst wir unsere Ziele nehmen. Also selbst wenn es mal zu einem Rückschlag kommt, sollten wir nie vergessen, dass Rückschläge oft gute Gelegenheiten sind, um neue Wege zu beschreiten, sich neue Sichtweisen anzueignen und etwas Neues zu entdecken, was uns unserem Ziel schneller näher bringt.

"Lieber Fehler riskieren, als Initiative verhindern." (Reinhard Mohn)

Der legendäre Kampfsportler Bruce Lee, Gründer der Kampfkunst Jeet Kune Do, zog sich 1970 eine schwere Rückenverletzung zu, die ihn mehrere Monate ans Krankenbett fesselte. Diese Zeit, in der er seinem Training nicht nachgehen konnte, nutzte er, um seine Gedanken, Philosophien und Ideen zu Papier zu bringen. Seine Frau veröffentlichte nach Bruce Lees Tod einen Großteil dieser Aufzeichnungen in dem Buch „Bruce Lees Jeet Kune Do". Ohne Bruce Lees „Rückschlag" (seine Rückenverletzung) hätte die Welt vermutlich auf Bruce Lees einzigartiges Werk verzichten müssen. Von diesem Blickwinkel aus gesehen, erscheint uns Bruce Lees Rückenverletzung aus heutiger Sicht wie ein Segen. Jeder Rückschlag kann neue, ungeahnte Möglichkeiten bedeuten.

Aus Steinen, die in den Weg gelegt werden, kann man auch etwas Schönes bauen." (Johann Wolfgang von Goethe)

„Inmitten von Schwierigkeiten liegen oft Möglichkeiten." (Albert Einstein)

„Jede Krise hat nicht nur Ihre Gefahren, sondern auch ihre Möglichkeiten." (Martin Luther King)

„Die Chinesen schreiben das Wort "Krise" mit zwei Schriftzeichen. Das eine bedeutet 'Gefahr', das andere 'Günstige Gelegenheit, Chance'." (Werner Piper)

„Jedes Problem hält ein Geschenk in der Hand." (Indisches Sprichwort)

Rückschläge sind unbezahlbare Chancen und wir können aus allen Situationen etwas lernen. Jede Durststrecke erweitert unseren Horizont und bringt uns zu neuen Ufern, wo uns ungeahnte Erkenntnisse erwarten. Denn wie Einstein schon wusste, kann man Probleme nicht mit dem gleichen Denkansatz lösen, der sie geschaffen hat. Man muss sich weiterentwickeln, geistig wachsen. Versetzen wir uns in ein Fußballteam, welches im Rückstand liegt. Der Rückschlag sorgt für eine neue Taktik, eine neue Strategie. Das Ziel bleibt dasselbe, nur der Weg dahin ändert bzw. verbessert sich. So wie ein Sturm die Wurzeln eines Baumes testet, so können wir Probleme als einen Test unserer Standhaftigkeit verstehen.

Die Konsequenzen unserer niedrigen Schwingung ereilen uns nicht über Nacht, sondern mehren sich oft mit der Zeit und brechen wie eine Lawine über uns ein. Eine gerade angefangene Erfolgssträhne wird so jäh beendet und manche verzweifeln an solch einem Rückschlag. Aber das ist nicht nötig. Wusstest Du, lieber Leser, dass einige der erfolgreichsten Persönlichkeiten der Welt erst nach anfänglichen Rückschlägen ihre großen, erstrebten Erfolge erreicht haben? Hier einige Beispiele:

Winston Churchill und Albert Einstein waren in der Schule sitzengeblieben. Einstein konnte übrigens erst sprechen, als er vier Jahre alt war. Thomas Edison musste sich von seinem Lehrer sagen lassen, dass er zu dumm zum Lernen sei. Außerdem wurde er aus seinen ersten zwei Jobs gefeuert. Abraham Lincoln war als Anwalt erfolglos. Walt Disney wurde während seiner Arbeit in einem Zeitungsverlag vorgeworfen, dass er nur eine begrenzte Vorstellungskraft habe – deshalb wurde er gefeuert. Sigmund Freud wurde vom Podium gebuht, als er seine Theorien das erste Mal einem breiten Publikum vorstellte. Henry Ford ging fünfmal pleite, bevor er endlich Erfolg hatte.

Angesichts dieser Tatsachen sollten wir uns stets ein Zitat von Winston Churchill vor Augen halten: *„Gib niemals auf; gib niemals auf, gib niemals auf, nie, nie, nie,…!“*

Setze Dich nicht unter Erfolgsdruck. Je ruhiger und gelassener wir sind, desto höher schwingen wir, und desto schneller gelangen wir in eine so hohe Grundschwingung, in der sich unsere Wünsche manifestieren.

Eines steht fest: Es gibt viele Wege zum Ziel. Manche davon sind vielleicht Umwege, aber was soll's – dann erreichen wir das Ziel eben ein wenig später. Das Leben lehrt uns immer wieder aufs Neue, dass es immer weitergeht. Es kann immer wieder zu unerwarteten Rückschlägen kommen, da wir unsere Gedanken und somit unsere Schwingung nicht immer bewusst benutzen – aber wenn wir den Glauben an uns nicht verlieren, nicht aufgeben und nicht resignieren, werden wir gestärkt aus solchen Situationen hervorgehen.

„Die Hoffnungslosigkeit ist schon die vorweg genommene Niederlage." (Karl Jaspers)

„Fallen ist weder gefährlich noch eine Schande. Liegenbleiben ist beides." (Konrad Adenauer)

„Unsere größte Schwäche liegt im Aufgeben. Der sicherste Weg zum Erfolg ist immer, es doch noch einmal zu versuchen." (Th. A. Edison)

Vergleiche das mit einem Baum, der bereits unzähligen Stürmen und Orkanen getrotzt hat. Dies konnte er aber nur, weil er fest verwurzelt war (an sich geglaubt hat). Und alle Risse am Baum offenbaren, dass der Baum ein sehr abwechslungsreiches Leben geführt hat. All diese Lebensstürme haben den Baum geformt und ihn reifen lassen, so dass er jetzt in seiner ganzen Pracht unvergleichlich ist. Ohne die Stürme des Lebens wäre er nicht so wertvoll, wie er es heute ist.

Ich persönlich betrachte jeden Rückschlag bezüglich meiner Ziele als eine Chance, meine Sichtweise so auszurichten, um etwas Glücksbringendes zu sehen, was meinem Blick vorher entgangen war. Erkennen wir dies, so werden wir trotz Rückschlag Erfolg haben und durch den Rückschlag als Persönlichkeit reifen. Dies ist meine feste Überzeugung und ich vertraue darauf, dass nicht nur mir, sondern jedem Menschen nach seinem Glauben geschieht. Dass Rückschläge gar nicht so schlimm sind, erkennst Du an dem Wort „Problem". Wäre ein PROblem wirklich so schädlich, dann würde es CONTRAblem heißen.

Also nicht verzagen. Denk an Dein Geburtsrecht glücklich zu sein.

Checkliste:
Rückschläge sollten uns nicht aus der Bahn werfen, sondern uns dazu bringen, eine neue Sichtweise einzunehmen.
Setz Dich nicht unter Erfolgsdruck, wenn es zu einem Rückschlag kam. Bleib gelassen und achte auf neue Möglichkeiten.

Furcht besiegt mehr Menschen als irgendetwas anderes auf der Welt.

35. Wozu noch Angst haben?

(geschrieben von Goran Kikic)

Wozu Angst haben vor der Zukunft? Ich sehe es so: Wenn wir mit unseren Gedanken die Macht haben, unseren morgigen Tag voraus zu gestalten, dann ist das in etwa so, als würdest Du Dir selbst einen Brief schreiben. Du schreibst ihn heute und erhältst ihn morgen. Also wozu Angst davor haben, was in dem Brief drinsteht? DU bist es doch, der ihn schreibt und somit über den Inhalt gebietet. Es liegt allein in Deiner Macht, heute etwas Schönes zu schreiben, so dass Du es morgen präsentiert bekommst. Und wenn Du weißt, dass Du heute etwas Schönes geschrieben hast, so brauchst Du morgen keine Angst davor zu haben, dass der Brief Dir irgendwie schaden kann. Du musst Dich nur bewusst dafür entscheiden, etwas Schönes zu schreiben (positiv zu schwingen, glücklich zu sein, Dir etwas Schönes zu wünschen). Es liegt an UNS. Allein dieses Gefühl, dass man derjenige ist, welcher entscheidet, wie sein Leben zu sein hat, ist unendlich schöööööööön. Ich kann mir wünschen, dass ich morgen einen netten Kunden kennen lerne. Es liegt an MEINER Schwingung. Ich kann mir einen netten Beamten im Finanzamt wünschen und ebenso freundliche Verkäufer im Supermarkt. Niemand kann Dir sagen, wie Dein morgiger Tag aussehen wird – außer Dir. Jeder emotionsgeladener Gedanke erzeugt Deine Zukunft. Und je liebevoller Deine Gedanken sind, desto liebevoller wird Dein morgiger Tag. Vergegenwärtigen wir uns immer und immer wieder, dass man sich vor nichts und niemandem fürchten muss.

Das Gesetz der Anziehung besagt: Angst erzeugt nur noch mehr Angst. Angst ist aus meiner Sicht die Abwesenheit von Liebe und je größer die Angst, desto wahrscheinlicher wird sie sich erfüllen. Da wo Angst ist, kann nur noch mehr Angst dazu kommen. Und wer sollte das wirklich wollen? Viele Menschen, die Angst vor Krebs haben und sich mit solchen Gedanken jahrelang tagein, tagaus befassen, erkranken früher oder später an Krebs. Früher hatte ich meine Ängste auch nicht im Griff.

Zum Beispiel hatte ich immer Angst vor einem Autounfall und davor, dass jemand in meinen Armen stirbt. Ich war dreimal als Beifahrer in Autounfälle verwickelt, bei denen sich die heranrückenden Polizisten gewundert haben, dass ich nicht viergeteilt wurde (dreimal Totalschaden). Und was die andere Angst betrifft, so fand ich meine liebevolle, 90jährige Nachbarin am Boden liegend vor, wie sie mit kaum hörbarer Stimme um Hilfe rief. Ich kümmerte mich sofort um sie und alarmierte auf der Stelle den Notarzt. Sie starb nicht in meinen Armen, aber dafür zwei Monate später im Krankenhaus. Ich machte mir lange Zeit große Vorwürfe, weil ich ihre Hilferufe nicht früher hörte, aber heute begreife ich, dass ich nicht für ihren Tod verantwortlich bin. Diese Ereignisse machten mir immer klarer, dass meine Schwingung mich genau in jene Situationen versetzte, mit denen ich mich lange, intensiv und emotional befasste.

Die meisten Menschen bekommen immer dann Angst, wenn Ihnen etwas Negatives zustößt. Sie fangen an zu zweifeln, dass sie selbst ein Schöpfer sind und dass es das Gesetz der Anziehung überhaupt gibt. Sie fühlen sich als Opfer der Umstände, kommen sich wie ein hilfloser Spielball des Schicksals vor. Die Menschen geben damit aber ihre Eigenverantwortung ab und suchen die Ursache wieder bei irgendwelchen imaginären Mächten (Schicksal, Zufall, Vorbestimmung). Wenn mir etwas Negatives widerfährt, so empfinde ich keine Angst, sondern mache mir bewusst, dass eine von mir gesetzte Ursache in meiner Vergangenheit für den aktuellen negativen Vorfall verantwortlich ist. Fürchte ich mich vor etwas, dann gehe ich folgendermaßen vor: Ich stelle mir meine Angst bildlich vor (z. B. einen Flugzeugabsturz). Dies mache ich so lange und derart intensiv, bis mir das Gefühl der Furcht immer vertrauter wird. Dann imaginiere ich weiter, wie ich diese spezielle Angst in meiner Phantasie überwinde, sie meistere. Wichtig ist es, sich nicht mit dem Gefühl der Angst gleich zu setzen, sich damit zu identifizieren (Ich BIN ängstlich), sondern sich dessen bewusst zu sein, dass es sich bei dem Gefühl der Angst lediglich um eine derzeitige Schwingung in diesem Bereich handelt (Ich FÜHLE mich jetzt gerade ängstlich), die sich aber jederzeit ändern lässt.

Menschen haben vor allem Möglichen Angst und das jeden Tag: Vor Armut, vor Pech in der Liebe, vor Unfällen, vor Krankheiten, vor Krieg, vor dem Tod. Wenn jemand schon Angst hat, dann lieber vor einem nicht wirklich gelebten Leben. Ideal ist es natürlich, wenn man sich ganz von der Angst verabschiedet.

Also lebe Dein Leben, lieber Leser, und lebe es vor allem angstfrei. Denn Angst ist einfach nur überflüssig und unnötig, Angst lähmt und paralysiert Dich, es raubt Dir Deine Lebensfreude, ist wie eine Virusinfektion und entsteht oft aufgrund von Unwissenheit. Kein negatives Ereignis und kein feindlich gesinnter Mensch können in Dein Leben eindringen, solange Du sie nicht per Gedanken in Dein Leben ziehst. Wenn Du dieses Wissen tief verinnerlicht hast, dann weißt Du, dass das Leben zum Genießen und Lernen (oder genussvollem Lernen) da ist. Das geht aber nur, wenn Du keine Angst hast.

Checkliste:
Angst ist völlig unbegründet.
Du erschaffst ALLES in Deinem Leben, also wozu sich fürchten?
Imaginiere, wie Du Deine Angst überwindest, bis sie sich auflöst.

Das Entscheidende am Wissen ist, dass man es beherzigt und anwendet. (Goethe)

36. Übung macht den Meister

(geschrieben von Goran Kikic)

Jemand, der sein Leben ERFOLGreich meistern will (also ein Meister seines Lebens werden will), der muss den Löwenanteil seiner Zeit und Energie logischer Weise in seinen Erfolg investieren. Ich kann nicht einen Bruchteil meiner Energie in eine Sache stecken, aber einen Riesengewinn erwarten. Diese Grunderkenntnis sollte jeder von uns verinnerlicht haben.

„Steter Tropfen höhlt den Stein.“ (Choirilos von Samos)

Anders gesagt: Von nichts kommt nichts. Die Erfolge beim Wünschen kommen nicht allein durch das Lesen eines Buches zustande. Sei Dir darüber bewusst: Das Buch vermittelt lediglich das Wissen, das ist trockene Theorie. Selbst wenn man hundert oder tausend Bücher über das Gesetz der Anziehung gelesen hat, ist das nur theoretisches Wissen. Was man aber daraus macht, liegt bei jedem Einzelnen. Das Anwenden dieses Wissens, die Praxis, ist ausschlaggebend. Das Wissen allein reicht nicht aus, es wendet sich nicht von allein an. Wissen ist nur dann Macht, wenn man es praktiziert. Der Unterschied zwischen dem Erfolglosen und dem Erfolgreichen ist wirklich die <u>andauernde</u> Anwendung der im Buch vorgestellten Methoden. Es ist wie im Sport: Von ein paar wenigen Trainingseinheiten kann man keine Siege oder gar die Meisterschaft erwarten. Wer sein Leben durch bewusstes Anwenden des Gesetzes der Anziehung bestimmen will, muss lernen Prioritäten zu setzen. Es kommt letztendlich nur darauf an, wie ernst man es mit etwas meint. Wenn das Fernsehprogramm Dir wichtiger erscheint, dann wird sich in Deinem Leben kaum etwas zum Positiven ändern.

Für den Beruf steht man jeden Morgen auf, erscheint pünktlich am Arbeitsplatz und leistet mehrere Stunden eine bestimmte Arbeit. Die tägliche Leistung für das bewusste Umgehen mit dem Gesetz der Anziehung beschert uns unschätzbare Vorteile, ohne dass man die Nachteile des Berufslebens (Fremdbestimmung durch den Arbeitgeber) in Kauf nehmen muss.

Das Wünschen und Imaginieren sollten jedoch nicht nur eine Methode sein, sondern man sollte sie im Leben kultivieren, sie zu einer Lebenseinstellung machen. Der bewusste Umgang mit dem Gesetz der Anziehung ist keine Sache, die man eines Tages erlernt hat, und die damit abgeschlossen ist. Nein, der Umgang damit ist genau so wie auch alles andere nur durch ständige Anwendung aufrecht zu erhalten. Gehe ich zehn Jahre in die USA und spreche kaum deutsch, so werde ich bei meiner Rückkehr in Deutschland feststellen, dass ich die deutsche Sprache nicht mehr so gut beherrsche wie bei meiner Abreise. Es gibt kein großes, wohl gehütetes Geheimnis, wie man durch die bewusste Anwendung des Gesetzes der Anziehung über Nacht sein Leben ins Positive ändert. Nein, dazu sind Ausdauer und Selbstdisziplin erforderlich. Das ist reine Logik. Und dennoch halten sich 95 von 100 Menschen nicht daran und sabotieren so ihre Wunscherfüllung. Ich beispielsweise habe meine Selbstdisziplin geschult, indem ich mir vorgenommen habe, jeden Tag joggen zu gehen, unabhängig vom Wetter. Wenn ich trotz Regen joggen ging, habe ich mich durch nichts und niemanden beirren lassen, sondern ging meinen Weg. Ich nahm meinen Entschluss sehr ernst. Als ich als Kind in einem Fußballverein spielte, kam es immer wieder mal vor, dass einige Spieler keine Lust auf das Training hatten. Der Trainer schickte sie heim mit den Worten: „Kommt wieder, wenn ihr die richtige Einstellung habt. Solange ihr die nicht habt, hilft das ganze Training nicht, weil ihr nicht bei der Sache seid. Entweder ihr wollt mit dem Training etwas erreichen oder nicht.“ Übertragen auf das Leben bedeutet das für mich, dass ich mit der bewussten Anwendung meiner Gedanken und Glaubensausrichtung Glück und Zufriedenheit erreichen will, oder eben nicht. Entweder es liegt mir etwas daran oder nicht.

„Es ist nicht genug zu wissen, man muss es anwenden. Es ist nicht genug zu wollen, man muss es auch tun.“ (Goethe)

Nicht das Beginnen wird belohnt, sondern einzig und allein das Durchhalten.“ (Katharina von Siena)

„Courage ist gut, aber Ausdauer ist besser.“ (Theodor Fontane)

„Ausdauer ist ein Talisman für das Leben.“ (Sprichwort)

Grau ist alle Theorie.

Betrachten wir mal den Unterschied zwischen Theorie und Praxis. Ich vergleiche das mit einer Schulklasse, in der alle Schüler exakt dasselbe Mathebuch haben. Das bedeutet, alle haben die Möglichkeit darin zu lesen und sich damit auseinanderzusetzen, es herrscht Chancengleichheit. Aber wenn jemand nur ab und zu da reinschaut und sich damit nur wenig auseinandersetzt, wird er nicht so gute Resultate (gute Noten) erzielen, wie jemand, der sich regelmäßig damit beschäftigt. Kaum jemand wird das Mathebuch für seine schlechten Noten verantwortlich machen. Nein, man ist selbst dafür verantwortlich. So ist es auch mit dem Gesetz der Anziehung. Lese ich darüber, wende es aber nur selten, halbherzig oder gar nicht an, dann bringt es mir herzlich wenig. Was nützt es jemandem, wenn er beispielsweise genau erklären kann, wie man ein Auto fährt? Er kann uns alles genau erklären: Das Schalten, Bremsen und Gas geben. All das ist theoretisches Wissen, bedeutet aber noch lange nicht, dass die betreffende Person selbst Auto fahren kann. Das angelesene Wissen gilt es konstruktiv im eigenen Leben umzusetzen.

Die meisten Menschen erreichen während ihrem ersten bewussten Wünschen mit keiner einzigen Wunschmethode Erfolge über Nacht, da sie durch unbewusste Glaubenssätze viel mehr negativ, als positiv schwingen und dadurch ihre Wunschmanifestationen selbst blockieren. Es geschieht ihnen nach ihrem Glauben, auch wenn es nicht ihr bewusster Glaube ist. Also befasse Dich zuerst einmal mit Deinen Glaubenssätzen. Die Wunschmethoden kommen erst danach dran und der Erfolg wird nicht lange auf sich warten lassen. Es bringt rein gar nichts, wenn man Schritt 2 vor Schritt 1 machen will. Vor einiger Zeit übertrieb ich es mit dem Kraftsport und wog über 90 kg bei einer Körpergröße von 1,75m. Dies wirkte sich negativ auf die verschiedenen Kampfkünste aus, welchen ich nachging. Ich gewann zwar an Kraft, verlor aber an Beweglichkeit, Agilität und Gelenkigkeit. Ich beschloss also mehr Gymnastik zu betreiben und entschloss mich abzunehmen. Ich ging es spielerisch, aber dennoch diszipliniert an. Spielerisch in dem Sinne, dass alles nur ein Spiel ist und ich mich nicht verrückt mache, wenn die Fortschritte auf sich warten lassen. Und diszipliniert in dem Sinne, dass ich täglich etwas für mein Ziel tue und nicht etwaigen Stimmungsschwankungen unterliege. Obwohl es über sechs Monate dauerte, bis ich mein Idealgewicht erreichte, sagte mir eine kleine, innere Stimme „Ist doch nicht lange, wenn Du bedenkst, dass Du ansonsten den Rest Deines Lebens in einem Zustand verbringen würdest, der Dir nicht gefällt. Also bitte, was sind denn da schon sechs Monate?". Nie kam mir der Gedanke, ich würde mein Ziel nicht erreichen, stattdessen wusste ich, dass ich AUF DEM WEG bin. Wenn ich von Deutschland nach Belgien fahre, gebe ich auch nicht mitten auf dem Weg auf, mit der unsinnigen Begründung, dass ich es nicht schaffe und mein Ziel immer noch nicht erreicht habe. Mit jedem Kilometer, den ich zurückgelegt habe, habe ich mich meinem Ziel genähert und mein Leben schon verändert. Ich fahre immer weiter, immer klar das Ziel vor Augen, lasse mich von neunmalklugen Besserwissern nicht beirren, bleibe diszipliniert und setze meinen Weg zielbewusst fort. Steter Tropfen höhlt den Stein wirklich.

Ein Kraftsportler würde sagen: „Muskeln werden nicht durch schöne Worte gemacht, sondern durch regelmäßiges Training!" Und ich würde in Bezug auf das Gesetz der Anziehung sagen: „Wünsche werden nicht durch das Lesen von Büchern wahr, sondern durch die Anwendung des Geschriebenen!" Das ist ein himmelweiter Unterschied. Alles Neue kostet anfangs Disziplin und eine gewisse Überwindung, um es kontinuierlich zu machen, doch das Pflichtgefühl wandelt sich bei zunehmendem Erfolg (mehr Glück, Freude und Zufriedenheit im Leben) in die begeisterte Bereitschaft, es immer wieder sehr gerne zu machen.

Und wenn man die in diesem Buch beschriebenen Methoden immer und immer wieder anwendet, werden sie bald zur Gewohnheit. Niemand hat die Weisheit mit Löffeln gegessen - und die meisten der in diesem Buch beschriebenen Methoden sind für Fortgeschrittene bezüglich „Wunschmagie" sicherlich kein Geheimnis. Aber viel theoretisches Wissen ist vollkommen nutzlos, wenn man es nicht regelmäßig praktiziert. Es bringt nicht sehr viel, sich nur dann mit dem Gesetz der Anziehung zu befassen, wenn man gerade Probleme hat. Wenn man sich gerade ein Bein gebrochen hat und sich dann plötzlich Gesundheit wünscht (und vorher nie), dann wird das Manifestieren sehr viel länger dauern, als bei jemandem, der sich jeden Tag im Manifestieren übt. Weitaus besser ist es sich immer d.h. alltäglich damit zu beschäftigen - und zwar spielerisch und BEWUSST. Irgendwann wird es Routine, irgendwann macht man es automatisch und das sollte meiner Meinung nach das Ziel sein. Ich kann nur jedem empfehlen, jeden Tag zu imaginieren (wenn man unterwegs ist genauso wie daheim - besser als Fernsehen ist es allemal). Man stelle sich jemanden vor, der Kampfsport (das Gesetz der Anziehung) lernt. Aber immer nur dann, wenn ihn jemand auf der Straße verhaut (immer nur dann, wenn er gerade ein Problem hat). Dann geht er trainieren (dann wendet er die Wunschmethoden an), aber nur für kurze Zeit. Dann hört er auf und drei Monate später wird er wieder verhauen (dann hat er wieder ein Problem). Weil er sein Training (das Anwenden der Methoden) nie regelmäßig machte und es immer wieder abbrach, konnte er logischer Weise keine guten Resultate erzielen. Und dann könnte es sogar sein, dass er den Glauben an seine Kampfkunst (an das Gesetz der Anziehung) endgültig verliert. Aber es lag nie an der Kampfkunst (am Gesetz der Anziehung), sondern immer nur an ihm selbst. Es lag nicht an der Geige, sondern am Geiger.

Ein anderes Beispiel: Wenn ich zum Kraftsport gehe und jeden Tag vorm Spiegel nachsehe, ob ich schon Fortschritte erzielt habe, werde ich in den ersten Wochen vermutlich sehr enttäuscht und frustriert sein, da ich feststellen werde, dass ich nicht, wie vielleicht erhofft, über Nacht ein Mister Universum geworden bin. In dieser Phase ist die Gefahr besonders groß, das Krafttraining abzubrechen, weil die Lust flöten geht. Ich wette aber 1000 zu 1, dass ich viel motivierter sein werde, wenn ich dem Bodybuilding regelmäßig und kontinuierlich nachgehe und dann vielleicht erst nach sechs Monaten in den Spiegel schaue. Dann bin ich erstmal so positiv überrascht, dass ich einen dreifachen Salto aus dem Stand mache vor Freude. Abgesehen davon wird man dann wahrscheinlich kaum noch in den Spiegel blicken, weil man diese Bestätigung gar nicht mehr braucht. Übertragen wir das mal auf das Gesetz der Anziehung. Der ständige Blick in den Spiegel wäre der Druck, den man sich selbst auf die Schultern lädt. Wozu denn? Lebe ich mit oder ohne Druck glücklicher? Gehe ich den Wunschmethoden einfach regelmäßig und voller Freude nach, stelle ich irgendwann fest, wie leicht auf einmal alles geht.

Das BESTE was man machen kann, ist, sich das Gesetz der Anziehung und die Wunschmethoden so zu verinnerlichen, dass sie zu einem unerschütterlichen Glaubenssatz werden. Und dafür gilt: *„Übung macht den Meister.“* Wenn man ein- und dieselbe Sache jeden Tag wiederholt, sie immer und immer wieder macht, dann wird sie zur Gewohnheit. Man ist dann UNBEWUSST in der Schwingung der Freude und des Glücks, ohne BEWUSST überhaupt etwas dafür zu tun.

„Pflege gute Gedanken und sie werden reifen zu guten Werken.“ (Asiatische Weisheit)

Es bringt nicht viel, wenn man das Gesetz der Anziehung einen Tag stundenlang ganz intensiv einsetzt, dann aber wieder monatelang nichts macht. Kommen wir noch mal auf das Beispiel mit dem Kraftsportler zurück. Der kann auch an einem Tag 10 Stunden intensiv im Studio trainieren, wenn er dann aber mehrere Wochen nichts tun, wird er keinerlei Fortschritte erzielen und daraufhin frustriert aufgeben. Die Regelmäßigkeit ist es, mit der man Fortschritte erzielt.

Ich selbst lese mir jeden Tag die Funktionsweise des Gesetzes der Anziehung durch, da mir ja auch jeden Tag in der Außenwelt etwas Anderes erzählt wird. Ich erinnere mich dabei an meine Schulzeit, als ich im Deutschunterricht ein Gedicht auswendig lernen musste. Ebenso verfahre ich auch mit dem Gesetz der Anziehung, ich wiederhole es jahrelang Tag für Tag, immer und immer wieder, bis ich es absolut verinnerlicht habe:

Gleiches zieht Gleiches an und wird durch Gleiches verstärkt.

"Man muss das Wahre immer wiederholen, weil auch der Irrtum um uns her immer wieder gepredigt wird und zwar nicht von Einzelnen, sondern von der Masse, in Zeitungen und Enzyklopädien, auf Schulen und Universitäten. Überall ist der Irrtum obenauf, und es ist ihm wohl und behaglich im Gefühl der Majorität, die auf seiner Seite ist." (Goethe)

Der größte Feind, den ich als Sportler kenne, ist die Bequemlichkeit. Dasselbe gilt für mich auch bezüglich des Gesetzes der Anziehung. Nicht einreißen lassen, bloß nicht seinen täglichen Stimmungsschwankungen unterliegen, denn schließlich tut man das alles ja für sich selbst, um mehr Glück und Freude zu erleben. Allein der Gedanke an ein Leben nach seinen Wünschen sollte uns motivieren und uns Spaß beim

Imaginieren bescheren. Und wenn einem was Spaß bereitet, dann ist es ein Leichtes, es oft und regelmäßig zu tun.

Manche Leute klagen, dass sich das ja alles schön und gut anhört, aber dass sie keine Zeit haben, das Manifestieren ihrer Wünsche täglich zu üben. Die Zeit kommt aber NIE von alleine, lieber Leser, sie wird nicht an unsere Tür klopfen und sagen „Hallo, hier bin ich", obwohl ich das schön fände. Also sollten wir uns die Zeit für unsere Übungen NEHMEN. Schließlich entscheidet die richtige Anwendung des Gesetzes der Anziehung über unser Glück im Leben. Ich für meinen Teil finde, dass die Sache es wert ist, sich täglich Zeit zu schaffen. Natürlich kommen immer wieder mal unvorhergesehene Dinge dazwischen, die den Tagesablauf ändern, aber solange man 40%-50% davon schafft, was ich im Buch aufgelistet habe, reicht das vollkommen. Nutz Deine Zeit während des Frühstücks, Mittags- und Abendessens, während Du duschst, Auto fährst und in einem Wartezimmer sitzt. Es ist nicht viel Zeit, die man dafür anwenden muss, aber wenn man regelmäßig etwas Zeit dafür hat, wird man sehr viel an Lebensqualität und Lebensfreude gewinnen.

<u>Checkliste:</u>
Nimm Dir Zeit, Dein Wissen regelmäßig im Alltag anzuwenden, damit es sich festigt.
Verinnerliche Dir täglich das Gesetz der Anziehung.
Gehe das Wünschen spielerisch an.
Rede nicht, tu es.

Auch das Karma unterliegt dem Gesetz der Anziehung.

37. Das überbewertete Karma

(geschrieben von Goran Kikic)

Das Wort Karma kann man mit „Tat“ übersetzen. Laut Karmalehre werden wir so oft wiedergeboren und mit denselben Problemen konfrontiert, bis wir uns diesen endlich stellen und sie lösen. Somit wird jedes neue Leben als eine weitere Chance angesehen.

Das Karma IST das Gesetz der Anziehung und keine Strafe für Taten aus der Vergangenheit in diesem oder einem vergangenen Leben, denn es gibt keine Strafen im Universum. Das Karma ist nicht mehr und nicht weniger, als die Folge meiner vergangenen Taten. Ich habe in der Vergangenheit eine Ursache gesetzt und bekomme heute die Wirkung zu spüren. Man sollte das Karma also nicht überbewerten. Es wäre nicht gut, wenn das Karma zu so einer Art Religion ausartet und man beginnt zu glauben, dass es "richtig" sei, arm und unglücklich zu sein. Dieser Märtyrer-Komplex sorgt bei vielen Menschen für anhaltendes Lebensunglück.

Viel zu viele Menschen vertreten die Ansicht, man könne sein Karma abtragen, indem man viel leidet. Das sehe ich nicht so. Man kann so viel leiden, wie man will, dadurch wird sich nichts ändern. Wenn das Leiden einen Sinn hat, dann den, uns zu einer Erkenntnis zu bewegen, so wie uns alles Geschehene zu neuen Erkenntnissen bringen kann (dafür muss man nicht leiden). Die Erkenntnis ist das Wichtige! Das Leiden entsteht, ebenso wie auch alles andere, laut dem Gesetz der Anziehung durch eine Ursache, die man selbst irgendwann einmal gesetzt hat. Es geht also darum, zu erkennen, dass man eine schädliche Ursache gesetzt hat. Möglicher Weise habe ich jemandem etwas Schlechtes gewünscht, war ungerecht zu jemandem, war neidisch oder habe meine Gesundheit vernachlässigt. Das WARUM sollte aber gar nicht so sehr im Vordergrund stehen, da ich durch das Denken an meine schädlichen Gedanken diese nur noch verstärke. Deine Intuition, lieber Leser, wird

Dir durch Gefühle mitteilen, dass Du Dich gerade gedanklich mit einem Thema auseinandersetzt, welches eine niedrige Schwingung in Dir erzeugt und dadurch negative Lebensumstände schafft. Nimmst Du die Signale Deiner Intuition wahr, kannst Du endlich damit beginnen, glücklich zu leben und Herr des eigenen Lebens zu werden. Die wichtigste Erkenntnis, die man aus einer leidvollen Lebenssituation gewinnen kann, ist die, dass Du erkennst, dass Du Dich endlich wieder den Dingen zuwenden sollst, die Dich glücklich machen, damit das Leiden aufhört. Leid erzeugt eine sehr tiefe Grundschwingung, welche noch mehr Leid anzieht.

Wenn die Erkenntnis uns dazu bringt, unsere Gedanken und damit unser Handeln in eine andere Richtung zu lenken, dann haben wir eine neue Schwingung in uns erzeugt, eine neue Ursache gesetzt, einen neuen Energie-Bumerang geworfen, der unser Karma bzw. die Wirkung ändert. Es wäre also falsch, das Karma als etwas Unabänderliches zu sehen, da es ausschließlich in UNSERER Macht liegt, unsere Zukunft zu gestalten. Erlange ich jedoch nicht die Erkenntnis, meine Schwingung (mein Denken und Fühlen) zu ändern, wird alles beim Alten bleiben und es wird sich nichts ändern, da ich in den alten, schädlichen Denkmustern gefangen bleibe, die mir mein persönliches Leid erst beschert haben.

Ich persönlich dachte lange Zeit, dass mein Karma mir das Leben schwer macht und meine Wunschbestellungen verhindert. Solange ich daran glaubte, funktionierte mit dem Wünschen nichts. Und hier kommt das Entscheidende: Wenn Du das glaubst, dann wird es Dich laut dem Gesetz der Anziehung auch blockieren (Nie vergessen: Jedem geschieht nach seinem Glauben). Versuche Dir eine Sichtweise zu verschaffen, in der Du Dir verinnerlichen kannst, dass Du JETZT die Ursache für eine positive Wirkung in Deiner baldigen Zukunft setzen kannst.

Um keine unnötige Angst vor dem Karma zu haben, sollten wir uns eines immer im Gedächtnis behalten: Alles, was in Liebe geschieht, hat im Leben seine Berechtigung. Wir alle entstammen einer universellen Quelle und diese hat niemals ein Interesse daran, dass Du unglücklich bist. Im Gegenteil: je glücklicher Du bist, desto glücklicher machst Du durch

Deine Schwingung alles und jeden um Dich herum, desto glücklicher das Universum.

Checkliste:
Das „Karma" ist die Wirkung vergangener Ursachen.
Was man unter „Karma" versteht, ist jederzeit zu ändern.
Ändere Deine Gedanken und Du änderst das, was man „Karma" nennt.

Jeder Mensch kann nur seine eigenen Wünsche realisieren

38. Verantwortung übernehmen

(geschrieben von Goran Kikic)

Die meisten Menschen leben leider passiv und erinnern mit ihrer Einstellung an ein Holzbrett in einem reißenden Fluss, welches sich von der Strömung die Richtung bestimmen lässt, in das es sich bewegt. Sie sind wie Billardkugeln, die durch Fremdeinwirkung in Bewegung versetzt werden. Sie agieren nicht, sie reagieren. Sie sehen etwas in der Außenwelt, was ihre Gefühlslage bestimmt und sie somit zu einer Handlung bewegt. Sie fürchten die Verantwortung und sind ständig auf der Suche nach jemandem, der ihnen sagt, wo es langgeht und was man zu tun hat. Diese Leute geben die Verantwortung nur allzu bereitwillig ab: Fürs Feuer löschen ist die Feuerwehr zuständig, für die Heilung oder Linderung der Krankheiten sind die Ärzte verantwortlich, um die Erhaltung der Umwelt kümmert sich Greenpeace, die UNO sorgt für den Weltfrieden, die Gewerkschaften kämpfen für die Arbeitnehmerrechte, die Regierung befasst sich mit politischen Angelegenheiten. Und was müssen wir tun? Nichts. Wir sind ja schließlich Steuerzahler und unseren

Anteil, unseren Beitrag haben wir schon geleistet, damit sich Andere darum kümmern. Wir brauchen gar nichts zu tun und können uns gemütlich zurücklehnen und das Denken anderen Leuten überlassen. Selbst Kindern wird schon in bunten Comicheften beigebracht, dass ein Superman die Welt rettet. Sigmund Freud brachte es auf den Punkt, als er sagte: "Die meisten Menschen wollen ihre Freiheit nicht wirklich, weil Freiheit Verantwortung einschließt und sie Angst vor der Verantwortung haben." Das Ziel sollte aber sein, sein eigener Herr zu werden. Es wird schon jemand kommen, der sich um alles kümmert und uns unser Glück bringt. Richtig? Falsch! Es ist reine Zeitverschwendung darauf zu warten, dass andere Menschen uns glücklich machen. Nur wir selbst können uns glücklich machen, nur wir besitzen im Hinblick auf unser Leben, unser persönliches Glück, die erforderliche Macht. Diese Macht haben nicht unsere Kinder, unsere Eltern oder unser Lebensgefährte. Diese Macht haben nur wir.
Nur wenn wir selbst die Verantwortung für unser Leben übernehmen, können wir unser Leben bestimmen. Erleide ich einen Unfall und gebe dafür jemandem die Schuld, habe ich das Gesetz der Anziehung nicht wirklich verstanden. Solange wir anderen Menschen die Entscheidungen für unser Leben überlassen oder sie wegen unserer Lebenssituation beschuldigen, und somit die Eigenverantwortung von uns schieben, sagen wir uns damit, dass andere Menschen Macht über uns haben. Du degradierst Dich selbst zu einer kleinen, hilflosen Marionette, an deren Fäden ein Anderer zieht. Das widerspricht jedoch dem Gesetz der Anziehung und trifft nicht zu. Nur DU selbst hast Macht und Einfluss auf Deine Lebensumstände. Warum tun sich die meisten Menschen so schwer damit, die Verantwortung für ihre eigenen Misserfolge im Leben zu übernehmen? Weil die meisten Menschen in diesem Zusammenhang von Schuld sprechen, anstatt von einer wertfreien, ins physische Leben manifestierten Wirkung. Unser Universum und alle darin enthaltenden Naturgesetze aber sind wertfrei, so ähnlich wie ein Fotoapparat. Was ich damit fotografiere, bleibt mir überlassen. Der Fotoapparat wird genau das aufzeichnen, wofür ICH mich entschieden habe. Ich bin der INPUT, das Foto ist der OUTPUT. In einem Universum, in dem aufgrund des Gesetzes der Anziehung jeder sein Leben selbst erschafft, kann von Schuld keine Rede sein. Andere Menschen oder sich selbst beschuldigen kommt einem Verurteilen gleich, welches negative Schwingungen

auslöst und für ein negatives Feedback sorgt. Die Schuld ist nichts weiter als ein uralter Komplex, der ausschließlich schädliche Auswirkungen hat und somit keinerlei Beachtung verdient. Das Universum kennt keine Schuld, für das Gesetz der Anziehung gibt es auch keine Schuld und auch wir sollten uns davon befreien.

Stell Dir vor, Du gehrst in einen Supermarkt, um etwas zu essen zu kaufen. Andere Menschen können Dir dies oder jenes empfehlen, weil es <u>ihnen</u> gut schmeckt, aber letztendlich bist DU verantwortlich für Dein Leben und wirst selbst entscheiden müssen, was Du kaufst, was Dir schmeckt. Du hast mit Deiner Schwingung keinen Einfluss auf Wunschmanifestationen Deiner Mitmenschen, und umgekehrt verhält es sich auch so. Jede Entscheidung die Du triffst, selbst die allerkleinste, prägt Dein Leben. Also übernehme die volle Verantwortung für alle Deine Entscheidungen, denn damit übernimmst Du auch die MACHT über Dein Leben. Werde Dein eigener Herr, sowohl für die guten, als auch für die schlechten Zeiten

„Der Weg zum Ziel beginnt an dem Tag, an dem Sie die hundertprozentige Verantwortung für Ihr Tun übernehmen." (Dante Alighieri)

<u>Checkliste:</u>
Erwarte keine Lösungen, die Dir von Deinen Mitmenschen serviert werden.
Du wirst erst glücklich, wenn Du die Verantwortung für Dein Leben übernimmst.
Suche Ursachen nie bei jemand Anderem. Die Ursache bist immer Du selbst.

Jeder Mensch sollte für sich herausfinden, was ihn glücklich macht.

39. Die Suche nach dem Sinn des Lebens

(geschrieben von Goran Kikic)

Was ist der Sinn des Lebens, lieber Leser? Essen, schlafen, arbeiten? Reich werden? Karriere machen? Seinen Traumpartner finden? Möglichst viele Kinder in die Welt setzen? Die Welt bereisen? Einem bestimmten Beruf nachgehen? Kontakt zu geistigen Wesen herstellen? Die Welt verändern? Ich sehe es so: Alle Menschen auf dieser Welt haben sich etwas vorgenommen, sonst wären sie jetzt nicht hier. Durch ihre bloße Anwesenheit haben sie die Welt bereits verändert, nur leider wissen die wenigsten Menschen, was ihr Lebensziel, was ihre Berufung ist. Eines aber ist für mich sicher: Wir sind nicht hier, um uns irgendeiner „Prüfung“ zu unterziehen. Wir müssen nicht beweisen, dass wir würdig sind, um leben zu dürfen.

Solange die Menschen das, was sie sich vorgenommen haben, nicht ausführen, werden sie unglücklich sein und haben somit den Sinn ihres Lebens noch nicht gefunden. In dem Augenblick aber, wenn das Leben erfüllt und voller Freude ist, kann man davon ausgehen, dass man gerade genau das macht, was man sich auch vorgenommen hat fürs Leben. Wenn man also bei allem, was man tut, auf seine Gefühle achtet, wird man schnell herausbekommen, was einem Freude bereitet und was einem nicht gefällt, und auf diese Weise wird jeder ganz leicht feststellen können, was sein Lebenssinn ist. Teste es sogleich, beispielsweise in Bezug auf Deinen Beruf.

„Hier ist ein kleiner Test um herauszufinden, ob Deine Lebensaufgabe schon erfüllt ist: Wenn Du noch lebst, dann ist sie es nicht.” (Richard Bach)

„Der wahre Beruf des Menschen ist, zu sich selbst zu kommen!“ (Hermann Hesse)

Wir sind nicht zufällig so auf diese Welt gekommen, wie wir sind. Wir sind mit allen Fähigkeiten, Talenten und Eigenschaften ausgestattet, damit wir das, was wir uns hier vorgenommen haben und was uns glücklich machen soll, perfekt erledigen können. Sei Dir dessen stets bewusst. So gesehen ist jeder für das Erreichen seiner persönlichen Ziele, die man sich vorgenommen hat, absolut perfekt ausgestattet. Darum wäre es hilfreich herauszubekommen, welche Stärken und welche Schwächen man hat. Überlege Dir, was Du besonders gut kannst und ob Du Deine Talente auch wirklich nutzt. Vielleicht bist Du besonders sportlich oder musikalisch, zeichnerisch oder handwerklich begabt, ein guter Redner oder ein guter Schreiber? Worin hattest Du bislang Deine allergrößten Erfolge zu verzeichnen, was fällt Dir ganz besonders leicht? Was ist Dir wichtig und welches ist Deine Lieblingsbeschäftigung? Ergründe dies, denn vielleicht schlummert in Dir ein neuer Picasso, ein neuer Leonardo da Vinci oder ein neuer Beethoven? Erst, wenn Du Dein volles Potenzial nutzt, kannst Du wirklich glücklich sein. Lass Dein Potenzial nicht ungenutzt. Werde zu dem, was Du in Dir bereits hast und darauf wartet, von Dir entdeckt zu werden.

„In jedem Menschen steckt ein König. Sprich zu dem König, und er wird herauskommen.“ (deutsches Sprichwort)

„Für das Maß seiner Begabung ist der Mensch nicht verantwortlich, wohl aber dafür, wie er die ihm verliehenen Gaben ausbildet und nutzt.“ (Daniel Sanders)

Früher vertrat ich die Meinung, es sei unser aller Aufgabe, die Welt zu verbessern. Das ist auch heute meine Ansicht, allerdings hat sich meine Sichtweise bezüglich der Art und Weise, wie das am Besten zu bewerkstelligen ist, geändert. Das Wichtigste, was wir dazu tun müssen, ist positiv zu schwingen (also glücklich sein). Wir müssen ein erfülltes, glückliches, zufriedenes und harmonisches Leben führen und sind dadurch ein Segen für die gesamte Welt. Aus diesem Gefühl des Glücks und der Zufriedenheit entwickeln sich ganz automatisch Handlungen, die der ganzen Menschheit dienlich sind. Ich habe für mich mittlerweile ermittelt, was ich gut kann und was ich gerne tue. Meine Talente und meine Lebensziele deckten sich größtenteils. Ich habe mich mit der Zeit

bewusst dazu entschlossen, meine Fähigkeiten zu nutzen, um meine Ziele zu realisieren, und schon war ich ein glücklicher Mensch. Da ich bereits sehr viel Glück erlebt habe, teile ich mein Glück gerne mit meinen Mitmenschen (u. a. unterstütze ich voller Freude meine Verwandten im ehemaligen Jugoslawien). Ein einzelner, glücklicher Mensch ist eine unsagbar große Bereicherung für die Welt. Vergleichen wir einen glücklichen Menschen mit einem Streichholz: Das Licht eines einzigen, angezündeten Streichholzes reicht aus, um die Dunkelheit mühelos aufzulösen, was deutlich zeigt, dass Gefühle des Glücks mühelos Gefühle des Unglücks auflösen, was nur logisch ist, da Unglück lediglich die Abwesenheit von Glück ist. Ist das Glück erst einmal da, kann das Unglück folglich nicht länger bestehen bleiben. Ein einziger positiver Gedanke, ein Gedanke der Liebe ist tausendmal mächtiger als negative Gedanken. Dasselbe gilt natürlich auch für Gefühle. Wenn man die Welt verbessern möchte, dann soll jeder bei sich selbst den Anfang machen.
Vereinfacht ausgedrückt könnte man auch sagen: Wir sind alle hier, um uns zu entwickeln und dabei glücklich zu sein, um unser Leben zu meistern und um an dieser Aufgabe zu wachsen. Jemand, der sein Leben meistert (in allen Bereichen: Gesundheit, Finanzen, Partnerschaft, Umgang mit seinen Mitmenschen, spirituelle Entwicklung, Glücksempfinden...) steht zu sich und seinen Taten, stiehlt sich nicht aus der Eigenverantwortung, sucht keine Ausreden, Beschönigungen und Rechtfertigungen. Solch ein Meister des Lebens schenkt allen Bereichen dieselbe Aufmerksamkeit und zieht keinen Bereich dem anderen vor. Hält sich jemand für spirituell weit entwickelt, ist aber so arm, dass er nicht weiß, was er heute essen soll, hat er das Leben nicht gemeistert. Meditiert jemand täglich mehrere Stunden und kennt den Inhalt unzähliger kluger Bücher, kommt aber nicht einmal mit seinen Arbeitskollegen aus, hat er sein Leben nicht gemeistert. Ist jemand unglaublich reich, nimmt aber Drogen und ist nicht beziehungsfähig, hat er das Leben nicht gemeistert. Egal wie gut wir EINEN Bereich unseres Lebens gemeistert haben, solange andere wesentliche Lebensbereich nicht gemeistert wurden, werden wir nicht glücklich sein. Ebenso wie alle Reifen für ein Auto gleich wichtig sind, sind auch alle Lebensbereiche gleich bedeutend.

Wir haben die Macht, mit unseren Gedanken unser Leben zu kreieren. Das ist das mächtigste Werkzeug, welches man sich überhaupt vorstellen kann. Diese Fähigkeit haben wir deshalb, damit wir uns ein Leben voller Glück und Freude erschaffen können. Dazu müssen wir nur herausfinden, was uns glücklich macht und es dann auch tun. Wohingegen man die Dinge, die einem ganz und gar nicht gefallen, gänzlich meiden sollte.

„Wer keinen Sinn im Leben sieht, ist nicht nur unglücklich, sondern kaum lebensfähig." (Albert Einstein)

„Den Wert eines Menschenlebens bestimmt nicht seine Länge, sondern seine Tiefe." (Gustav Frenssen)

Es dauert vielleicht eine Weile, bis man seinen Sinn des Lebens, sein Lebensziel herausbekommen hat. Ich bin da keine Ausnahme. Bei mir hat es eine ganze Weile gedauert, aber schlussendlich habe ich es dann doch heraus bekommen. Dabei bin ich ganz tief in mich gegangen und habe meine Gefühle unter die Lupe genommen. Und Du weißt doch: Was ich kann, lieber Leser, kannst Du und jeder andere Mensch auch.

"Heute viel geschafft?", fragt der Kopf. "Heute schon gelebt?", fragt das Herz. (Jochen Mariss)

Wir alle haben den freien Willen

Wie gesagt glaube ich an ein bestimmtes Ziel im Leben und auch an gewisse Rahmenbedingungen (sind wir männlich oder weiblich, wer sind unsere Eltern, in welchem Land sind wir geboren, in welcher Stadt ...), aber die restlichen Karten sind noch nicht verteilt. Da wir alle den freien Willen haben, können wir uns hier und jetzt jederzeit neu orientieren und neu entscheiden. Gefällt uns etwas, können wir es zu unserem Lebenssinn machen – es liegt einzig und allein an uns. Wir sind es, die unseren Lebensmittelpunkt festlegen. Wir erschaffen unser Leben – DAS ist Freiheit!

Es gibt Menschen, die äußerlich frei sind (z. B. finanziell unabhängig), aber innerlich nicht (gefangen in schädlichen Glaubenssätzen). Ebenso gibt es Menschen, die innerlich frei sind, es aber äußerlich nicht sind.

Erst wenn wir beide Freiheiten, die innere und die äußere, miteinander kombinieren, sind wir wirklich frei.

Wir alle sind individuelle Wesen mit individuellen Wünschen, und trotzdem gleichen sich die Lebensstationen der meisten Menschen. Man kann ohne Übertreibung sagen, dass die meisten Leben vorprogrammiert sind: Schule, Studium bzw. Ausbildung, Beruf, Heirat, Kinder, Bausparvertrag, Rentnerdasein usw. Im Grunde lässt sich sagen, dass man als Kind wirklich viel freier, bewusster und intensiver gelebt hat, als nachher als Erwachsener. Nun, wie ich schon geschrieben habe, haben wir alle den freien Willen und können uns selbst entscheiden, ob wir den Weg der Masse gehen wollen oder lieber einen, bei dem wir im wahrsten Sinne des Wortes LEBEN. Denn wie viele dieser Lebensstationen sind durch unsere eigenständigen Entscheidungen zustande gekommen und in wie viele sind wir hinein gezwungen worden? Vor diesem Hintergrund sollten wir uns die Frage stellen: Sind wir auf diese Welt gekommen, um tagein, tagaus etwas zu machen, was uns anödet? Sind wir deswegen auf die Welt gekommen? Nein, natürlich nicht. Das wäre für mich kein Grund, morgens aus dem Bett aufzustehen. Wir sind hier, um Glück zu ER - LEBEN. Es ist unsere Entscheidung, ob wir Glück oder Unglück wählen. Und es gibt niemanden, der uns unser Glück nehmen kann, außer uns selbst.

Um sich seines freien Willens bewusster zu werden, sollte man anstelle von „Ich muss" immer „Ich will" sagen. Wenn jemand etwas muss, so ist er im Denken nicht frei. Wenn jemand etwas will, sieht die Sache schon besser aus. Je öfter man „Ich will" sagt, desto mehr erhöht sich die Grundschwingung.

Das Universum wächst und dehnt sich immerwährend aus, es ist grenzenlos. Wen wundert das noch, wenn man weiß, dass Gedanken sich manifestieren und daraus stets etwas Neues entsteht? Betrachtet man das Universum als ein großes Gemälde, so sind wir denkenden und vor allem fühlenden Wesen diejenigen, die an diesem Gemälde arbeiten. Jeder von uns ist für seinen Teil der Arbeit verantwortlich und kann am Besten arbeiten, wenn er dabei glücklich ist. Wenn wir uns im Leben mit dem befassen, was uns glücklich macht, dann leben wir entsprechend unserer wahren Natur, unserer Bestimmung, unserem Sinn des Lebens und zugleich unserem freien Willen. Dann schwingen wir automatisch im Bereich des Glücks, dann fühlen wir uns wertvoll, es gibt keinerlei Zweifel und Ängste, nur Glück.

„Leben heißt: Das Leben genießen! (Thomas Wolfe)“

Checkliste:
Deine Bestimmung ist es glücklich zu lernen, glücklich zu schöpfen, glücklich zu sein.
Du hast den freien Willen – nutze ihn.

Einen wahren Meister des Lebens erkennt man daran, dass er ein Lächeln auf den Lippen hat.

40. Das wahre Glück liegt in uns

Was haben ALLE Menschen dieser Welt gemeinsam? ALLE wollen glücklich sein.

Wenn wir uns ein Auto oder eine Villa wünschen, so ist die Absicht hinter diesem Wunsch das Streben nach Glück. Wir wollen uns durch das neue Auto oder die Villa glücklich fühlen. Wir streben also nicht nach materiellen Dingen, nein, wir streben nach Glück, Freude und Erfüllung. Wir wünschen uns einen Seinszustand, in dem wir wunschlos glücklich, absolut zufrieden sind. Glück aber kann man nicht besitzen oder kaufen, wie man ein Auto oder eine Villa besitzen oder kaufen kann, man kann nur glücklich SEIN. Alle materiellen Wunscherfüllungen machen uns nicht dauerhaft glücklich, sondern nur für kurze Zeit. Egal ob es sich um viel Geld, ein neues Auto, ein Haus oder eine Reise zu einem exotischen Urlaubsort handelt, all das beglückt uns nur vorübergehend. Das kurze Glücksgefühl, welches wir dabei empfinden, lässt von Tag zu Tag immer mehr nach, bis es schließlich ganz verschwunden ist. Alles Geld der Welt ist ohne Glück NICHTS wert. Alle materiellen Wunscherfüllungen sind reine Ersatzbefriedigung, sie können aber wahres Glück nie und nimmer ersetzen.

Ebenso ist es auch beim neu kennen gelernten Lebenspartner. Zu Beginn der Beziehung sieht man alles durch eine rosarote Brille und ist auf Wolke sieben. Nach und nach lässt das Glücksgefühl nach und die Beziehung wird immer mehr zur Routine. Warum ist das so? Weil man dauerhaftes Glück niemals in der Außenwelt finden wird, weder in materiellen Gütern wie einem Auto oder einem Haus, noch in anderen Menschen.

Man sollte sein Glück niemals von äußeren Umständen abhängig machen: Weder vom gut bezahlten Job, noch von einer glücklichen Beziehung, noch von seiner Gesundheit (sonst könnte ein querschnittgelähmter Mensch niemals glücklich sein). Wer das macht, der baut sein Glück auf Sand. Das persönliche Glück sollte auf einem stabilen Fundament gebaut werden, nämlich auf seinen eigenen Gedanken und Gefühlen, über die man als Einziger die absolute Macht besitzt. Wie genau geht das? Indem man sich auf sein eigenes Glück fokussiert, sich selbst als die wichtigste Person im Leben akzeptiert und die Tatsache annimmt, das wahres Glück nur von innen kommen kann. Niemals würde ich zum Beispiel auf die absurde Idee kommen, meinen Partner ändern zu wollen. Ich kann nicht mein Glück dadurch erfahren, indem ich andere Menschen dazu bringe, dass sie sich mir zuliebe ändern sollen. Glaub mir, lieber Leser, selbst wenn der Partner sich Dir zuliebe ändern würde, so wärst Du trotzdem nicht glücklich. Es gilt an der eigenen Einstellung zum Leben und an sich selbst zu arbeiten.

„Vergiss nicht, Glück hängt nicht davon ab, wer Du bist oder was Du hast; es hängt nur davon ab, was Du denkst.“ (Dale Carnegie)

„Das Glück wohnt nicht im Besitze und nicht im Golde, das Glücksgefühl ist in der Seele zu Hause.“ (Demokrit)

„Zufriedenheit erwächst nicht aus Dingen, sondern nur aus der Tiefe unserer Seele." (Mark W. Bonner)

„Unsere Konsum- und Marktwirtschaft beruht auf der Idee, dass man Glück kaufen kann, wie man alles kaufen kann. Und wenn man kein Geld bezahlen muss für etwas, dann kann es einen auch nicht glücklich machen. Dass Glück aber etwas ganz anderes ist, was nur aus der eigenen Anstrengung, aus dem Innern kommt und überhaupt kein Geld kostet, dass Glück das 'Billigste' ist, was es auf der Welt gibt, das ist den Menschen noch nicht aufgegangen." (Erich Fromm)

Viele Menschen neigen dazu, sich selbst mit anderen Menschen zu vergleichen. Sie sind kurzweilig glücklich, wenn sie feststellen, dass sie mehr Geld, einen größeren Wagen und ein prachtvolleres Haus haben. Sie neigen dazu, sich immer mehr über das HABEN, als über das SEIN zu definieren. Solch ein Verhalten ist der direkte Weg zu dem ständigen Gefühl des Unglücks. Glück findet man nicht dadurch, dass man mehr Besitztümer hat als ein anderer. Glück hat nichts damit zu tun, dass man sich mit seinen Mitmenschen vergleicht und in einem Bereich „Sieger" sein will.

„Das Vergleichen ist das Ende des Glücks und der Anfang der Unzufriedenheit." (Sören Kierkegaard)

„Glück ist ein Maßanzug. Unglücklich sind meist die, die den Maßanzug eines Anderen tragen möchten." (Karl Böhm)

Dass Geld nicht glücklich macht, konnte ich immer wieder während meiner Reisen auf den Balkan feststellen: Obwohl die Menschen im ehemaligen Jugoslawien wesentlich weniger Geld verdienen als die Menschen in Westeuropa, war zu beobachten, dass sie dennoch glücklicher und sorgenfreier lebten. Dort herrscht vorwiegend die Ansicht, dass man nicht glücklich sein kann, wenn man den Großteil seiner Zeit dafür verwendet, um zu arbeiten und zu Geld zu kommen. Wer zu viel arbeitet, der verpasst das wahre Leben und somit auch sein Glück. Gegen Geldverdienen spricht nichts, schließlich ist alles Materielle in der Außenwelt der Ausdruck meines Inneren - es sollte jedoch nicht als oberstes Lebenszkiel angesehen oder mit wahrem Glück verwechselt werden. Einzig und allein das Glück sollte als Maßstab gesehen werden. Es gibt Kinder, die wesentlich glücklicher sind, wenn man mit ihnen auf einen Kinderspielplatz spielen geht, als ein Erwachsener, der eine Reise nach Hawaii gewinnt. Nicht der materielle Wert eines erfüllten Wunsches ist entscheidend, sondern das Glücksempfinden in uns, welches sich einstellt, wenn ein Wunsch sich erfüllt.

Gibt mir jemand einen Ratschlag bezüglich einer bestimmten Sache, achte ich nicht darauf, ob diese Person einen Doktortitel hat, ob sie Zertifikate an der Wand hängen hat, ob sie eine Persönlichkeit auf diesem Gebiet ist oder eine Million Euro auf dem Konto – nein, ich achte insbesondere darauf, ob diese Person glücklich ist und natürlich auf meine Intuition. Kann ein unglücklicher Mensch andere Menschen glücklich machen? Nein, kann er nicht.

Betrachte Dein persönliches Glück als die allerwichtigste Sache, die es überhaupt gibt. Und was ist, wenn man sein persönliches Glück auf dem Unglück seiner Mitmenschen gründet? Das ist ein Widerspruch in sich selbst: Dein persönliches Glück, lieber Leser, tut nicht nur Dir gut. Es tut Deinem Lebenspartner gut, Deiner Familie, Deinen Freunden, Deinen Arbeitskollegen, allen Deinen Mitmenschen, mir, der ganzen Welt, dem gesamten Universum. Wenn Du Glück ausstrahlst, erhältst Du Glück zurück. Hast Du aber jemandem geschadet, um etwas zu erlangen, von dem Du annimmst, es macht Dich glücklich, so wirst auch Du durch das unbestechliche Gesetz der Anziehung etwas Schädliches zurück erhalten.

Wenn Du Dein Glück als oberste Priorität in Deinem Dasein anerkennst und glücklich wirst, hast Du der gesamten Menschheit einen unschätzbaren Wert erwiesen. Denn jeder Mensch, der mit sich selbst glücklich und zufrieden ist, strahlt eine solch hohe, positive Schwingung aus, die inspirierend und wohltuend für alle Menschen in der näheren Umgebung ist. Jeder genießt die Nähe eines solchen Menschen, empfindet ihn als sehr angenehm und harmonisch.

Lenke Deine Aufmerksamkeit auf die schönen, freudvollen Dinge im Leben. Verinnerliche Dir, wie schön und faszinierend das Abenteuer des Lebens ist. Vergegenwärtige Dir täglich, wie wundervoll Du bist und dass es unendlich viele Möglichkeiten gibt, um in sich das Gefühl der Freude und des Glücks zu wecken. ERWARTE Dein Glück, dann wird es zu Dir kommen. Wie alles andere ist auch das GLÜCK eine Entscheidung. Willst Du glücklich sein, so wünsche es Dir!!!

„Glück ist kein Geschenk der Götter - es ist die Frucht einer inneren Einstellung.“ (Erich Fromm)

„Glückselig ist, wer mit dem Bestehenden, wie es auch immer sei, zufrieden und mit seinen Verhältnissen befreundet ist." (Seneca)

Wer es geschafft hat sein inneres Glück zu finden, der braucht gar nicht mehr groß zu wünschen. Jeder, der voller Glück, Liebe und Freude ist, schwingt automatisch in einer so harmonischen Schwingung, dass er dauerhaft Glück und Freude anzieht. Solch ein Mensch zieht alles mühelos in sein Leben, was ihn ausfüllt und glücklich macht. Er muss seinem persönlichen Glück nicht mehr nachjagen, da das Glück nun ihm folgt. Die äußeren Wunschträume kommen wie von allein, denn auch hier gilt: Wie im Innen, so im Außen. Glück entsteht also nicht, indem bestimmte Dinge in unser Leben (in der Außenwelt) treten. Andersherum wird ein Schuh draus: Bestimmte Dinge treten in unser Leben, weil wir glücklich sind.

Das Glück ist in UNS drin, wir müssen es nur ergreifen.

<u>Checkliste:</u>
Messe Dich an Deinem Glück und an Deiner Freude.
Alles, was man kaufen bzw. besitzen kann, kann uns nicht dauerhaft Glück bringen. Glück ist ein Gefühl und das kann man nur fühlen.
Glück ist nicht in der Außenwelt.
Glück ist IN UNS.

Die Grenze Deiner Wünsche ist die Grenze Deiner Vorstellungskraft.

41. Setz Dir keine Grenzen

(geschrieben von Goran Kikic)

Setz Dir keine Grenzen, wenn Du Dir etwas wünschst. Wozu auch? Sich Grenzen setzen würde bedeuten, Du hast noch nicht verstanden, welch gewaltige Macht Dir innewohnt. DU BIST EIN SCHÖPFER!!! Kann es denn noch etwas Mächtigeres geben, frage ich Dich? Nein, kann es nicht. Sich selbst zu begrenzen ist gegen Deine Natur. Die besten Ergebnisse erreicht man, indem man schrittweise vorgeht. Wenn man gestern erst schwimmen gelernt hat, sollte man heute nicht gleich den Versuch starten, den Ärmelkanal zu durchkraulen, sondern erst nach einer bestimmten Zeit (höre dabei auf Deine Intuition). Wenn man stufenweise vorgeht, gibt es keine Grenzen beim Wünschen, es sei denn, wir selbst setzen uns Grenzen. Hey, schon vergessen, lieber Leser? Du bist hier, um geistig zu wachsen, dabei glücklich zu sein und zu schöpfen, das ist Deine Lieblingsbeschäftigung, denn Du schöpfst immer, ununterbrochen, ohne Pause, ob Du willst oder nicht. Also warum so halbherzig beim Erschaffen Deiner Realität? Nutz Dein volles Potenzial. Du hast die Macht in Deinen Händen, wozu willst Du Dich selbst begrenzen?

Es ist leicht, sich Grenzen zu setzen. Es gibt immer Ausreden, um sich selbst zu sagen, dass man seine Ziele nicht erreicht. Wer Ausreden sucht, der wird auch welche finden. Darum nenne ich Dir nun ein paar Beispiele, die verdeutlichen, wie weit man es bringen kann, wenn man sich nicht selbst einschränkt. Wer hat nicht schon einmal von den beiden Studenten gehört, welche die Internet-Suchmaschine GOOGLE entwickelten und damit Millionäre wurden? Oder von dem Studenten, der das Betriebssystem LINUX programmierte und damit Microsoft in seine Schranken verwies? Oder von einem kleinen österreichischen Jungen, der zuerst Mister Universum werden wollte, dann der höchst bezahlteste Hollywood-Star und zuletzt Gouverneur von Kalifornien? Keiner, weder die Studenten, noch Herr Schwarzenegger haben „Ich kann das nicht“, „Da kann man nix machen“ oder „Das ist unmöglich“ gesagt. Keine Erfolgsgeschichte dieser Welt wäre zustande gekommen, wenn man sich von vornherein selbst Grenzen gesetzt hätte!!! Aus solchen Beispielen ziehe ich die Erkenntnis, dass es keine Grenzen gibt, wenn man seinen eigenen Erfolg als selbstverständlich erwartet und den Aberglauben an den Zufall abgelegt hat. Die „Größe" eines Wunsches spielt dabei überhaupt keine Rolle. Fragt mich jemand „Was kann ich erreichen?", antworte ich „Alles was Du wirklich willst und woran Du fest glaubst.".

Nehmen wir mal an, unbeschreiblich großes Glück wartet nur darauf, von Dir abgeholt zu werden. Du könntest es Dir in einem Fingerhut abholen. Aber genauso gut könntest Du es auch mit zehn Lkws abholen. Ich tendiere da eher zu den Lkws. Stelle Dir einmal vor, eine gute Fee steht vor Dir und will Dir alle Deine Wünsche erfüllen. Diese Fee ist erst dann glücklich, wenn Sie Dir Deine Wünsche erfüllt und Dich somit glücklich gemacht hat. Also, wozu bescheiden sein? Leg los, formuliere Deine Wünsche, egal wie groß sie sind. Unsere Schöpfermacht sieht keinen Unterschied, ob man sich einen Euro oder eine Million Euro wünscht. Man wendet für beide Wünsche exakt dieselbe Energie an, es ist stets derselbe Vorgang. Die einzige Begrenzung Deiner Macht setzen Dir eine begrenzte Phantasie und begrenzter Glauben. Nach all meinen bisherigen Lebenserfahrungen habe ich das Wort „unmöglich" aus meinem Vokabular entfernt, da in meiner Phantasie, die letztendlich gemeinsam mit meinem Glauben meine kühnsten Vorstellungen manifestiert hat, alles möglich ist.

„Eine Seele ohne Phantasie ist wie eine Sternenwarte ohne Teleskop." (Henry Ward Beecher)

Ein Mensch ohne Phantasie ist wie ein Vogel ohne Flügel." (Wilhelm Raabe)

Oft bekommt man von Menschen, die das Gesetz der Anziehung noch nicht verinnerlicht haben, zu hören, es sei dies, das und jenes nicht genug für alle da (Geld, Nahrung, Erdöl...). Dabei wird übersehen, dass unsere Gedanken die Welt erschaffen. Alles, was existiert, entstand aus einem Gedanken. Wir leben in einer Welt, die wir selbst erschaffen. Folglich ist sie grenzenlos, es ist alles im Überfluss da. Wenn etwas nicht da sein sollte, dann wird es manifestiert, so wie alles, was existiert, irgendwann einmal manifestiert wurde. Es gibt in der Natur kein Prinzip des Mangels. Denke groß und grenzenlos! Je größer Deine Wünsche, desto größer Dein Leben. Je größer die Herausforderungen, desto größer Deine seelische Entwicklung. Je größer Deine Erfolge, desto größer der Glaube an die eigene tief in Dir liegende Schöpfermacht. Erkenne Dich selbst. Das kannst Du nur, wenn Du Deine Bescheidenheit, Deine Angst und Deine von den Normen und dem Gesellschaftssystem auferlegten Begrenzungen ablegst.

„Frage die Wirklichkeit nicht „warum?“, sondern frage Deine Träume „warum nicht?“. (G.B. Shaw)

„Man muss das Unmögliche versuchen, um das Mögliche zu erreichen.“ (Hermann Hesse)

„Das Unmögliche existiert nur solange, bis wir einen Weg gefunden haben es möglich zu machen.“ (Mike Horn)

Checkliste:
Setze Dir keine Grenzen.
Nutz Deine Schöpfermacht unbegrenzt.
Die Grenzen Deiner Phantasie sind die Grenze Deiner Wünsche.
Je grenzenloser Deine Wünsche, desto grenzenloser Dein Leben.

42. Affirmationen

(geschrieben von Goran Kikic)

Stellen wir uns unser Unterbewusstsein als eine Art Betriebssystem vor. Affirmationen sind Sätze, die unser Betriebssystem positiv programmieren sollen. Sie tragen zur Auflösung schädlicher Glaubenssätze und festgefahrener Denkschablonen bei, bei gleichzeitiger Stärkung unserer Lebensziele und erwünschten Seinszustände. Natürlich ist auch hier der Glaube, der hinter den Affirmationen steht, entscheidend. Ohne diesen Glauben, die feste Überzeugung des Gesagten, wirkt keine Affirmation. Erst wenn die Worte mit dem Glauben übereinstimmen, können sie etwas erreichen. Achte darauf, dass Deine Affirmationen stets positiv und leicht verständlich formuliert sind, nicht zu lang und immer in der ICH-Form. Ich programmiere mich jeden Morgen und kurz vor dem Schlafengehen vor dem Spiegel mit positiven Affirmationen, da bei der Arbeit mit dem Spiegel die Wirkung verdoppelt wird (mein Spiegelbild und ich sprechen die Affirmationen aus= doppelte Wirkung). Dabei tauche ich voller Freude in mein geistiges Wunschbild ein und lasse es wie einen Film ablaufen, in dem ich der Hauptdarsteller, Regisseur und Drehbuchschreiber bin. Oft erreiche ich dabei tranceartige Zustände (manch einer würde anstelle von Affirmation auch Mantra sagen, aber die Namensgebung ist Nebensache). Ich kenne auch Menschen, die es öfters machen als zweimal am Tag, eine Grenze nach oben gibt es nicht. Im Grunde kann man auch während einer Bahnfahrt im Geiste seine Affirmationsübungen machen oder seine Affirmationen täglich mehrmals aufschreiben. Höre dabei einfach auf Deine Intuition, dann wirst Du wissen, wie und wie oft Du diese Methode praktizieren sollst. Wichtig ist eine regelmäßige Anwendung, so dass die Neuprogrammierung des Unterbewusstseins durch die ständige Wiederholung auch klappt. Sagt jemand zu seiner Tochter, dass sie niemals einen Mann „abkriegen wird", so wird das garantiert negative Folgen für das Selbstwertgefühl der Tochter haben. Ebenso baut es aber auch das Selbstwertgefühl auf, wenn man seinem Kind immer wieder sagt: „Alle Männer werden sich nach Dir den Kopf verdrehen". Das Geheimnis ist eigentlich keins, es ist die ständige Wiederholung. Wir wissen, dass Energie der Aufmerksamkeit folgt. Durch die andauernde Wiederholung positiv formulierter Affirmationen lenken wir unsere Aufmerksamkeit ständig auf unsere erstrebten Wunschträume und Ziele. Durch das Gesetz der Anziehung wächst alles, womit wir uns intensiv befassen. Auf diese Weise wächst unser Wunschbild vor unserem geistigen Auge ins Unermessliche, wird fest in unserem Unterbewusstsein gespeichert, so dass wir vom Inhalt unserer Affirmationen fest überzeugt sind, bis er sich manifestiert. Zusätzlich kann man sich seine Affirmationen in der ganzen Wohnung an die Wände hängen – vornehmlich dort, wo man sich oft aufhält. Kritiker von Affirmationen werfen immer wieder ein, dass Affirmationen nicht viel ausrichten, und dass auch Handlungen erforderlich sind, wenn man ein Ziel erreichen will, aber da jede Handlung von unserem Betriebssystem ausgeht, ist eine motivierte Geisteshaltung erst der Auslöser unserer Handlungen. Jegliche Aktivität ist ein in die Außenwelt umgesetzter Gedanke. Kein Handeln ohne die freudige und selbstsichere Überzeugung, seine Ziele zu erreichen, wird zum Erfolg führen. Nachfolgend sind Affirmationen zu verschiedenen Themen aufgelistet, die ich neben vielen weiteren selbst regelmäßig verwende. Doch vorher noch eine kleine Geschichte:

Ein unglücklicher, chronisch kranker und finanziell armer Mann traf einen glücklichen, stets gesunden und finanziell reichen Menschen. Der unglückliche, kranke und bettelarme Mann prahlte: „Ich kenne 1000 Affirmationen für Glück, Gesundheit und Reichtum! Willst Du sie mir abkaufen?“ Der glückliche, gesunde und reiche Mann antwortete lächelnd: „Nein, danke! Ich habe schon eine Affirmation für Glück, Gesundheit und Reichtum.“ „Was? Nur eine einzige?“ entfuhr es dem armen Mann. Der reiche Mann antwortete: „Ja, aber das reicht vollkommen, denn ich GLAUBE an sie und spreche sie aus tiefster Überzeugung.“ (Der GLAUBE entscheidet, nicht die ausgesprochenen Worte.)

Affirmationen für Selbstliebe:

Ich liebe mich genau so, wie ich gerade bin. Ich bin ein ungeheuer wertvoller Mensch und gebe mir die Erlaubnis, so zu sein, wie ich gerade bin. Meine Fähigkeiten und Talente sind in ihrer Gesamtheit absolut einzigartig in diesem Universum und ich bereichere diese Welt mit meiner Einzigartigkeit. Voller Freude übernehme ich die Verantwortung für mein Leben. Mein Leben wird durch meine Gedanken und Gefühle erschaffen. Darum habe ich beschlossen Gedanken der Liebe und Harmonie zu denken. Durch mein Denken bin ich wohl behütet und ein liebenswürdiger Mensch.

Affirmationen für Glück:

Glück ist der natürliche Zustand meines Lebens. Er ist für mich und alle Menschen der Welt sehr wichtig. Alle Dinge, die mich erfreuen und glücklich machen, empfange ich voller Liebe und ziehe sie magisch an.

Ich bin mir bewusst, dass ich mit meinen Gedanken mein Leben erschaffe. Ich entscheide mich dafür, den Weg zur Verwirklichung meiner Wünsche glücklich und zufrieden zu gehen. Es ist ausgesprochen wichtig, dass ich es mir gut gehen lasse und glücklich bin. Ich bin es mir wert, mir täglich Glück und Freude zukommen zu lassen.

Affirmationen für Gesundheit

Ich freue mich darüber gesund zu sein. Ich bade in meiner Gesundheit und fühle mich hervorragend. Es geht mir von Tag zu Tag besser und besser. Mein Körper sorgt täglich für mich und leistet mir unbezahlbare Dienste. Mein Körper hat unglaublich starke Selbstheilungskräfte. Er regeneriert sich regelmäßig, so dass er immer gesund und stark bleibt. Ich liebe meinen Körper, und mein Körper liebt mich. Jede Faser und jede Zelle meines Körpers strotzt vor Gesundheit und Vitalität, und ich habe mein inneres Gleichgewicht gefunden.

Affirmation für eine glückliche Partnerschaft

Ich wünsche mir den Partner, der am besten zu mir passt, der mich liebt und den ich liebe, der mich glücklich macht und den ich glücklich mache. Mein Partner ist auf dem Weg zu mir. Er sucht mich und ich erwarte ihn mit offenen Armen. Ich erlaube es mir, der Liebe nicht hinterher zu rennen, sondern lasse die Liebe zu mir kommen.

Affirmation für den Beruf

Ich bin der Schöpfer meines Lebens. Deshalb habe ich entschieden, den Beruf auszuüben, der mir am besten liegt, mir am meisten Spaß bereitet und mir ein Gehalt bringt, welches meinen Vorstellungen entspricht. Ich entscheide mich für ein harmonisches Arbeitsklima und einen liebevollen Umgang untereinander. Meine Fähigkeiten und Dienste werden anerkennend angenommen, die Arbeit fällt mir leicht und ich bin erfolgreich darin.

Affirmation für finanziellen Reichtum

Ich wünsche mir finanzielle Fülle. Was ich mir wünsche, gibt mir das Universum bereitwillig, denn das Universum ist nur an glücklichen Menschen interessiert. Ich liebe das Gefühl reich zu sein. Mit Geld kann ich viel Gutes tun, was ohne Geld nicht geht. Je reicher ich bin, desto mehr kann ich auch meine Liebsten unterstützen. Für jeden Geldschein und für jede Geldmünze, die ich ausgebe, sendet das Universum mir doppelt (dreifach) so viel Geld zurück. Ich genieße die Fülle, die mir das Universum anbietet und nehme sie dankbar an. Es steht mir zu, mehr Geld zu erhalten als ich ausgeben kann.

Affirmationen für Erfolg
Ich weiß, dass ich in einem Universum lebe, in dem meine Gedanken meine Welt erschaffen. Ich wähle Gedanken, die alles, womit ich mich befasse, zu einem Erfolg machen. Ich erwarte meinen Erfolg voller Freude, und der Erfolg kommt mir freudig entgegen. Jeder Tag bietet neue Gelegenheiten, um ein erfolgreiches Leben zu führen. Kreative Ideen und großartige Möglichkeiten, die ich gestern noch nicht hatte, strömen heute und morgen in mein Leben. Ich kenne meine innersten Wünsche ganz genau, und was ich mir auch wünsche, es ist auf dem Weg zu mir und bringt mir Erfolg. Ich ernte was ich gesät habe und bin reif für dauerhaften Erfolg.

Affirmationen für meine Intuition
Meine Intuition beantwortet mir alle meine Fragen. Jeder Mensch hat seit seiner Geburt das Potenzial, alle seine Wünsche zu verwirklichen. Meine Intuition kennt den Weg zur Verwirklichung meiner Wünsche und sorgt dafür, dass ich immer zur richtigen Zeit am richtigen Ort bin. Sie zeigt mir jeden Augenblick meines Lebens, wie ich meinen Zielen näher komme. Ich freue mich auf die Verwirklichung meiner Ziele und genieße den Weg dorthin. Je mehr ich meiner Intuition vertraue, desto klarer weist sie mir den Weg.

Affirmation für meine Schöpfermacht
In dem Universum, in dem ich lebe, gibt es keinerlei Grenzen. Das Universum ist unendlich in allem, was ich mir wünsche. Es ist mein Geburtsrecht, ein nach meinen Vorstellungen gestaltetes Leben zu führen. Ich habe alles in mir, um meine Wünsche wahr zu machen. Ich nehme alle meine Schöpfungen mit offenen Armen entgegen und entfalte meine Gabe des Erschaffens. Alle meine Schöpfungen übertreffen meine kühnste Vorstellungskraft. Durch die bewusste Anwendung meiner Macht bin ich immer bestens versorgt mit allem was ich brauche.

Affirmation für geistiges Wachstum

Ich bin dankbar für alles, was meine geistige Entwicklung fördert, und genieße die wunderbaren Erfahrungen des Lebens. Das Leben meint es gut mit mir. Während ich bereitwillig meine Lebensbestimmung erfülle, wachse ich geistig und erweitere meinen Seinszustand. Ich bin zufrieden mit meiner Entwicklung und nehme gerne jede Gelegenheit zur Erhöhung meiner inneren Wahrnehmung an. Mein geistiges Wachstum führt zu einem erfüllteren und glücklicheren Leben.

Affirmationen für die Welt

Die Welt, in der wir Menschen leben, ist ein Produkt unserer Gedanken. Unsere Gedanken lenken alle Vorgänge dieser Welt. Darum entscheide ich mich für Gedanken des Friedens, der Harmonie und der Liebe. Ich sehe immer das Positive in jedem Menschen und mache stets das Beste aus einer Sache. Die Welt ist mein friedliches Zuhause, voller liebenswürdiger Menschen.

Man kann, ähnlich wie bei einem Gebet, ein selbst ausgewähltes Wort, welches als Energie-Verstärker dient, am Ende aller Affirmationen sagen, um die Wirkung zu verstärken (beim Gebet „Amen").

43. Meine persönlichen Grundsätze

(geschrieben von Goran Kikic)

Nachfolgend liste ich meine persönlichen Grundsätze auf, die maßgeblich zu meinen Wunscherfolgen beigetragen haben.

Es steht mir frei, aus meinen Fehlern, Misserfolgen und Rückschlägen zu lernen.

Es steht mir frei, meine Energie und Zeit für mein persönliches Glück zu nutzen.

Es steht mir frei, die Verantwortung für mein Leben zu übernehmen.

Es steht mir frei, meine Wünsche zu erfüllen und glücklich zu sein.

Es steht mir frei, meine eigene Persönlichkeit zu bewahren.

Es steht mir frei, positive Glaubenssätze zu verinnerlichen.

Es steht mir frei, den Sinn meines Lebens zu bestimmen.

Es steht mir frei, in meinem Denken grenzenlos zu sein.

Es steht mir frei, das Gute in meinem Leben zu sehen.

Es steht mir frei, mich und die Welt zu lieben.

Zum Schluss möchte ich auf Internetseiten hinweisen, die sich u. a. mit dem Gesetz der Anziehung befassen. Diese Seiten habe ich selbst besucht und kann sie aus persönlicher Erfahrung als sehr informativ und aufschlussreich empfehlen:

www.licht-forum.org

www.baerbelmohr.de

http://52862.rapidforum.com/

www.the-secret-forum.org

www.esoterikforum.de

www.wunschhimmel.de

www.schila-web.de

www.pierre-franckh.de

www.the-secret-forum.net

Nachwort

(geschrieben von Goran Kikic)

Lieber Leser,

bislang wusstest Du vielleicht nichts vom Gesetz der Anziehung und wie man es für ein schöneres und glücklicheres Leben nutzen kann, aber spätestens JETZT weißt Du es. Mit dem Wissen um die Existenz des Gesetzes der Anziehung wissen wir auch, dass alles, was sich auf unserer Welt ereignet, das Produkt menschlicher Gedanken ist. Wenn es also darum geht, seine Realität oder die Welt zu verbessern, so sind die entscheidenden Veränderungen nicht in der Außenwelt zu vollziehen, sondern im Herzen. Der Schlüssel zum Erfolg ist die Liebe zu sich selbst und zu ALLEM-WAS-IST. Jede Seele sucht nach Liebe, ob bewusst oder unbewusst. Je eher wir uns dessen gewahr werden, desto eher werden wir unser Glück finden (dazu müssen wir es anhand unserer Gefühle ermitteln und nicht ziellos in den Tag hinein leben, ausschließlich unseren Alltagspflichten nachgehen oder versuchen, es jedem recht zu machen). Das Leben ist so unglaublich simpel: Was wir losschicken, kommt irgendwann zu uns zurück. Also sollten wir beschließen, nur noch Liebe, Zufriedenheit und Freude los zu schicken – und werden dadurch zu glücklicheren Menschen. Wenn Du bislang nicht so gedacht hast, solltest Du nun eine klare und entschlossene Trennlinie zwischen Deinem bisherigen und Deinem jetzigen Denken und Fühlen ziehen. Wir sollten uns in unserem Denken und Verhalten weiter entwickeln, wenn wir unser Glück erreichen wollen, und nicht länger einem Weltbild folgen, welches uns von anderen Menschen ein Leben lang eingeredet wurde und uns vormachte, dass das persönliche Glück im Außen zu finden sei. Wären wir mit diesem Weltbild zufrieden gewesen, würden wir nicht solch ein Buch lesen bzw. schreiben. Wenn wir wirklich BEWUSST lebende, selbstverantwortliche und sich selbst und die Welt liebende Menschen sein wollen, die sich nicht mit ihrem Körper verwechseln, die nicht an den Zufall oder ein vorbestimmtes Schicksal glauben, dann sollten wir um unser Glück willen ab sofort das Leben führen, welches WIR wirklich wollen.

Und wir haben ohne Zweifel die MACHT dazu. Der Mensch ist weitaus mächtiger als er glaubt. Er erinnert an eine Lampe, die nur dann leuchten kann, wenn man sie einschaltet und sie durch die Verbindung zum E-Werk die erforderliche Energie aufbringt. Erst wenn der Mensch die Verbindung zu seinem Unterbewusstsein herstellt, kann er sein volles Potenzial nutzen. Wir alle haben die Möglichkeit, unser Leben zu lenken und unsere wahre Kraft zu aktivieren und einzusetzen. Und dadurch auch dazu beizutragen, dass unsere Welt besser und schöner wird. Wir können dafür sorgen, dass unser Leben und unser Umfeld genau zu dem werden, was wir wollen. Unserer Schöpferkraft ist nichts unmöglich. Alles, was wir uns vorstellen können, ist zu erreichen. WIR entscheiden, ob der nächste Tag, die nächste Woche, der nächste Monat in unserem Sinne verlaufen. Wollen wir also weiter in einer Welt leben, in der Kriege, Hungertod und Wirtschaftskrisen dazu gehören, oder wollen wir lieber eine Welt, in der Harmonie, Liebe und Freude herrschen? Stell Dir doch nur mal vor, dass wir HIER und JETZT dafür sorgen können, dass MORGEN GLÜCK und FREUDE in unser Leben strömen. Und das ist viel leichter, als man denkt. Es bedarf weniger Zeit und Energie als unsere Alltagspflichten.

"Sei Du selbst die Veränderung, die Du Dir für die Welt wünschst." (Mahatma Gandhi)

Mein Buch zeigt bei konsequentem Befolgen der von mir beschriebenen Methoden Wege zu Gesundheit, finanziellem Reichtum, einer glücklichen Partnerschaft, Erfolg im Beruf und geistigem Wachstum – vor allem aber zu einer positiven und liebevollen Denkweise. Tief in Deinem Inneren hast Du den Wunsch verspürt, dass dieses Buch zu Dir findet, und so ist es auch geschehen. Es wäre nicht zu Dir gelangt, wenn Du es nicht angezogen hättest – ob bewusst oder unbewusst. Ein chinesisches Sprichwort lautet: „Gib den Menschen keine Fische, sondern zeige ihnen, wie man angelt!" Ich habe Dir mit diesem Buch die Angel bzw. die Werkzeuge gegeben, mit denen Du Dein Leben bewusst nach Deinen Vorstellungen verändern kannst. Was Du mit diesen Werkzeugen machst, liegt allein an Dir. Kein Buch der Welt ersetzt Deine Einsatzbereitschaft und Entschlossenheit.

„Man kann einen Menschen nichts lehren, man kann ihm nur helfen, sich selbst zu entdecken." (Galileo Galilei)

DIE perfekte Wunschmethode gibt es nicht (wohl aber die beste persönliche), da alle Menschen individuelle Wesen sind, mit eigenen Glaubenssätzen und Überzeugungen, die sich im Laufe des bisherigen Lebens angesammelt haben; d.h. jeder muss für sich selbst die Glaubenssätze verinnerlichen, die kompatibel zu seinen Wünschen sind (siehe dazu das Kapitel „Wirkungsvolle Änderung eines Glaubenssatzes") und die Methoden herausfinden, die einem am Besten „liegen", oder auf die Hilfe eines Mentalcoachs zurück greifen, mit dem man sein persönliches „Wunschprogramm" erstellt.

Ich z. B. habe eine sehr optimistische Lebensauffassung und ich glaube fest daran, dass es unser aller Geburtsrecht ist, absolut glücklich zu sein. Ich betrachte mein Leben als das Werk eines Künstlers. Stell auch Du Dir vor, lieber Leser, Du wärst ein talentierter Bildhauer oder Maler. Dein größtes Werk soll Dein Leben sein. Du willst stolz darauf zurück blicken und mit Deinem Werk zufrieden sein. Und vor allem lässt Du Dir dabei von nichts und niemandem die gute Laune verderben (oder glaubst Du Leonardo da Vinci hätte mit schlechter Laune die Mona Lisa malen können?). Selbst wenn tausend Leute an ihrer Schöpfermacht zweifeln und Dich belächeln, gehe Deinen Weg ohne Zweifel und ohne Unsicherheit. Du lebst Dein Leben, andere Menschen leben ihr Leben. Lasse Dich dabei vom Zweifel solcher Menschen nicht verunsichern. Dazu fällt mir einer meiner Lieblingssprüche ein, der sich schon oft in meinem Leben bewahrheitet hat: „Alle sagten: Es geht nicht. Dann kam einer, der wusste das nicht und hat es gemacht." Dass etwas nicht geht, wirst Du nur von Leuten hören, die es tatsächlich nicht geschafft haben, aber niemals von Leuten, die ihr Ziel erreicht haben. Geht nicht, gibt's nicht! Und falls man Dich wegen einer solchen optimistischen Ansicht kritisiert, nimm es leicht. Denk daran, dass wir alle unbewusst schwingen und somit nicht alles willentlich anziehen, und dass selbst eine Mutter Theresa und ein Gandhi beschimpft und kritisiert wurden, obwohl sie das Herz am rechten Fleck hatten. Kaum ein Mensch hat seine negativen, unbewussten Schwingungen 24 Stunden täglich unter Kontrolle. Also mach Dir nichts draus, wenn Du auf Unverständnis und rechthaberische Dogmatiker triffst. Schließlich hast Du alles, was Du erlebst, selbst in Dein Leben eingeladen. Genau wie ich, Mutter Theresa, Gandhi und jeder andere Mensch auf dieser Welt. Be- und verurteile Dich nicht deswegen und nimm es nicht allzu ernst, wenn unreife Menschen Dich be- oder verurteilen, ohne zu WISSEN. Reife Menschen be- und verurteilen niemals ihre Mitmenschen.

„Jeder Narr kann kritisieren, verurteilen, reklamieren - und die meisten Narren tun es auch." (Andrew Carnegie)

Wir treten in ein Zeitalter eines neuen Denkens ein. Es finden derzeit große Umbrüche in unserer Welt statt, aber das ist für mich kein Grund zur Beunruhigung. Alte Systeme zerbröckeln, so wie es seit Jahrtausenden der Fall ist. Das einzig Konstante in der Welt ist die Veränderung, weil auch unsere Gedanken und Gefühle sich immerwährend ändern. Früher amüsierte man das Volk mit Gladiatorenkämpfen auf Leben und Tod in einer Arena, bis sich das Denken der Menschheit wandelte bzw. weiter entwickelte, so dass es heute keine tödlichen Gladiatorenkämpfe mehr gibt. Das ist das Gesetz der Anziehung in Aktion. Damit das Neue kommt bzw. sich manifestiert, muss das Alte verschwinden und Platz machen. Erst dann kann sich das weiterentwickelte Denken aus unserer Gedankenwelt in die materielle Welt materialisieren. Das Leben ist eine ständige Vorwärtsbewegung, deshalb bringt es nichts, am Alten festzuhalten. Die Welt verändert sich, weil das Denken der Menschen sich verändert hat. Trauern wir dem alten Weltbild, welches auf Druck, Stress, Desinformation und Äußerlichkeiten aufgebaut war, nicht nach. Sehen wir lieber die Chancen, die sich aus der neuen Entwicklung ergeben, sehen wir lieber das halb volle Glas, anstatt das halb leere. Setzen wir JETZT die Ursachen für positive, glücklich machende Wirkungen. WIE? Ganz einfach: Mit positiven Gedanken und positiven Gefühlen, mit Optimismus, mit SELBSTvertrauen und dem Glauben an die Liebe.

Einige Bekannte rieten mir, dieses Buch nicht zu schreiben oder zumindest ein Synonym zu verwenden, damit ich nicht als weltfremder Esoteriker abgestempelt werde. Weltfremd bin ich beim besten Willen nicht, dafür sehr bodenständig und ein realistischer Optimist. Und immer bereit, etwas Neues dazu zu lernen. Jeder Mensch ist einem anderen Men-

schen in etwas überlegen, das bedeutet, dass jeder von jedem lernen kann, selbst Erwachsene von Kindern (wie im Kapitel „Was wir von Kindern lernen können“ beschrieben). Ich habe meine eigene Meinung immer vertreten, auch wenn sie abweichend war von der allgemeinen Meinung und ich mit heftigem Widerspruch zu rechnen hatte. Aber das störte mich noch nie und diesmal erst recht nicht. Dieses Buch war ein absolutes MUSS für mich und für jeden, der bereit ist sein Leben schöner zu gestalten, wird es eine Hilfe sein. Stehe ich heute vor dem Spiegel und denke an das vorliegende Buch, lächle ich und freue mich, dass ich meine positiven Erfahrungen und die dafür entscheidenden Methoden an Dich weiter geben darf. Hätte ich mich nicht im Zaum gehalten, bestünde dieses Buch nun aus mindestens 1000 Seiten. Manche Kapitel musste ich aufgrund ihrer Komplexität komprimieren, einige Lebenserfahrungen und Wunscherfolge gänzlich weglassen, damit das Buch nicht zu lang ausfällt. Sollte die Mehrzahl meiner Leser ein zweites Buch wünschen, ist es ein Leichtes, diesen Wunsch zu erfüllen.
Du hast nun jeden Tag die Gelegenheit, die von mir beschriebenen Methoden in Deinem Leben anzuwenden. Kaufst Du das nächste Mal im Supermarkt ein, so mache es bitte ohne Geldkarte. Bezahle mit Bargeld und imaginiere, dass für jeden ausgegebenen Geldschein zwei Scheine desselben Wertes zu Dir zurück kommen. Isst oder trinkst Du gerade was, imaginiere, dass Du Dir Gesundheit, Glück und Reichtum zuführst. Schreit Dich jemand an, so sei Dir bewusst, dass es „Dein Spiegelbild“ ist, welches Dich gerade anschreit (nicht vergessen: Dein Spiegelbild reagiert immer einige Tage oder Wochen später), also nur nicht überbewerten und nicht aus der Ruhe bringen lassen. Du kannst dieses Buch nun in die Ecke legen und mit dem neuen theoretischen Wissen entweder NICHTS tun, oder aber Du gehst gleich zur Praxis über und wendest es bei Dir selbst TÄGLICH an, wirst glücklich und LEBST Dein Glück so ganz nebenbei der ganzen Welt vor.

„Theorie ist, wenn man alles weiß, aber nichts will funktionieren. Praxis ist, wenn alles funktioniert und keiner weiß warum!“ (unbekannt)

Sind wir einmal in der Schwingung der Liebe und wünschen aus Liebe zu einem Wunsch (nicht aus dem Mangelgefühl) heraus, ziehen wir alle Wunscherfüllungen magnetisch an. Nutzen wir unsere Macht, um Glück und Freude in unserem Leben zu kultivieren. Leben wir ENDlich (das Alte hat ein Ende) unserem Potenzial entsprechend, nicht mehr auf Sparflamme. Verstehst Du, was ich meine, lieber Leser? Hole das Beste aus Deinem Leben heraus, begnüge Dich nicht mit einem Minimum. Besinne Dich endlich auf Deine Rolle als Schöpfer und wende Deine Schöpfermacht an – denn das wäre das Paradies auf Erden. Mein Lebensmotto ist: Das Leben ist einfach großartig und steckt voller Ideen und Möglichkeiten. Selbst wenn uns im Leben etwas Negatives zustößt, so liegt das immer an uns selbst, meist an unseren unbewussten Gedanken und den daraus resultierenden Gefühlen. Selbst ein negatives Ereignis sollte uns also nicht beunruhigen. Schließlich zeigt Dir auch ein negativer Vorfall Deine Macht, Dein Leben zu formen und zu gestalten. Also, wachen wir auf aus unserem Dornröschenschlaf und schöpfen endlich BEWUSST! Wir haben die absolute Macht über unsere Realität. Welche Rolle wir in unserem Leben einnehmen, entscheiden nur WIR selbst!!! Wir sind keine „Spielbälle des Schicksals“!!! Verabschieden wir uns von solch veraltetem, ewig gestrigem Opferdenken, die uns Religion, Medien und Wissenschaft einzubläuen versuchen. Werden wir uns endlich unserer Fähigkeiten BEWUSST.

„Das Wertvollste im Leben ist die Entfaltung der Persönlichkeit und ihrer schöpferischen Kräfte.“ (Albert Einstein)

Danke, Herr Einstein. Das sehe ich genauso. Und meiner Erfahrung nach geht das nur durch Aktivität. Du kannst nicht auf einer niedrigen Schwingungsresonanz verweilen und erwarten, dass Dir gebratene Enten in den Mund fliegen. Mehr Energie für eine höhere Schwingung bedeutet mehr Wissen, mehr (Selbst-) Liebe und mehr Gefühl. Und mehr Wissen, (Selbst-) Liebe und Gefühl sind der Weg zu einem höheren und glücklicheren Sein. Es wird Zeit mehr Entscheidungen zu treffen im Leben, mehr auf seine innere Stimme zu hören (ob wir es nun das höhere Selbst, das innere Wesen, das Unterbewusstsein oder sonst wie nennen), ein aktiveres Leben zu führen, das Leben leichter zu nehmen, mehr zu lieben und das zu finden, was uns wirklich glücklich macht. Noch sind wir alle Suchende, aber nicht um der Suche willen, sondern um vom Suchenden zum Finder zu werden. Unmöglich? Ist ein Leben zu kurz dafür? Aufgrund meiner Lebenserfahrung lebe ich nach dem

Motto: Nichts ist unmöglich und vieles ist wahrscheinlich!!! Ich selbst habe noch sehr viele und sehr große Wünsche in meinem Leben und ich werde sie alle zweifellos verwirklichen. Woher ich das weiß? Wieso ich nicht daran zweifle? Wieso ich mich von neunmalklugen Besserwissern nicht verunsichern lasse? Weil ich weiß, WAS ich will! Weil ich weiß, WARUM ich es will! Weil ich es mir wünsche! Weil ich mir in meine Wünsche von niemandem reinreden lasse! Weil ich mir die Ermächtigung dazu erteile! Weil ich ein Ziel habe! Weil ich für mich die wichtigste Person in meinem Leben bin! Weil ich glücklich sein will! Weil nur ICH weiß, was mich glücklich macht! Weil ich weiß, dass ich erst dann andere Menschen glücklich machen kann, wenn ich selbst glücklich bin! Weil ich mich von nichts und niemandem stoppen lasse, weder von einer lächerlichen Wirtschaftskrise, einer Firmenpleite, noch von Krankheit oder sonst irgendetwas! Weil die Erfüllung ALLER meiner Wünsche mir zusteht!! Weil es mein Geburtsrecht ist!!! Weil ich es so WILL!!! Und vor allem, weil ich AKTIV bin und dafür etwas TUE!!!

Also hoch mit den Ärmeln, lieber Leser, und leg los! Heute ist der erste Tag vom Rest Deines Lebens.

"Das Lächeln, das Du aussendest, kehrt zu Dir zurück." (indische Weisheit)

In Liebe

Goran

(Lieber Leser, falls Du noch Fragen hast zum Buch oder zum Gesetz der Anziehung, kannst Du mir diese gerne per E-Mail an glueckliches-taschenbuch@web.de senden. Diese werden in einem meiner nächsten Werke behandelt.)

Literaturverzeichnis

LOA Das Gesetz der Anziehung – (Christian Reindel)

The law of attraction - (Jerry und Esther Hicks)

Das Gesetz der Anziehung - (Michael J. Losier)

Ki im täglichen Leben - (Koichi Tohei)

Gespräche mit Seth (Jane Roberts)

Die Magie des Wünschens (Tara Bonjour)

Die Natur der Realität (Jane Roberts)

Die "what the bleep"-Geschichte - (Barbara Singer)

Reality Creation - (Frederick E. Dodson)

Das bewusste Universum - (Amit Goswami von Lüchow)

Hypnose – Das Praxisbuch (Mike Butzbach)

Hypnoseskripte – Wirksame Interventionen für die Praxis (Mike Butzbach)

Der Psycho Bestseller (Friedbert Becker)

Magische Rituale und Rezepte (Angelika Ebersbach)

Das Mentalprinzip (Jürgen Karsten)

www.zitate.net